Annelinde Eggert-Schmid Noerr, Ursula Pforr, Hilke Voss-Davies (Hg.):
Lernen, Lernstörungen und die pädagogische Beziehung

BAND 01 Gerd Biermann: Nelly Wolffheim und die Psychoanalytische Pädagogik. 1997.

BAND 02 Walta Reuther-Dommer, Eckhard Dommer: »Ich will Dir erzählen...«. Geistig behinderte Menschen zwischen Selbst- und Fremdbestimmung. 1997.

BAND 03 Helmuth Figdor: Scheidungskinder – Wege der Hilfe. 1998.

BAND 04 Ch. Büttner, U. Finger-Trescher, H. Grebe, H. Krebs (Hg.): Brücken und Zäune. Interkulturelle Pädagogik zwischen Fremden und Eigenem. 1998.

BAND 05 W. Datler, H. Figdor, J. Gstach (Hg.): Die Wiederentdeckung der Freude am Kind. 1998.

BAND 06 Susanne Kupper-Heilmann: Getragenwerden und Einflußnehmen. Aus der Praxis des psychoanalytisch orientierten heilpädagogischen Reitens. 1999.

BAND 07 Michael Maas: Leben lernen in Freiheit und Selbstverantwortung. Eine psychoanalytische Interpretation der Alternativschulpädagogik. 1999.

BAND 08 Wilfried Gottschalch: Mit anderem Blick. Grundzüge einer skeptischen Pädagogik. 2000.

BAND 09 Barbara Bräutigam: Der ungelöste Schmerz. Perspektiven und Schwierigkeiten in der therapeutischen Arbeit mit Kindern politisch verfolgter Menschen. 2000.

BAND 10 U. Finger-Trescher, H. Krebs (Hg.): Mißhandlung, Vernachlässigung und sexuelle Gewalt in Erziehungsverhältnissen. 2000.

BAND 11 Astrid Kerl-Wienecke: Nelly Wolffheim – Leben und Werk. 2000.

BAND 12 Roland Kaufhold: Bettelheim, Ekstein, Federn: Impulse für die psychoanalytisch-pädagogische Bewegung. 2001.

BAND 13 M. Muck, H.-G. Trescher (Hg.): Grundlagen der Psychoanalytischen Pädagogik. 2001.

BAND 14 K. Steinhardt, W. Datler, J. Gstach, Johannes (Hg.): Die Bedeutung des Vaters in der frühen Kindheit. 2002.

BAND 15 V. Fröhlich, R. Göppel (Hg.): Was macht die Schule mit den Kindern? – Was machen die Kinder mit der Schule? 2003.

BAND 16 U. Finger-Trescher, H. Krebs (Hg.): Bindungsstörungen und Entwicklungschancen. 2003.

BAND 17 M. Dörr, R. Göppel: Bildung der Gefühle. 2003.

BAND 18 Helmuth Figdor: Kinder aus geschiedenen Ehen: Zwischen Trauma und Hoffnung. 2004.

BAND 19 Kornelia Steinhardt: Psychoanalytisch orientierte Supervision. Auf dem Weg zu einer Profession? 2005.

BAND 20 Fitzgerald Crain: Fürsorglichkeit und Konfrontation. Psychoanalytisches Lehrbuch zur Arbeit mit sozial auffälligen Kindern und Jugendlichen. 2005.

BAND 21 Helmuth Figdor: Praxis der psychoanalytischen Pädagogik I. 2006.

Reihe: **Psychoanalytische Pädagogik** Band 22

Herausgegeben von Christian Büttner, Wilfried Datler, Annelind Eggert-Schmid Noerr und Urte Finger-Trescher.

Annelinde Eggert-Schmid Noerr,
Ursula Pforr,
Hilke Voss-Davies (Hg.):

Lernen, Lernstörungen

und die pädagogische Beziehung

Psychosozial-Verlag

Bibliografische Information der Deutschen Nationalbibliothek
Die Deutsche Nationalbibliothek verzeichnet diese Publikation in der Deutschen
Nationalbibliografie; detaillierte bibliografische Daten sind im Internet über
<http://dnb.d-nb.de> abrufbar.

Originalausgabe
© 2006 Psychosozial-Verlag
E-Mail: info@psychosozial-verlag.de
www.psychosozial-verlag.de
Umschlagabbildung: Kinderzeichnung
Umschlaggestaltung nach Entwürfen des Ateliers Warminski, Büdingen.
Printed in Germany
ISBN 978-3-89806-407-1

Inhalt

Vorwort

Mit zwei Themen ist die pädagogische Diskussion derzeit in die Öffentlichkeit zurückgekehrt: mit der Schulstudie PISA (Program for International Student Assessment) und mit der Häufung der Diagnose ADS (Aufmerksamkeitsdefizit-/Hyperaktivitätssyndrom). Bei PISA geht es um bildungspolitische Fragen wie die Bedeutung von Leistungsanforderungen und des gesellschaftlich geprägten Zugangs zu Bildungsmöglichkeiten sowie die Qualitätssicherung pädagogischer Institutionen. Im Hinblick auf ADS steht die Kontroverse über angemessene Behandlungsformen im Vordergrund. Beide Debatten sind Ausdruck einer breiten pädagogischen Verunsicherung und erzeugen diese auch erneut.

Hinter diesen Debatten liegen zentrale Fragen, die großenteils unbeantwortet bleiben: Was ist Lernen überhaupt, was sind Lernerfolge, wie kann dazu animiert werden, welche Rolle spielen die PädagogInnen dabei? Dieses Buch enthält Beiträge zu einer Tagung, die unter dem Titel „Jenseits von ADS und PISA" im Jahr 2004 diese Fragen aus sozialwissenschaftlicher, neurobiologischer und pädagogischer Sicht zu beantworten suchten, wobei die psychoanalytische Perspektive den zentralen Fokus bildete. Der spezifische Beitrag der Psychoanalytischen Pädagogik hierzu liegt darin, die für das Lernen wichtigen psychodynamischen Antriebs- und Gefühlskomponenten zur Geltung zu bringen und für die pädagogische Beziehung im Einzelfall handhabbar zu machen. Mit dem Blick der Psychoanalytischen Pädagogik auf unbewusste Prozesse und damit verbundene Abwehrkonstellationen sollen Entwicklungsfaktoren, gesellschaftliche Lernbedingungen und institutionelle Rahmenkonstellationen betrachtet werden.

Dieser besondere Bezug der Beiträge enthält keinen theoretischen Ausschließlichkeitsanspruch, zumal die Psychoanalytische Pädagogik selbst schon das Resultat einer interdisziplinären Erkenntnisbildung ist. In der Gegenwart kann ein derart komplexes Thema wie Lernen und Lernstörungen kaum anders als multiperspektivisch angegangen werden.

Michael Winkler vertritt in seinem Beitrag die These, dass Fragen des Lernens nicht außerhalb gesellschaftstheoretischer und normativer Reflexionen thematisiert werden können. In modernen Gesellschaften ist das Aufwachsen gefährdet, weil die Dynamik und Komplexität dieser Gesellschaften die Rahmenbedingungen des Lernens erodieren lassen. Stützende Systeme, die Kinder und junge Menschen für ihre Bildungsprozesse benötigen, brechen zusammen oder gehen verloren. Damit schwindet jene Stabilität, die für das Lernen mit seiner Eigenzeit und Eigenlogik notwendig ist. An die Stelle tritt eine Form der Beweglichkeit, die als Zwang zum Vergessen bezeichnet werden kann: Das Gelernte kann sich nur kurz bewähren und muss bald wieder aufgegeben werden. Derartige Zusammenhänge werden in der durch ADS und PISA angestoßenen pädagogischen Debatte vernachlässigt. Bildung und Lernen sollten aber im Blick auf den Wandel der Sozialisationsbedingungen und Lernsituationen diskutiert werden. Von hier aus kann die Pädagogik Strategien entwickeln, die nicht allein auf kognitives Wissen und Leistung abzielen, sondern die emotional-affektive Dimension des Lernens mit einbeziehen.

Vor allem in der Schule, aber auch im familialen Leben und im Freizeitbereich ist ein Problemkomplex im Verhalten von Kindern und Jugendlichen zunehmend ins Zentrum der Aufmerksamkeit gerückt: ADS. *Hartmut Amft* vertritt die These, dass ADS in erster Linie die Folge einer sich verstärkenden Diskrepanz zwischen kindlichen Bedürfnissen und gesellschaftlichen Veränderungen (der fortschreitenden Ökonomisierung des Alltags) ist. Die unterschiedlichen Auffassungen über Ursachen- und Entstehungszusammenhänge des Erscheinungsbildes ADS sind nach wie vor mit vielen Unsicherheiten belastet. Indizien sprechen dafür, dass inzwischen eine sehr große Zahl medikamentöser ADS-Behandlungen nur symptombezogen und ohne ausreichende medizinische Indikation vorgenommen wird. Amft plädiert für einen tiefenstrukturellen Zugang zu den Störungsbedingungen, in dem biographische und gesellschaftliche Aspekte als Risikofaktoren berücksichtigt werden: ADS erscheint als „Sozialisationsunfall". Die angemessenen Maßnahmen zur Bewältigung des Problems, das sich als Zivilisationskrise entpuppt, dürfen nicht in erster Linie psychopharmakologische sein.

Michael Huber betrachtet Erinnern und Vergessen aus neurobiologischer und psychologischer Perspektive. Er zeigt anhand von Ergebnissen der empirischen Gedächtnisforschung, wie suggestibel Erinnerungen sind und wie sehr sie vom Kontext der Lernsituation abhängen. Für das Erlernen und Behalten ist die Beziehung zwischen den in den Lernprozess involvierten Personen von entscheidender Bedeutung. Vieles wird um der Lehrenden willen gelernt und behalten. Was in psychoanalytischer Terminologie als Übertragung und Gegenübertragung bezeichnet wird, erweist sich als wahrnehmungspsychologisches Phänomen: Die Wahrnehmung einer Person wird durch Szenen und innere Bilder gesteuert. Wenn aber die Lehrenden derart stark in den Lernprozess eingebunden sind, dann ist es erforderlich, dass sie willens und in der Lage sind, die pädagogische Beziehung entsprechend zu gestalten.

Auch *Hans von Lüpke* befasst sich mit den neurobiologischen Grundlagen des Lernens. Der Autor geht auf neuere Ansätze ein, denen zufolge die Arbeitsweise des Gehirns sehr viel stärker ganzheitlich, dynamisch, veränderlich und kreativ konzipiert wird als bisher. Daraus resultiert eine hohe Bedeutung situativer und emotionaler Anteile für Lernvorgänge. Gestärkt wird eine Pädagogik des kreativen Erprobens, des Spiels und des wechselseitigen Aushandelns. Die entsprechenden neurologischen Modelle lassen sich aber kaum mit einem Determinismus der Entscheidungen und Handlungen vereinbaren, wie ihn neuerdings einige prominente Vertreter der Neurologie propagieren. Hans von Lüpke interpretiert diesen neuen Biologismus als eine misslungene Bewältigungsstrategie, um die Angst vor den zur Sprache gebrachten unbewussten Abläufen zu bannen.

Dieter Katzenbach erörtert den Vorgang des Lernens in einer doppelten, nämlich emotions- und entwicklungspsychologischen Perspektive. Er plädiert dafür, die übliche Zweiheit von emotionaler und kognitiver Entwicklung durch die von Beziehungserfahrungen und gegenstandsbezogenen Erfahrungen zu ersetzen. Zugleich revidiert er die Vorstellung vom Lernen als kontinuierlichem Zuwachs von Wissen und Können. Stattdessen ist Lernen als diskontinuierlicher Vorgang zu verstehen, als Reorganisation praktischen Erfahrungswissens mit der Folge temporärer Kontrollverluste, bis zuletzt ein konsistenter Wissensbestand erreichbar ist, der unterschiedliche Erfahrungswerte und Hypothesen integriert. Dieses Modell hat erhebliche Konsequenzen sowohl für das Verständnis von Lernstörungen als auch für die entsprechende pädagogische Förderung. Strukturelle Lernstörungen erweisen sich als Festhalten an einmal erreichten Sicherheiten vor dem Hintergrund früherer emotionaler Mangelerfahrungen. Die Pädagogik muss vorrangig genau hier, an der Förderung der emotionalen Kompetenzen, ansetzen.

Auch *Joachim Heilmann* argumentiert gegen die übliche Auftrennung von emotionalen und kognitiven Entwicklungen. Ebenso stellt er die herkömmlichen linearen Phasen- und Stufenmodelle der Entwicklungspsychologie in Frage. Dafür sprechen insbesondere Ergebnisse der Forschungen zur pränatalen und frühkindlichen Entwicklung. Lernen ist ein komplexer Vorgang der Auseinandersetzung des Kindes mit seiner Umwelt, der nicht auf Kognitives reduziert werden kann. Ausgehend von der symbiotischen Einheit mit seiner Umwelt lernt das Kind Formen der Konfliktverarbeitung, die seine Individuierung ermöglichen. An Beispielen aus der pädagogisch-therapeutischen Arbeit wird verdeutlicht, welche Zusammenhänge zwischen Lernstörungen und emotionalen Belastungen bestehen können.

Annelinde Eggert-Schmid Noerr bezieht das Problem des Lernens auf alltagspraktische Kompetenzen im Rahmen einer Biographie, wobei „Biographie" sowohl die Beschreibung einer Lebensgeschichte als auch diese selbst bezeichnet. In psychoanalytisch-pädagogischer Hinsicht gilt es, biographiebedingte Hindernisse des Lernens zu überwinden und entsprechende Kräfte in der Persönlichkeitsentwicklung zu fördern. Anknüpfend an Forschungen zu Risiko- und Resilienzfaktoren der Persönlichkeitsentwicklung lässt sich als wichtigster protektiver Faktor ein emotional bindendes und zugleich Struktur gebendes Erziehungsklima namhaft machen. Die Pädagogik als normative Wissenschaft muss über die Befunde der empirischen Resilienzforschung hinausgehen, indem sie jeweils nach dem Sinn von Resilienz fragt. Dazu eignet sich insbesondere das biographische Lernen, das anhand eines sozialpädagogischen Projekts als Aufarbeitung biographischer Weichenstellungen und Wiederfindung des Selbstwertgefühls veranschaulicht wird.

Urte Finger-Trescher arbeitet das Spezifische der psychoanalytisch-pädagogischen Beratung anhand verschiedener Fallbeispiele von Traumatisierungen heraus. Dabei leitend ist die Verweigerung der Beraterin gegenüber der Erwartung einer subsumierenden Diagnoseerstellung (die Grundhaltung des „Nicht-Wissens") und stattdessen bzw. darauf aufbauend die Fokussierung der Beziehung von BeraterIn und KlientIn. Hier erfolgt die gemeinsame Sinn-Konstruktion des Problems, wobei problematische Symptome immer auch als Symbolisierungen und Coping-Strategien zu verstehen sind. Diese Sinnkonstruktionen verbinden sich im Fall von posttraumatischen Belastungsstörungen oft mit Verschlüsselungen, die dem Schutz vor unerträglichen Erinnerungen und Affekten, zugleich aber auch ihrer Resymbolisierung dienen.

Winfried Marotzki knüpft unmittelbar an Finger-Treschers Ausführungen an, indem er die Frage der Konstruktion von Sinnzusammenhängen als Grundstruktur der biographischen Vergegenwärtigung von Erfahrung darstellt. Biographisierung, die Reflexion auf den Prozess der Biographie, ist die Konstruktion von Zusammenhängen. Um dies zu verdeutlichen, greift der Autor auf klassische Entwürfe der Hermeneutik (Schleiermacher, Dilthey) zurück. Im Anschluss an W. v. Humboldt stellt er die unvermeidliche Paradoxie des Verstehens heraus, der zufolge im Verstehen notwendig zugleich ein Nicht-Verstehen, die Anerkennung des Nicht-Identischen (Adorno) enthalten ist. Diese Einsicht ist für das Verständnis professionellen Beratungshandelns insofern bedeutsam, als damit deren Ziel, aber auch deren Grenzen erkennbar werden.

Doris Maass berichtet in einer eingehenden Fallstudie von der heilpädagogischen Arbeit mit einem geistig behinderten Kleinkind (im Alter von sechs Monaten bis zum fünften Lebensjahr). Dabei geht es ihr um das Zusammenwirken von emotionalen, kognitiven und motorischen Strukturbildungen. Diese werden in der Interaktion (mit der Mutter sowie mit der Frühförderin) über Spiegelungssituationen im körperlichen Gedächtnis des Kindes verankert. Auch der materielle Spiegel erlangt für das fünf Jahre alte Kind eine erhebliche Bedeutung, um sich selbst zu kontrollieren und ein Bild von sich zu gewinnen. Im Anschluss an Winnicotts Psychotherapiemodell versteht die Autorin ihre fördernde Arbeit insgesamt als Spiegelung zum Zweck der Selbstfindung.

Heiner Hirblinger befasst sich mit dem Beitrag der Psychoanalytischen Pädagogik zur schulischen Didaktik. Entsprechend den Grundannahmen der Psychoanalyse geht es dabei um ein Konzept der emotionalen Erfahrungsbildung im Unterricht. Hirblinger verortet seinen Ansatz in der Tradition des klassischen Bildungsbegriffs, modifiziert ihn allerdings durch die Erkenntnis des Unbewussten. Der pädagogische Umgang mit diesem bezieht sich auf Übertragungs- und Gegenübertragungsvorgänge, wobei der Autor verschiedene Modelle der pädagogischen Verarbeitung dieser Prozesse diskutiert. Um den Unterricht produktiv werden zu lassen, ist es erforderlich, Stoffe so auszuwählen oder aufzubereiten, dass die Schüler sich in ihnen wiederfinden können. So sollen lebendiges Erkennen ermöglicht und nachhaltige Bildungsprozesse gefördert werden.

Die vorliegende Textsammlung spannt den Bogen also von einem sozialwissenschaftlichen und zeitdiagnostischen Zusammenhang (Winkler, Amft) hin zu neurobiologischen (Huber, von Lüpke) und entwicklungspsychologischen (Katzenbach, Heilmann) Aspekten. Erörtert wird weiterhin das Thema des biographisch-rekonstruktiven Lernens und damit die Kategorie des Sinnzusammenhangs (Eggert-Schmid Noerr, Finger-Trescher, Marotzki) sowie das Verhältnis von Emotionen und Kognitionen anhand der Praxisfelder Heilpädagogik und Schulpädagogik (Maass, Hirblinger). Dabei ist freilich nicht beansprucht, dass sich die verschiedenen Ansätze bruchlos zu einem Ganzen zusammenfügen lassen. Wenn Überlegungen aus den einzelnen Beiträgen sich derart ergänzen, dass sich daraus Anregungen für eine Humanisierung pädagogischer Situationen ableiten lassen, dann haben sie ihren Zweck erfüllt.

Lernen und vergessen – wie die späte Moderne die Bedingungen des Aufwachsens verändert

Michael Winkler

Heinrich von Kleist macht in seiner kleinen, wohl 1805 entstandenen Abhandlung aufmerksam darauf, dass Gedanken beim Sprechen verfertigt werden (Kleist 1976, 307ff.): Ideen sind auf den Dialog angewiesen, entstehen kaum ohne den anderen. Zugleich deutet er auf eine Erfahrung hin, die später Kierkegaard (vgl. Garff 2004) dann als ein de-konstruierender Umgang mit Äußerungen thematisiert, auf die Erfahrung nämlich, dass sich Texte aufdrängen. Bei der Verfertigung der Gedanken ist mithin keineswegs klar und eindeutig, wer eigentlich der Autor ist; zuweilen schreiben und sprechen sich Überlegungen aus, die denjenigen geradezu überfallen, der ihnen als Schreiber oder Sprecher dient (vgl. Foucault 2003, 234ff.). Man kann sich ihnen nicht entziehen, weil sie selbst noch der Nötigung eines anderen folgen – in ihnen drängt die Wirklichkeit zur Darstellung.

Zugegeben: dies scheint arg hegelianisch gedacht, der Weltgeist lässt ein bisserl grüßen. Zugleich liegt auf der Hand, dass so umständlich nur beginnt, wer von vornherein eine Exkulpationsstrategie verfolgt. In der Tat: die vorzutragenden Überlegungen stehen unter dem Vorbehalt, dass man ihnen gegenüber ein wenig hilflos wirkt und sie in der Sache beunruhigen. Diese Hilflosigkeit und Unruhe schlagen sich noch darin nieder, dass den Gedanken jene Stringenz und Ordnung fehlen, welche Didaktik und Rhetorik eigentlich verlangen. Kurz: sie muten ein sehr unordentliches Netz von Beobachtungen, vielleicht auch von Beschreibungen, Analysen, von Hinweisen zu, das in einer Hinsicht zu dicht gesponnen ist; zugleich aber enthält dieses Netz allzu viele Fäden, die lose bleiben, nicht verknotet werden. Am Ende bleiben mehr Fragen, als Antworten gegeben werden können.

Alles in allem bleibt vorab festzuhalten, dass eine eher misslungene Abhandlung droht, für die dann noch um Nachsicht gebeten wird. Ein Desaster, das aber nicht zu verhindern ist. Denn: Klarheit wäre Lüge, weniger Komplikationen führten in die Irre: Wenn es um das Lernen und das Aufwachsen in modernen Gesellschaften geht, dann haben wir nämlich mit einer Lage zu tun, die so undurchsichtig und komplex geworden ist, dass alle Strategien versagen, die Reduktion versprechen – dass in Politik und Medien solche gerne behauptet werden, stellt den dort Agierenden ein eher schlechtes Zeugnis aus. Vom Gegenteil muss ausgegangen werden: in der gegenwärtigen Situation verschärfen schnelle Lösungen die Probleme, mit welchen wir konfrontiert sind. Regelmäßig geben sie Antworten auf Fragen, die noch gar nicht klar gestellt sind; fast immer weisen sie Wege aus Schwierigkeiten, die noch gar nicht in ihrer Struktur verstanden sind.

Um eine solche Analyse der Probleme soll es hier also gehen. Sie ist angesiedelt um das Begriffspaar „Lernen und Vergessen", das einen Fokus theoretischer Vergewisserung markiert, ohne diesen regelmäßig kenntlich zu machen. Es klingt als Hintergrundthema an. Die Vergewisserung selbst vollzieht sich in vier Schritten: Den Anfang macht eine Vorbemerkung in eher wissenschaftstheoretischer, fast sogar wissenschaftspolitischer Hinsicht; sie will die Schwierigkeiten wenigstens andeuten, die das Nachdenken über Pädagogik heute belasten. Ein ausführlicher zweiter Teil nimmt eine Exposition des Begriffs des Lernens vor, während ein ebenfalls umfassender dritter Teil diesen auf die gegenwärtig gegebenen objektiven sozialen und kulturellen Bedingungen projiziert. Ein kürzerer vierter Teil provoziert mit einigen Überlegungen zu pädagogischen Konsequenzen. Das Schlusswort fällt pastoral aus.

1.

Der Anfang klingt dramatisch; er soll es auch sein: Die durchaus selbstkritisch gemeinte These lautet nämlich, dass das erste und vielleicht sogar das zentrale Problem einer Pädagogik in der Moderne darin besteht, dass wir vergessen, *wie* dieses Nachdenken über Pädagogik geschehen könnte. Vergessen wird damit aber, so die Folgebehauptung, wie Lernen vonstatten geht, welche Voraussetzungen für dieses erfüllt und welche Bedingungen gegeben sein müssen. Zugespitzt lautet die Idee: Der Preis für die späte Moderne und ihre Errungenschaften besteht darin, dass sowohl zentrale Intuitionen über Kindheit und Jugend preisgegeben werden wie aber auch Theorien, Kategorien und Begriffe, die im kollektiven Bewusstsein verfügbar waren oder wenigstens auf diesem aufruhen. Vorstellungen, die als verbindliche, nicht zu hintergehende Verpflichtung begründet waren, auf welchen das Verständnis von Pädagogik als einer reflektierten und vielleicht auch verantworteten Organisation des Lernens und Aufwachsens aufruhen. Etwas überspitzt formuliert: wir sind nun tatsächlich in ein Zeitalter der Antipädagogik eingetreten, mit Folgen, die möglicherweise katastrophal sind.

Zunächst: Es scheint trivial, dass in den letzten Jahrzehnten alle Bereiche moderner Gesellschaften von Prozessen betroffen sind, welche die sozialen Strukturen, Institutionen und sozialen wie kulturellen Praktiken einer dramatischen Veränderung unterwerfen. Weniger trivial ist und vermutlich nachhaltiger wirkt sich aus, dass die Theorien, Kategorien und Begriffe problematisch werden, mit welchen wir die Phänomene der sozialen und kulturellen Wirklichkeit zu erfassen und zu analysieren versuchen. Kollektive wie wissenschaftliche Deutungssysteme, die Semantiken, wie herablassend gesagt wird, schmelzen, die Halbwertszeiten von Generaldeutungen moderner Gesellschaften und ihrer Kulturen verkürzen sich: von Postmoderne zu Risikogesellschaft, von Optionsgesellschaft zu Wissens-, Informations- und Netzwerkgesellschaften – man hat das eine Buch noch kaum gelesen, bevor das nächste schon eine alternative Deutung anbietet. Leitvorstellungen und Konzepte veralten, die großen Erzählungen werden kraftlos, verlieren ihre Geltung, ihre Erzähler erscheinen als Gestalten, die nur an ihren runden Geburtstagen gesellschaftliche Kommunikation kurz aufregen und binden.

Keineswegs lösen dabei im Fortschritt wissenschaftlicher Erkenntnis Konzeptionen und Modelle einander ab, weil sie der Wirklichkeit nicht mehr angemessen wären. Eine solche Praxis normaler Wissenschaft steht nicht zur Debatte. Den Wechsel der Konzepte und der Zugänge bestimmen nämlich keine Kontroversen, vielmehr werden Positionen und Auffassungen mit Strategien der Diskreditierung bekämpft, welche darauf abheben, bislang vertretene Theorien einfach für obsolet zu erklären. Wer laut genug schreit, braucht keinen Beweis zu erbringen – es geht nicht um Wahrheit, sondern schlicht um Erfolg, es geht um soziale und kulturelle Macht, um Hegemonie, um die Kontrolle von Ressourcen, von Meinung. Dieses Spiel betreiben durchaus die Wissenschaftler selbst, die sich den einen oder anderen Vorteil davon versprechen, beispielsweise im Rating durch angeblich unabhängige Institutionen – wie etwa dem von Bertelsmann finanzierten CHE –, dann natürlich in der medial inszenierten Reputation.

Dahinter steht freilich anderes: Es geht um die Durchsetzung einer Herrschaftsstrategie, die sich der Intelligenz bedient und darauf zielt, jene Ideen und Vorstellungen in Vergessenheit geraten zu lassen, welche die sozialen und kulturellen Prozesse einer Prüfung und Bewertung überhaupt erst unterziehen lassen. Grob formuliert: wir können eben beobachten, wie um einer durchgängigen Kapitalisierung der Welt die kollektive Erinnerung an Humanität untergraben wird – wobei der eine oder andere Wissenschaftler bereitwillig erklärt, dass unser Gehirn Humanität gar nicht zulässt.

Diese Form der Selbstüberbietung und Selbstüberholung von Wissenschaft greift zunehmend auf die bisher verbindlichen Grundlagen aus, die der wissenschaftlichen Verständigung sowohl das gegenständliche Grundverständnis wie zugleich auch die Horizonte seiner Thematisierung bereitgestellt haben. Es gibt mithin einen Verlust von historisch gesicherter, freilich immer skeptisch relativierter Einsicht, der weit in die Orientierungsmuster hineinreicht, mit welchen nicht nur das alte Europa über das Humanum zu diskutieren pflegte.

Der eben angedeutete Prozess eines Vergessens als Vernichtung kultureller Selbstverständlichkeiten lässt sich nun gegenwärtig an der Thematisierung von Pädagogik zwischen öffentlichen Auseinandersetzungen und professionellem Gespräch beobachten; manche bestimmen dies auch als Amerikanisierung des Denkens, wobei dies möglicherweise ungerecht gegenüber der Vielfalt von Strömungen im angelsächsischen Raum sein könnte.

Dabei sollen die Dilemmata gar nicht verschwiegen werden, die sich hier zeigen. Denn unbestritten musste und muss als ein Fortschritt gelten, wenn zuweilen archaische Intuitionen über Pädagogik aufgelöst werden. So hat die psychoanalytische Pädagogik aufgedeckt, dass solche Intuitionen eben auch triebhaft gestützte Machtaspirationen und Herrschaftsfantasien verbergen, die in Prügelexzessen ausgelebt werden. Im Zusammenspiel von kritischer Sozialwissenschaft und psychoanalytischem Instrumentarium ließ sich erkennen, wie Autorität in Familienstrukturen gesellschaftliche Machtverhältnisse so reproduziert, dass sowohl pathologische Zustände des Individuums wahrscheinlich wie auch eine von Herrschaft durchtränkte Gesellschaftsstruktur reproduziert wurden – wenn dies nicht ohnedies als zwei Seiten eines sozialisatorischen Geschehens zu verstehen wäre, das Mündigkeit nicht erlaubt. Nicht minder bleibt als Gewinn zu verbuchen, wenn die Verliebtheit geisteswissenschaftlicher Pädagogik in Ideen und Texte kritisch daraufhin befragt worden ist, ob jene mit diesen die Realität des Geschehens in den pädagogischen Institutionen wenigstens aus dem Augenwinkel wahrzunehmen vermochte; Pädagogik, das schien Programm und Idee, Ressentiment und Sorge – die schmutzige Wirklichkeit in Familie, Schule und Erziehungsheim war kein Thema für gekonnte Illusionierung. Sozialwissenschaftliche Aufklärung, eine realistische Wende waren und sind notwendig; es gibt allen Anlass, Selbstverständlichkeiten und Intuitionen gegenüber skeptisch zu bleiben. Solche Skepsis, wie sie aus kritischer Reflexion entsteht, ist und bleibt Moment des neuzeitlichen Rationalisierungsprozesses; an ihr ist festzuhalten.

Indes: gegenwärtig setzt sich ein anderes Spiel durch – als Symptom kann noch gelten, wie die Voraussetzung als bloß spekulativ zur Seite geschoben wird, dass es um Mündigkeit gehen muss. Dabei hängt der Erfolg dieses neuen Spiels mit der Perfidie zusammen, alte Wünsche der Pädagogen zu verwirklichen: So werden auf der *einen Seite* Beobachtung und Analyse vorgenommen; PISA, so loben viele, praktiziere endlich Tatsachenforschung und spreche das Elend aus, das uns vorher niemand abnehmen wollte. Endlich werde, so wiederum andere, der überflüssige Ballast an Klassikertexten beiseite geschoben, werden Pestalozzi, Herbart, Schleiermacher, Fröbel oder Montessori ausgebürgert, deren Namen ohnedies keiner mehr zu schreiben weiß – in der Lehrerbildung findet eben eine große Aufräumaktion statt, bei der eben diese Tradition aus den Prüfungsordnungen als irrelevant beseitigt werden. Texte werden abgeschafft, um durch Daten ersetzt zu werden, erhoben im Kontext stringenter Modelle, klar operationalisierter Fragestellungen, in großen Mengen und stets repräsentativ. Empirische Bildungsforschung stellt das maßgebende Paradigma, das – explizit – auf kulturelle Kontextualisierung und kritische Selbstreflexion im Horizont neuzeitlicher Ethik vollständig verzichtet. Zum *anderen* erfüllt sich der ebenfalls alte Traum, in welchem sich Pädagogik einem Denken für die Praxis verpflichtet hat, um Hilfsmittel zur Verbesserung des pädagogischen Handelns bereitzustellen. Die jüngere Entwicklung macht damit Ernst. Sie verwirft das Ethos und verdichtet Befunde zu Techniken, die sowohl jenseits eines gegenständlichen Sachverständnisses von Pädagogik wie aber auch unterhalb der Standards eingesetzt werden, die mit einem solchen Sachverständnis konstituiert sind, um den Preis, dass ignoriert wird, was mit Subjektivität und Bildsamkeit als entscheidend für Pädagogik erkannt worden ist.

So verfällt die Pädagogik gegenwärtig einem Positivismus, wie er längst überholt schien. Es gibt dafür viele Belege, nicht zuletzt bejubeln die Protagonisten dieses Geschehens, dass endlich die angeblich ideologischen Fronten des Positivismusstreits aufgelöst seien. Mit der Entsorgung des geisteswissenschaftlichen Ansatzes wird aber zugleich kritische Reflexion wie vor allem die Frage danach zur Seite geschoben, was denn eine solche Wendung hin zur Empirie und zur Anwendung bedeuten könnte. Kritik wird dementiert und demontiert, wer mit dem Geist argumentiert oder intellektuelle Redlichkeit in Anspruch nehmen will, gilt als Bedenkenträger und als Relikt.

Was, so lässt sich fragen, hat diese Polemik aber mit dem Thema zu tun? Gewiss, in ihr ist von Vergessen die Rede. Doch wo befasst sie sich mit den Bedingungen des Aufwachsens? Die Antwort lautet: Sie ist zentral gerade im Blick auf diese. Denn es ist nicht beliebig, in welcher Form und mit welchen Perspektiven eine Gesellschaft das Nachdenken über Pädagogik organisiert, welche Möglichkeiten sie zulässt und wie sie dieses einschränkt. Es gehört vielmehr zur Sache der Pädagogik selbst, wie über sie nachgedacht wird. Um nicht missverstanden zu werden: selbstverständlich ist sie auf empirische Forschung angewiesen – freilich in ihrer ganzen Breite. Daher darf weder die Theorie für obsolet erklärt werden, wie sie als Experiment der Vernunft mit sich selbst, als Reflexion im Medium des Geistes argumentativ und textgebunden, hermeneutisch zustande kommt. Noch darf eine Reflexion suspendiert werden, die man als normativ bezeichnen mag. Eine Reflexion, die sich kritischer Standards vergewissert, wie sie als Möglichkeitshorizonte in einer Gesellschaft aufzufinden sind – im Guten wie im Schlechten übrigens. Eine Reflexion allzumal, welche nach Voraussetzungen, Bedingungen, Implikationen sowohl empirischer Forschung wie der Techniken in der Anwendung fragt, vielleicht auch nur, um zu verhindern, dass solche auf den Ausdruck instrumenteller und halbierter Vernunft beschränkt werden. Nur so lassen sich Aufgabe und Leistung von Erziehung angemessen kontextualisieren und begreifen. Denn Pädagogik ist nicht nur, aber eben auch Teil des Prozesses, in welchem Gesellschaften und Kulturen über sich nachdenken; vielleicht ist sie sogar die Probe darauf. In ihr müssen die Vorstellungen real werden, welche sich eine Gesellschaft für sich selbst entwirft. Mit ihnen wird es ernst, wenn der Weg beschrieben sein soll, den sie für die jüngere Generation, für künftige Generationen bestimmt; hier zeigt sich, welche normativen Vorstellungen konkret sein sollen.

2.

Das eben Formulierte lässt sich an den Debatten um das Lernen gut illustrieren – man kann dies als kleines Vorspiel in Erinnerung bringen. Die Debatten vollzogen sich in den letzten Jahren eigentümlich gegenläufig, fast widersprüchlich. Auf der einen Seite klingt noch nach, was kürzlich als neuester Befund von Genforschung und Neurobiologie festgehalten wurde, um all jene anzugreifen, die Bildungsressourcen aktivieren oder jungen Menschen bessere Beteiligungschancen eröffnen wollten: Judith Rich Harris' „The Nurture Assumption. Why Children Turn out the Way They do" (Harris 1998, vgl. Renninger und Wahl 2000) eroberte die Bestsellerlisten, eine – wie Ludwig Liegle sie so schön nennt – Biopädagogik (Liegle 2002) machte sich auf den Weg. Mit den Kontroversen nach der Veröffentlichung der PISA-Studie (Deutsches PISA-Konsortium 2001) gerät rasch die Macht der Gene in Vergessenheit. Bildungssysteme, so der Befund, beeinflussen das Ausmaß, in welchem Jugendliche über kulturelle Schlüsselqualifikationen verfügen; es gibt einen signifikanten Bedingungszusammenhang zwischen gesellschaftlichen und kulturellen Arrangements und Lernleistungen, genauer: die ökonomische Lage von Familien entscheidet darüber, wie ihre Kinder wenigstens im Schulsystem der Bundesrepublik Deutschland abschneiden.

Man könnte sich trösten, dass die klügere Einsicht sich durchgesetzt habe. Irritierenderweise ähneln sich aber die Empfehlungen: Hier wie dort wird der Einsatz der Eltern nahegelegt – wobei *Eltern* als eine Metapher gelesen werden muss. Denn es geht um ein ökonomisches Kalkül, nämlich um die Intensivierung des privaten Engagements für Bildungsanstrengungen. Die Einzelnen selbst, ihre Familien haben Verantwortung dafür zu übernehmen, dass Lernleistungen gesteigert werden; die Gesellschaft als Ganzes, Öffentlichkeit und Staat sind nicht mehr als subsidiierende Instanzen, sondern nur darin gefragt, dass sie die Standards festlegen. Deren Zustandekommen bleibt offen – nein: es sind Experten, welche die Standards eines für alle Industriegesellschaften geltenden Curriculums allgemeiner Bildung als Eckwerte festlegen, schärfer noch: Ob Biopädagogik oder PISA, hier wie dort wird Lernen offensichtlich darauf reduziert, was sich operationalisierbar und messtechnisch bearbeiten lässt. Damit umgeht man eine für demokratische Gesellschaften bestehende Pflicht, sich diskursiv über Lerninhalte zu verständigen; man ersetzt sie durch harmlos wirkende Messgrößen, die insofern Konsequenzen haben, als sie die Tauglichkeit des Human Factors für wirtschaftliche Prozesse benennen – was Lernen bedeutet, das wollen sie eigentlich nicht begreifen.

Aber wie können wir uns dem Sachverhalt annähern? Um überhaupt die zur Debatte stehenden Phänomene des Lernens und Vergessens erörtern zu können, bietet sich der Rückgriff auf eine kleine, phänomenologisch gemeinte Vergewisserung an. Phänomenologisch ist sie zu nennen, weil sie neurologische und kognitionspsychologische Kenntnisse nicht ignoriert – wichtige Inspirationen lassen sich auf Vygotskij zurückführen, der durch das aufregende Buch von Michael Tomasello wieder ins Gespräch gekommen ist (Tomasello 2002), selbstverständlich werden die Arbeiten von Gerhard Roth (2000, 2001) und Wolf Singer (2002) berücksichtigt, wenngleich man ihnen mit einiger Skepsis begegnen sollte. Vor allem aber: die Überlegung kann und darf sich nicht auf sie beschränken, sondern muss die Zusammenhänge aufnehmen, die eine geisteswissenschaftliche, allzumal eine philosophische Pädagogik entworfen hat. Es geht schließlich um die Genese des Geistes – und dazu muss man diesen schon auch noch befragen.

Von Phänomenologie ist also zu sprechen, weil die Überlegungen ein Wagnis unternehmen, das als Theorieangebot verstanden sein will: Sie verknüpfen neue Einsichten und Befunde, wie sie für eine geisteswissenschaftliche Pädagogik maßgebend waren, mit Figuren, die auf Hegel oder Schleiermacher zurückgehen. Ein solches Verfahren rechtfertigt sich mit der Vermutung, dass Pädagogik mit einem Gegenstand zu tun hat, der in einem Feld zwischen Natur und Geist anzusiedeln ist; wir können die Aufgaben und Leistungen von Erziehung nicht verstehen, wenn wir nicht genau dieses „Dazwischen" zum Thema machen – welchen erkenntnistheoretischen Experimenten wir uns damit auch immer aussetzen.

Sehr formal lässt sich jedenfalls als Lernen jede Veränderung eines Systems begreifen, mit welchem dieses auf äußere Reize reagiert und seinen Zustand, seine Konzepte wie Aktionsformen dauerhaft verändert. Dabei bleibt zunächst offen, ob diese Reize internalisiert und in das System aufgenommen werden oder das System seine inneren Strukturen modifiziert; beide Möglichkeiten sind selbst dann denkbar, wenn man die Annahme macht, dass im Lernen ein kumulativer Prozess stattfindet, der dazu führt, dass dem System mehr Optionen zukommen als ursprünglich gegeben waren; die neurowissenschaftlichen Befunde lassen dies noch schärfer formulieren: Lernprozesse verhindern, dass die neuronalen Möglichkeiten des Gehirns verloren gehen, indem sie diesen eine Struktur geben, mit welchen sie sich stabilisieren und erhalten werden. Sofern man mit einem intern gesteuerten Konstruktionsprozess rechnet, spricht man neuerdings von Autopoiesis, um diesen Vorgang des Selbstaufbaus zu bezeichnen – in der Sache eröffnet allerdings der Begriff der

Bildung mehr Erkenntnismöglichkeiten als dieser biologisch und systemtheoretisch gefärbte Ausdruck.

Ebenfalls sehr formal kann man auch hier schon von *Vergessen* sprechen. Denn das System muss in jedem Fall den vorhergegangen Zustand aufgeben, entweder vollständig, indem es eine neue Systemkonfiguration erreicht, oder partiell, indem nun der vorhergehende Zustand nur als einer unter mehreren möglichen in Geltung bleibt. Die letztgenannte Möglichkeit hängt davon ab, dass ein Wissensspeicher vorhanden ist, der die früheren Zustände in Erinnerung behält, um sie gegebenenfalls dann wieder aufrufen zu können, wenn eine Situation eintritt, die derjenigen ähnelt, welche mit den zuletzt vorhandenen Fähigkeiten bewältigt werden konnte. Man muss mithin über ein Gedächtnis verfügen.

Die Grenze zwischen trivialen sowie nicht-trivialen Maschinentypen und den höher organisierten Lebewesen besteht aber darin, dass diese früheres Wissen und frühere Verhaltensweisen zwar in Erinnerung behalten, aber beurteilen und bewerten; sie stellen sich gleichsam neben sich und sehen auf sich selbst. Modifikationsmöglichkeit, Gedächtnis und Erinnerung wie endlich Prüfung und Entscheidung markieren die Situation höherer Intelligenz. Ihr Spezifikum zeigt sich darin, Lernen zur eigenen Aufgabe zu machen, mithin – erstens – von äußeren Impulsen zu lösen, es dann – zweitens – in den Kontext von Aufgaben und Wertungen zu stellen, welche von dem einzelnen System unabhängig bestehen, von ihm aber wahrgenommen und berücksichtigt werden können. Drittens beobachten und bewerten höher organisierte Lebewesen den Vorgang des Lernens selbst noch, möglicherweise um ihn zu verbessern – man spricht daher von metakognitiven Strategien, in welchen es nicht zuletzt darum geht, sich selbst zu verstehen. Endlich – viertens – besteht ein wichtiges Element darin, dass das Lernen sich nicht auf die interne Verarbeitung beschränkt. Zum Lernen gehört, dass die neu erworbene oder neu erzeugte Konstellation wiederum in den Verhältnissen realisiert wird, die zwischen dem System und seiner Außenwelt bestehen: Ob jemand etwas gelernt hat, können wir nur feststellen, wenn eine andere Art der Wahrnehmung des Äußeren oder eine bislang nicht übliche Aktion in dieser zu beobachten ist – der Lernende begreift sich als Urheber, rechnet sich ein Geschehen zu und bestätigt sich darin. Hier spielt also die Erfahrung von Selbstwirksamkeit eine wichtige Rolle – traditionell könnte man, vielleicht sogar besser, von Subjektivität sprechen.

Menschliches Lernen zeichnet nun aus, dass die zuletzt genannten Merkmale in einem sehr komplexen Vorgang der Ontogenese entstehen, der sich eingebettet zwischen den biologisch gesteuerten Vorgängen der Neurogenese, der Psychogenese und der Soziogenese vollzieht. Dieser Vorgang lässt sich in vier Stufen untergliedern: Die erste kann als *basal-ontische* des Lebens benannt werden, nach der Lebewesen in einen elementaren Stoffwechsel mit ihrer Umwelt eingeschlossen sind. Die zweite stellt jener Bereich der Ontogenese dar, in welchem das Potential neuronaler Strukturen ausreift, dem eine dritte folgt, in welcher diese durch Austausch mit Umwelt selegiert, in gewisser Weise aber auch erweitert und stabilisiert werden. Die vierte Stufe zeigt sich als kontinuierlicher Ausbau der vorhandenen Strukturen und ihrer Schaltpotentiale, wobei hier die Entwicklung des Gedächtnisses zunehmendes Gewicht bekommt.

Ontogenese vollzieht sich als Vorgang der Entwicklung von Strukturen und ihrer Revision, wobei schon früh ein Prozess des Vergessens insofern eintritt, als neuronal gegebene Möglichkeiten im Alter von sechs bis zehn Jahren verloren gehen, wenn sie nicht angesprochen, aktiviert und stabilisiert werden (vgl. Singer 2002). Dieses Phänomen verweist darauf, dass die menschliche Entwicklung, insbesondere die der so genannten höheren neuronalen Funktionen nicht allein biologisch zu begreifen ist. Die Ontogenese ist vielmehr in allen ihren Dimensionen darauf angewiesen, dass sie mit dem zusammengeschlossen wird, was man als kulturelle Objektivationen begreifen kann (vgl. Vygotskij 1992, Wygotski 1987). Gleich ob wir mit imitativem Lernen oder mit Innovationslernen zu tun haben, es ist erforderlich, dass eine kulturelle Welt – in welcher Weise auch immer – aufgenommen und so integriert wird, dass sie in die für Lebens- und Handlungsvollzüge fundamentalen Strukturen eingebaut und durch diese instrumentalisiert werden kann.

Dabei kommt es auf zweierlei an: Zum einen geht es um die Welt in ihrer symbolischen Qualität; durch Sprache wird die individuelle Ontogenese an diese angeschlossen und kann neue Strukturen ausbilden (vgl. Wygotski 1974). Zum anderen erlaubt das Medium der Sprache einen Zusammenschluss mit einem Reservoir an Bedeutungen, Handlungsmöglichkeiten und endlich Perspektiven. Darin liegt die Grundlage einer spezifisch kulturell geprägten Kognition, die zugleich immer an soziale Zusammenhänge gebunden ist.

Folgt man Vygotskij, lässt sich das Geschehen als Aneignung, genauer. als konstruktive Aneignung beschreiben und interpretieren (Vgl. Winkler 2004). Lernen vollzieht sich demnach als Aneignung einer kulturellen Welt, in der sich soziale Prozesse aussprechen und darstellen. Es geht um die historisch entstandenen und aktuell verfügbaren Artefakte, die das Ergebnis früherer menschlicher Arbeit darstellen. Kinder und Jugendliche setzen sich mit dieser auseinander und nehmen sie in einer Weise auf, die es erlaubt, an dieser Welt teilzuhaben – Platon spricht von methexis –, um mit dieser Welt – in dem doppelten Sinne des Ausdrucks – umzugehen (vgl. Lenzen 1996): Sie kontrollieren sie, verwenden sie als ein Werkzeug, wobei sie als eine Art Grammatik dient, mit der neue Bedeutungen und Handlungsformen erzeugt werden können. Dabei vollzieht sich eine doppelte Innovation: In gewisser Weise stellen Menschen einerseits in ihrer Ontogenese die Welt neu her, indem sie einen gemeinsam geteilten Vorrat an Bedeutungen erzeugen. Andererseits erzeugen sie sich in diesem Prozess selbst. Sie machen sich die Welt zu eigen, setzen sich mit einem Universum auseinander, das doch dann als individuell Allgemeines in ihnen zu Tage tritt. Der alte, angeblich überholte Begriff der *Bildung* hat in seinem emphatischen Gebrauch[1], wie er bei Herder und Humboldt, Hegel oder Schleiermacher begegnet, diesen doppelten Sinn der Selbst- und Weltkonstitution zu erfassen gesucht, dabei übrigens noch die damit verbundene Mikrodynamik deutlich gemacht – ich erinnere nur daran, wie Hegel *Bildung* in einem schmerzhaften Prozess von Entäußerung und Aneignung bestimmt sehen will.

Dieser Prozess vollzieht sich nicht bloß auf einer Sachebene. Es geht vielmehr um Bedeutungen, die in sozialen Zusammenhängen erschlossen und erzeugt werden; Lernen vollzieht sich, wie Lothar Krappmann zeigt, schon bei kleinen Kindern in Kooperation mit Gleichaltrigen, auch mit Erwachsenen, sofern sich diese darauf einstellen, in den Prozess der Welterschließung einzutreten (Krappmann 1994, Krappmann und Kleineidam 1999, Youniss 1994). Aber: Kooperation in sozialen Zusammenhängen verlangt noch mehr, sie lässt sich nicht trennen von Affekten und Emotionen. Solche sind nicht bloß als Triebfedern des Lernens zu begreifen, sondern bilden eine fundamentale Schicht in diesem selbst (vgl. Greenspan und Benderly 2001). Jede Weltaneignung, jeder kooperative Prozess der Weltaneignung ist nämlich auf eine Dynamik wechselseitiger Anerkennung angewiesen, in welcher sich die Einzelnen aufgefangen und zugleich ermutigt fühlen, weitere Schritte in der Auseinandersetzung mit der Welt zu gehen (vgl. Borst 2004). Die – um noch einmal an Hegel anzuknüpfen – Schmerzen des Bildungsprozesses werden also dann – aber auch nur dann – gemildert, wenn die Individuen die für ihre Selbstkonstitution notwendige Entäußerung in einem Medium des Versorgtseins vollziehen können; dann also, wenn sie wissen, dass ihre elementaren physiologischen wie psychologischen Bedürfnisse befriedigt sind und sie keine Angst haben müssen, dass die neue Konstellation, welche sie in sich selbst vorfinden, sie nicht existentiell bedroht, sondern auszuhalten ist und sogar eine positive neue Situation eröffnet (vgl. Hüther 2001, 2004). Am Bildungsgeschehen leidet man, weil man sich – so könnte man sagen – aktiv selbst fremd wird, schon im Lernprozess selbst, dann erst recht in seinem Ergebnis – und dies lässt sich nur ertragen, wenn man sich seiner Umwelt und der in ihr gegebenen Koordinaten vergewissern, wenn man endlich auch das Gelernte in Beziehung zu einem vorher Vorhandenen stellen kann, von dem man sich als seiner Vorgeschichte distanzieren kann.

---

[1] Von einem emphatischen Gebrauch des Begriffs der Bildung spreche ich in Abgrenzung gegenüber der aktuellen, eben auch durch PISA ausgelösten Bildungsdebatte; diese ist kognitivistisch und auf ein rein instrumentelles Verständnis verkürzt, ignoriert das umfassende Verständnis von Bildung, wie es in einer philosophisch-pädagogischen Tradition insbesondere aus dem 18. Jahrhundert überliefert ist.

Bildungsprozesse sind somit auf Einbettungen angewiesen. Kinder, Erwachsene ertragen die Risiken ihres Entwicklungs-, Konstruktions- und Konstitutionsprozesses nur mit sicheren Umwelten, in Netzen also, die sie für stabil halten. Lebensweltliche Gewissheit muss objektiv gegeben wie subjektiv vorhanden sein, sie muss als Sorge, als Unterstützung und vor allem als Anerkennung erfahren werden. Dafür gibt es eine Vielzahl von Belegen aus unterschiedlichen Forschungstraditionen, beginnend bei Eriksons *Urvertrauen* über die Bindungsforschung bis hin zur Familienforschung. Zum anderen sind Bildungsprozesse auf Kontinuität im Gegenstand der Aneignung angewiesen. Zwar kommen Kinder und Jugendliche mit der von ihnen je historisch vorgefundenen Welt meist viel besser klar, als Erwachsene dies vermuten, dennoch ist Aneignung, sind sogar Akkomodation und Assimilation wenigstens tendenziell auf Kontinuität angewiesen. Kinder und Jugendliche, vermutlich auch Erwachsene benötigen eine Gewissheit von der Beständigkeit der Welt, um sich mit dieser auseinander setzen zu können; die soziale und kulturelle Wirklichkeit darf nicht entgleiten. Im Gegenteil: obwohl Lernen häufig als spontanes Geschehen wahrgenommen wird, gehört zu ihm eine mühsame Arbeit des Auf- und Erschließens, des Kampfes um einzelne Elemente und ihrer Sicherung durch Übung. Lernen ist daher auf fehlerfreundliche Kontexte wie darauf angewiesen, dass Wissen wiederholt, Handlungsschritte vor aller Ernsthaftigkeit geprobt und geübt werden.

Das bedeutet übrigens nicht, auf die letzte und vielleicht sogar entscheidende Phase jeglichen Lernprozesses zu verzichten. Sie besteht darin, wirksam in der Welt werden zu können. Lernen im Prozess der Bildung vollendet sich in der Erfahrung der Selbstwirksamkeit; sie schließt sich und öffnet sich sogleich wieder dort, wo man sich in eigener Praxis im Horizont sozialer und kultureller Möglichkeiten wie Normativität erlebt, die zum Inhalt von Erfahrung wie zugleich den Entwurf eines Selbst gibt, mit welchem man sich überschreitet – ohne zu vergessen, sondern in der Integration der eigenen Geschichtlichkeit. Dafür hat sich in der alteuropäischen Geschichte das Konzept der Subjektivität eingebürgert, entworfen erst bei Pico della Mirandola, zum Ausdruck gebracht wohl in Baumgartens *Metaphysik*, dann bei Kant und bei Hegel.

3.

Richten wir nun den Blick auf moderne Gesellschaften, dann zeigen sich Merkmale, die das Aufwachsen einigermaßen prekär werden lassen; drei sollen benannt werden, nämlich die *Veränderungsdynamik moderner Gesellschaften*, die sie auszeichnende Tendenz zur *Entbettung und damit verbunden die der Indivi-*

dualisierung, endlich die *Steigerung der Komplexität*. Immer soll zugleich ge-fragt werden, was sie möglicherweise für das Lernen bedeuten:

— Moderne Gesellschaften, so ein erster Befund, zeichnet eine hohe Veränderungsdynamik aus. Diese stellt zwar einen Grundzug der Neuzeit dar, wie er in der Entdeckung von Geschichte, also der Fakta als Voraussetzungen des Lebens, wie er in der Erfahrung auch einer Eigenmächtigkeit von Gesellschaft und Kultur, mithin von Verdinglichung und Entfremdung thematisiert wurde. Dennoch ist die Situation neu, denn bislang konnte von einer Synchronizität der Welt- und Lebenszeit, von Geschichte und erfahrenem Leben ausgegangen werden. Man hat sich mit der Welt verändert, wobei die in der Ontogenese erworbenen Muster des Denkens und Handelns eine Voraussetzung bildeten, um die Welt in ihrer Veränderung zu begreifen. Mnemosyne bewegte sich also im Lethestrom und mit diesem.

Diese Veränderungsdynamik beschleunigt sich in den letzten Jahrzehnten mit dramatischen Effekten: Die Veränderungen der Welt gehen an uns vorbei, so dass wir sie kaum mehr fassen können; das Gefühl massiver Subjektivitätsverluste und der Eindruck werden bestimmend, zu einer Aneignung gar nicht mehr kommen zu können. Die Erfahrung des Ausschlusses wird dominant, auf paradoxe Weise konterkariert von Massenmedien, die das hilflose Subjekt in ständige Anwesenheit versetzen. Vermittelt durch sie berührt diese Veränderungsdynamik inzwischen alle Strukturen und Institutionen der Gesellschaften, trifft aber nicht nur Makrozusammenhänge, sondern greift in jene konkreten Erfahrungswelten der alltäglichen Lebensführung; sie zerstört Routinen und Rituale. Mehr als das: sie hat sich derart beschleunigt, dass die Veränderung noch die Zeit überholt, die für Lern- und Aneignungsprozesse erforderlich ist. Über Mnemosyne rollen die Wellen von Lethe hinweg; sie steht in Gefahr unterzugehen und zu ertrinken.

Dies gilt wohl im Allgemeinen – manche Gebrauchsanleitung haben wir noch gar nicht verstanden, wenn das neue Gerät schon auf dem Markt ist. Besonders aber trifft diese Desynchronisation das Aufwachsen von Kindern und Jugendlichen; sie widerspricht der Logik des Entwicklungsprozesses, die mit einer wenig beeinflussbaren, individuell ausgeprägten Beharrlichkeit sich vollzieht. Zum Wachsen braucht man seine Zeit. Weil die Veränderungsdynamik so stark geworden ist, weil Wirklichkeit sich so rasch verändert, erleben schon Heranwachsende den Wechsel. Sie erfahren keine stabile Welt, mit der sie sich vertraut machen, sondern sehen schon als Kinder eine Welt im Wandel. Dies zerstört jene Orientierungslinien, die sie sich beim Aufwachsen aneignen, um sie ein Leben lang als Hintergrundwissen zu nutzen.

Vor allem berührt der Wandel die Verhältnisse ihrer unmittelbaren Umwelt. Kinder sorgen sich, ob sie ihre Eltern längerfristig behalten werden (vgl. Bundesministerium für Familie, Senioren, Frauen und Jugend 1998); sie erleben Neuordnungen von Familien. Sie können sich ihrer Freunde nicht mehr sicher sein – von Familien ist Mobilität verlangt, Freundschaften zerbrechen. Sie sind damit konfrontiert, dass die Rituale des Alltags den Anforderungen einer flexiblen Arbeitszeit geopfert werden. Hier aber liegt das Problem: Entwicklungspsychologisch sind für das Aufwachsen stabile Verhältnisse nötig; wir müssen uns eine Welt aneignen können, die uns innerlich dann zur Verfügung steht und uns stützt. Eben dies bricht weg: Kinder erleben Instabilität, Mehrdeutigkeit, Unsicherheit. Kinder müssen heute nicht nur lernen, sondern auch sogleich wieder vergessen – zuweilen sogar die Menschen, die ihre ersten Bezugspersonen sind.

Werden aber die Bedingungen des Lernens unsicher, dann fehlen den Akteuren die Ressourcen, auf welche sie zurückgreifen könnten, um die Risiken des Bildungsgeschehens abzumildern. Nicht genug damit: auf eigentümliche Weise wird unsinnig, sich auf das Bildungsgeschehen überhaupt einzulassen. Warum soll ich lernen, wenn mir das Gelernte nicht stabil erscheint? Warum soll ich auf jemanden oder auf etwas achten, der doch schnell aus meinem Leben treten kann? Muss ich ihn dann überhaupt kennen lernen, kann ich mich der Begegnung nicht entziehen? Endlich klinkt sich dieses Geschehen in den Lernprozess selbst ein. Das geschieht sogar in doppelter Weise: *Auf der einen Seite* werden die Inhalte, nämlich die Präsentationen von Welt, wie sie nicht zuletzt in den Medien vorgeführt werden, beschleunigt und auf Vergänglichkeit hin angelegt. Die Formen der Repräsentation von Gesellschaft und Kultur werden als nur mehr vorübergehend gültig erfahren, wie noch die Formate einschlägiger Fernsehproduktionen belegen. Die Bilder lösen einander so schnell ab, dass sie nicht mehr haften bleiben, einen sinnlichen Eindruck nicht mehr hinterlassen, der verarbeitet und in Speicher aufgenommen werden könnte. Im Sehen wird man schon mit Vergänglichkeit konfrontiert, muss das noch gar nicht so recht Wahrgenommene vergessen.[2] *Auf der anderen Seite* erzwingt die Flüchtigkeit der Welt, dass in den Lernprozess schon selbst das Vergessen eingebaut wird. Nun kann Lernen nicht mehr eines aufs andere aufbauen, leistet keine Revision des vorher Erworbenen, sondern verlangt eine regelmäßige Neuerfindung des Wissens und der Fähigkeiten wie Fertigkeiten, wobei früher Erworbenes geradezu gezielt preisgegeben werden muss.

---

[2] Eine Reihe von neuen, zum Teil auf langfristig angelegter Beobachtung gründende Studien belegt, dass der Einfluss insbesondere des Fernsehens auf Kinder offensichtlich deutlich mehr negative Folgen hat, als bisher angenommen wurde.

In der Ontogenese entsteht so eine zutiefst irritierende Instabilität, die – so wäre die Vermutung – noch in die neuronale Strukturbildung hineinreicht. Denn Desynchronisierung gibt das Prinzip der Kumulation preis und verlangt, dass sich schon früh die Lernstrategien verändern. Inhalte verlieren an Relevanz, während Performanz im Lernprozess maßgebend wird. Darin liegt der spezifische Sinn von Formeln wie der vom Lernen des Lernens. Die Aufmerksamkeit verschiebt sich von Themen und Gegenständen, um die es inhaltlich gehen könnte, hin zu den Prozeduren eines mnemotechnischen Umgangs mit ihnen, bei dem gleichsam die Festplatte immer wieder neu formatiert wird. Boshaft formuliert: man muss und darf nichts mehr dauerhaft wissen und können, sondern muss lernen, es für den aktuell gegebenen Zusammenhang bei sich behalten zu können, um sich gegebenenfalls sofort wieder lösen zu können. Dabei muss offen bleiben, was dies für die Tradition eines Kollektivgedächtnisses bedeutet; es kann sein, dass dieses aus dem Zusammenhang eines Kollektivbewusstseins verschwindet, dabei aber – so offensichtlich ein Befund – als sedimentierte Schicht weiter wirkt. Und nicht minder unklar bleibt, wie das gleichsam sozial und kulturell dem Vergessen Überantwortete mit dem Verdrängten zusammenwirkt.

— Der Veränderungsdynamik moderner Gesellschaften korrespondiert – so der zweite Befund – ein Vorgang weit ausgreifender Entbettung. Strukturen, Institutionen, geregelte Praktiken verlieren ihre dingliche Qualität. Sie gehen in einen Zustand der Beweglichkeit über; die umfassende Sicherheit, welche junge Menschen (und vielleicht nicht nur diese) für das Aufwachsen und ihre Entwicklung benötigen, weicht einer umfassenden Destabilisierung und Unsicherheit. Anthony Giddens weist deshalb in der Soziologie auf die innere Dynamik von Strukturen hin und versucht, Soziales im Kontext einer Theorie der *structuration* zu analysieren (vgl. Giddens 1988, 1991). Aber erst Zygmunt Bauman bringt die damit erfundenen Erfahrungen auf den Begriff, wenn er die späte Moderne als eine *liquid modernity* begreift (Bauman 2000), in der Gesellschaft mit ihren Linien und Orientierungsmustern eigentümlich unscharf wird: Zeit- und Raumordnungen lösen sich demnach auf und gehen einerseits in das Muster einer Gleichzeitigkeit über, andererseits aber in eine dauernde Bewegung. Beides lässt sich mit dem Flimmern illustrieren, wie es sich zuweilen auf den Bildschirmen der modernen Medien einstellt; es fällt schwer, Unterschiede zu erkennen, Mehrdeutigkeit, Ambiguität und Ambivalenz sind möglich, man sieht sich mit Vexierbildern konfrontiert, auf welchen das Dargestellte ständig wechselt. Zugleich erzeugt das Verschwinden von Raum- und Zeitordnungen, dass zumindest vieles gleichzeitig in Geltung treten kann, nebeneinander besteht, ohne dass Unterscheidungen nahe gelegt werden.

Erwachsene, seelisch integrierte Personen bewältigen eine solche Chaos-Situation in der Regel, wenngleich die Problemlage sich an der Konjunktur einer Ratgeberliteratur ablesen lässt, die lehrt, wie Relevantes von Irrelevantem zu trennen wäre – wer hat noch nicht in eines dieser klugen Büchlein hineingesehen, die uns befähigen wollen, den Alltag unter der patentgeschützten Parole zu meistern: simplify your life! Kindern und Jugendlichen fällt dies jedoch schwerer: Eine der Kernaufgaben im Lernprozess besteht nämlich darin, nicht nur Differenzen zu begreifen, sondern in den Alltagserfahrungen Muster zu erkennen, mit deren Hilfe wiederum Schemata und Kategorien gebildet werden. Einiges spricht dafür, dass Distinktionen und Differenzen stabil erlebt werden müssen, um zunächst kognitive, aber wohl auch emotional-affektive und endlich moralische Landschaften im Inneren auszubilden, die dann wiederum aus der Perspektive der Selbstbeobachtung reflexive Prozesse ermöglichen.

Das mit Entbettung bezeichnete Problem lässt sich aber noch eine Spur weiter verfolgen. Entbettung meint, dass die Gewissheitsgrundlagen und Rahmungen des Aufwachsens wie des alltäglichen Lebens schwächer werden. Das Dilemma besteht jedoch darin, dass diese schwachen, fließenden Strukturen zur zentralen sozialen und kulturellen Erfahrung werden. Damit ist weniger jener Wert- und Orientierungsverlust ethisch-moralischen Handelns gemeint, den zumindest die Kulturkritik behauptet. Das Problem ist basaler und damit zugleich auch dringlicher. Es zeigt sich nämlich darin, dass jene elementaren und zugleich symbolisch repräsentierten Guidelines zurückgenommen werden und nun durch die Subjekte gleichsam reflexiv „erkannt" wie konstruiert werden müssen. Man muss nicht nur eine Ahnung, einen – wie das alltagssprachlich so heißt – Riecher haben, mit wem man es zu tun hat und wie man die Situation mit dieser Person meistern soll. Um das Problem zu konkretisieren: Wie soll man sich gegenüber seinem Chef verhalten, der einem an der Tankstelle unrasiert und im Jogging-Anzug über den Weg läuft, weil er dort ein Bier kauft?

Anknüpfend an die von Norbert Elias entwickelte Theorie des Prozesses der Zivilisation, nach der in den neuzeitlichen Gesellschaften äußere Kontrollmechanismen schwinden, während im Inneren ein Apparat der Selbststeuerung aufgebaut wird, analysiert Wouters die eben skizzierten Probleme als „Informalisierung" (Wouters 1999): Manifeste, symbolisch präsentierte Muster der Orientierung verlieren an Nachdrücklichkeit, doch müssen die Subjekte innere Steuerungsmechanismen entwickeln, um hochflexibel die Situation zu beurteilen und sich angemessen zu verhalten. Mehr noch: zeigen lässt sich, wie die Kontrollapparate zunehmend von den Akteuren in jene verlagert werden, die mit einem Geschehen konfrontiert werden: So werden die Schamstandards nicht von der Frau verletzt, die in der öffentlichen Badeanstalt ihre Brüste entblößt, sondern von demjenigen, der auf diese starrt; es gibt also eine Art Verkehrung der Beweislast in moralischen Fragen.

Worin liegt aber nun das Lernproblem? Unter der Bedingung der Entbettung wird es nahezu unmöglich, eben solche Verhaltensstandards aufzubauen, die sowohl die zutreffenden Intuitionen wie vor allem in die umgekehrte Moral einführen, welche das Informalisierungsgeschehen abverlangt. Das Aufwachsen, das Lernen sozialer und moralischer Verhaltensweisen wird anspruchsvoller, gerät sogar in schier unlösbare Paradoxien. Dabei wird das Problem auch nicht durch die Ressource gelöst, die als Heilmittel empfohlen wird. So erwartet nicht nur Anthony Giddens, dass angesichts der skizzierten Prozesse *Vertrauen* eine zentrale Funktion gewinnt. Das ist systematisch gesehen wahr – und belegt doch entwicklungspsychologische und pädagogische Naivität. Vertrauen entsteht nämlich nur, wenn Sicherheiten in der Ontogenese erfahren und erlebt werden – Sicherheit, die eben durch die späten modernen Gesellschaften entzogen wird.

— Späte moderne Gesellschaften sind – dritter Befund – hochkomplexe Gesellschaften. Sie werden zunehmend differenzierter, wobei diese Differenzierungen ebenfalls längst den Alltag berühren. Erneut finden wir keine Instanzen mehr, auf die man sich berufen könnte, die bei den alltäglichen Entscheidungen unterstützen könnte. Auch hier sind mehrere Konsequenzen zu nennen: Zum einen müssen wir immer häufiger zwischen Optionen wählen, ohne zu wissen, welche Wirkungen sie langfristig nach sich ziehen; Gesellschaften sind offener geworden, bergen aber hohe existentielle Risiken. Sie zu bewältigen verlangt, auf hoher Reflexionsebene urteilen und entscheiden zu können. Dies gilt – wie die Überlegung zur Informalisierung gerade gezeigt hat – nicht bloß für das Wissen um die Dinge, sondern eben auch für das richtige Verhalten in Situationen.

Dabei zeichnet sich zunehmend ab, wie hochspezialisierte Tätigkeiten an die alltäglichen Akteure abgetreten und von diesen selbst verwirklicht werden müssen. So paradox dies klingt: ein Ergebnis fortschreitender Differenzierung besteht darin, dass die Subjekte zunehmend mehr Expertentum in sich selbst anhäufen müssen. Sie müssen dabei wenigstens in der Lage sein, gleichsam die Komplementärrolle zu der Leistungsrolle des Spezialisten übernehmen zu können. Je mehr spezialisierte Fachleute das Leben bestimmen und gestalten, um so mehr müssen wir sowohl unsere Erwartungen an diese wie zugleich auch unsere Fähigkeit steigern, mit der Erfüllung dieser Erwartung kritisch umgehen zu können.

Für Kinder bedeutet dies nun mehrerlei: Zum einen benötigen sie in der Tat mehr Wissen – obwohl dieses schnell vergänglich sein kann. Zum anderen müssen sie sehr bald über ein sehr hohes Niveau der Reflexions- und Urteilungsfähigkeit verfügen, das sich auch auf soziale und moralische Verhältnisse bezieht. Etwas überspitzt formuliert: sie müssen nicht nur die Übersicht haben, geradezu als Überflieger agieren, sondern auch schnell Bindungen wie Loyalitäten preis zu geben.

Hans Rauschenberger hat schon vor vielen Jahren an Kindern einen Habitus der sektoralen Treue und der Unverbindlichkeit im Blick auf das Ganze beschrieben (Rauschenberger 1988). Dies soll nicht kulturkritisch verstanden werden. Deutlich muss nur sein, wie sich der Sozialisationstypus verändert, wie ein neuer, bislang noch gar nicht präzise zu erfassender Habitus zu konstruieren ist. Kinder und Jugendliche müssen nämlich rasch lernen, eine Position von oben herab einzunehmen, die ihnen erlaubt, angemessene Reaktionen zu zeigen. Das aber fordert ein hohes intellektuelles Niveau, die Kompetenz zu moralischem Handeln auf ebenfalls hoher Ebene wie endlich auch eine Kontrolle des Affekthaushaltes, die üblicherweise erst in höherem Alter zu erwarten ist. Es muss offen bleiben, ob diese Modi des Lebens überhaupt schon früh ausgebildet werden können – allzumal unter sozialen und kulturellen Bedingungen, die dem eher entgegenstehen.

Lassen sich die Befunde und Analysen zusammenfassen? Zunächst: diese klingen vielleicht übertrieben, zugespitzt zumindest; die soziale und kulturelle Wirklichkeit hält mehr Nischen bereit und ist vermutlich stabiler, als manche sozialwissenschaftliche Diagnose wahrhaben will. Im Gegenteil sogar: die Problemlage verschärft noch, dass der Flüssigkeit des Sozialen und Kulturellen, der Entbettung, der Differenzierung und Pluralisierung wie endlich auch der Individualisierung zugleich doch auch massive Vorgänge gegenübertreten, die man mit dem Stichwort des Fundamentalismus bezeichnen könnte. Man muss mit einiger Ambiguität und Ambivalenz in der Sache rechnen. Denn gegenwärtig erleben wir, wie ein überwunden geglaubter Kapitalismus zurückkehrt und das Leben bestimmt – mit Effekten wie Ausbeutung und Armut, Ungerechtigkeit, vor allem an wirtschaftlichen Reichtum gebundene Macht und Herrschaft; es gibt einen Fundamentalismus, nämlich eine strukturelle Eindeutigkeit des Kapitals und seiner Herrschafts- wie Machtstrukturen, die schon vergessen schien. Diese Rückkehr eines Kapitalismus, dem keine sozialstaatlichen Regelungen und Sicherheiten mehr gegenüberstehen, lässt zu allem Überfluss Kindheit und die Zeit des Lernens zu riskanten Angelegenheiten werden. Dem korrespondiert zugleich ein Fundamentalismus der Härte gegenüber all jenen, welche eben nicht in der Weise funktionieren, wie dies von den offenen flüssigen Bedingungen des Kapitalverwertungsprozesses gefordert wird (vgl. Wacquant 2000). Die Formel von der „zero tolerance" bringt dies auf den Punkt und signalisiert noch eine zusätzliche Problemdimension: Im Aufwachsen ist man heute einerseits und unvermeidlich mit großen Freiräumen konfrontiert; schon früh sind Selbständigkeit und die Fähigkeit zu einer reflexiv gesteuerten Kontrolle des Ichs abverlangt. So gesehen müssen Kinder früh wie noch nie erwachsen sein – allzumal in einer Gesellschaft, die sich gerne jugendlich und im Event gibt. Wer aber die oftmals im Dunkeln gehaltenen Grenzen überschreitet, wer nicht im Spiel des Kapitals mitmacht, wird von Interventionen und harten Sanktionen bedroht. Es ist eigentümlich genug: diese Gesellschaft verlangt flexible Subjekte und stellt sich zunehmend als eine Gefängnisgesellschaft dar, die ihre Disziplinarmechanismen vor allem gegen junge Menschen wendet.

Zugleich aber gilt der Befund, dass moderne Gesellschaften das Aufwachsen gefährden, weil sie in ihrer Dynamik, in ihren Entbettungstendenzen, in ihrer Komplexität, dem Trend zur Individualisierung dazu führen, dass die Rahmenbedingungen des Lernens erodieren. Stützende Systeme, die Netzwerke und Einbettungen, welche Kinder und junge Menschen für ihre Bildungsprozesse benötigen, brechen zusammen und gehen verloren, damit schwindet jene strukturelle Konservativität, die für das Lernen mit seiner Eigenzeit und Eigenlogik notwendig ist. In dieses mischt sich eine andere Form der Beweglichkeit, die mit dem Begriff des Vergessens gemeint sein soll. Im Lernen müssen wir das Gelernte schon wieder aufgeben – und gerade dies schafft eine prekäre Situation, von der wir gar nicht ausschließen können, ob sie nicht sogar die physiologischen und die psychologisch relevanten Prozesse der neuronalen Strukturbildung berührt: Sowohl die Bedingungen des Aufwachsens wie auch die Gegenstände, mit welchen sich lernende Subjekte auseinander setzen müssen, um sich überhaupt als Subjekte konstituieren zu können, werden bröseliger, flüssig, sind oftmals kaum zu erfassen. Es fällt schwer, sie überhaupt noch in den Griff zu bekommen.

4.

Fragt man nach den pädagogischen Konsequenzen der Situation, so lassen sich wenigstens vier Bemerkungen nicht vermeiden – von aller Warnung vor allzu großer Dramatisierung einmal abgesehen:

– Zum einen sind die skizzierten gesellschaftlichen und kulturellen Entwicklungen im Einzelnen nur bedingt neu. Individualisierung etwa, die Entdeckung des Ichs setzt schon frühzeitig ein, vielleicht schon der in Antike; nicht minder gilt dies für die Erfahrung von der Veränderungsdynamik, ist doch zumindest Geschichte schon am Ausgang der Renaissance, bei Vico etwa, thematisch gemacht. Neu ist allerdings, dass und wie diese Entwicklungen zusammentreffen, dass sie geradezu totalitär werden und sämtliche Lebenszusammenhänge ergreifen und umgestalten. Es ist eben diese schiere Ausweg- und Alternativlosigkeit, die zu gravierenden Veränderungen der Sozialisationssituation führt.

– Zum anderen haben auch schon früher Gesellschaften und Kulturen das Aufwachsen nicht immer begünstigt. Lloyd deMause bezeichnet einmal die Geschichte der Kindheit als einen Alptraum (deMause 1975), aus dem wir gerade erwachen: In der Tat sind Kinder und Jugendliche in der Vergangenheit barbarisch und grausam behandelt worden, zuweilen in bizarren Aktionen etwa gegenüber Kinderhexen (vgl. Weber 1991), in kaum vorstellbaren Formen der Ausbeutung und endlich auch der Bestrafung; es hat schließlich auch eine lange Tradition, dass ganz systematisch Lernprozesse durch Ausschluss großer Teile der Bevölkerung verhindert worden sind.

— Selbst die Pathologisierung von Kindern und ihre technische Bearbeitung mit Drogen hat eine viel längere Vorgeschichte, als dies die um Ritalin und ADS und ADH geführten Diskussionen wahrhaben wollen; schon vor fast 20 Jahren hat Reinhard Voß eine zunehmende Medikamentisierung in der Bearbeitung von kindlicher Auffälligkeit festgestellt (Voß 1987). Vermutlich aber ist die Tendenz geradezu notorisch, junge Menschen durch toxische Substanzen an Verhaltenserwartungen adaptieren zu wollen – in Bayern etwa hält sich hartnäckig das Gerücht, dass schon sehr kleine Kinder mit Bier beruhigt werden. Damit soll weder das Problem ironisiert noch zu falscher Beruhigung beigetragen werden. Nur darf man keiner falschen Nostalgie verfallen, weil sonst das Ausmaß der gegenwärtig zu beobachtenden Entwicklungen unterschätzt wird: Denn in der Tat erlauben die neuen Gentechnologien Eingriffe und Manipulationen mit Folgen, die weit über das hinausgehen, was wir uns selbst bei nüchterner Beurteilung der Lage vorstellen können. Wenn, um nur ein Beispiel zu geben, wirklich ein Pubertätsgen sowie vor allem die neuronalen Trigger entdeckt wurden, mit welchen dieses geschaltet wird, dann öffnen sich damit Tür und Tor für Manipulationen, wie sie bisher noch nicht einmal in Utopien diskutiert wurden.

— Endlich, auch auf die Gefahr hin, unerträglich zu werden: die Debatten um Ritalin und um Veränderungen der Lernbedingungen nach PISA sollten im Blick auf die skizzierte Lernsituation hin diskutiert werden: Könnte es nicht sogar sein, dass eine nur mehr schwer zu ertragende, das Aufwachsen eher schädigende und das Lernen verhindernde gesellschaftliche und kulturelle Situation vielleicht solche technischen Mittel unabweisbar verlangt? Bei der Klage über die Pathologisierung von jungen Menschen wird ja oft so getan, als ob diese mit bösartigen Konstrukten einer sozialen Abweichung beikommen will, welche sie erst erfindet. Aber vielleicht müssen die Diagnosen zu Gesellschaft und Kultur ernst genommen, vielleicht muss begriffen werden, dass diese für das Aufwachsen eine Qualität gewonnen haben, bei der sich bislang unvorstellbare Problemlösungen gar nicht vermeiden lassen? Vielleicht verwirren, schädigen und zerstören diese Gesellschaften die Bedingungen des Aufwachsens so weit, dass wir nicht nur mit

Kindern zu tun haben, die zu einem Lernen unfähig sind, weil sie die nötigen Rahmenbedingungen nicht mehr vorfinden? Vielleicht stellen diese Gesellschaften genau vor die Alternative, die wir gegenwärtig beobachten, vor die Wahl nämlich zwischen der Scylla einer chemisch-medikamentösen Bearbeitung und der Charybdis disziplinierender Strategien.

Stimmt nämlich die Diagnose, dann geht es darum, die Bildsamkeit von Kindern und damit ihre Fähigkeit zu lernen überhaupt erst herzustellen, weil dies durch Gesellschaft und Kultur selbst nicht geleistet wird. Ich weiß, dies klingt absurd, möglicherweise sogar skandalös – aber ausschließen lässt es sich nicht. Denn, um es in einer soziologischen Paradoxie zu formulieren: das Dilemma der gegenwärtigen Situation besteht in einem Verlust der sozialisatorischen Qualität sozialer und kultureller Zusammenhänge, in welchen das Aufwachsen stillschweigend vollzogen wurde und wird. Und dabei handelt es sich um die Rahmungen, welche das pädagogische System bislang sowohl als Normierungs- wie auch als Normalisierungsmacht vorausgesetzt hat, in welchen es aber auch die Bedingungen des Lernens gefunden hat, wie sie mit dem Ausdruck Bildsamkeit seit Herbart bezeichnet wird (vgl. Herbart 1887, 1902).

Bildsamkeit hat nämlich einen sozialen und kulturellen Hintergrund, der nicht vergessen werden darf: Während bislang Erziehung über weite Bereiche von den gesellschaftlichen Instanzen selbst schon geleistet und vollbracht worden ist, während bislang Erziehung sich auf die Zustimmung und Übereinstimmung aller stützen konnte, bricht dies weg; es gibt gewissermaßen keine Autorität mehr im Hintergrund, die leihweise genutzt werden kann; niemand kann sich in pädagogischen Prozessen mehr auf jenes dunkle „man tut dies nicht" stützen, das doch eine erstaunliche imperative Macht hatte. Um dies zu konkretisieren: jede Erzieherin im Kindergarten kennt das Phänomen, dass viele jener Verhaltensweisen, die Kinder noch vor einem Jahrzehnt geradezu selbstverständlich eingeübt hatten und mitbrachten, heute erst mühsam beigebracht werden müssen; nicht anders in der Schule: still sitzen, die Dinge in Ordnung halten, aufmerksam sein, all diese Bedingungen des Unterrichts müssen heute durch die Schule selbst erzeugt werden. Erziehung muss mithin vollständig realisiert werden, der Lernprozess muss umfassend organisiert werden. So zynisch das klingt: in einer miesen Gesellschaft gelingt dies vielleicht nur mit Ritalin, müssen vielleicht absurde Techniken des Unterrichtens in Anschlag gebracht werden.

Gewiss scheint mir also, dass wir gegenwärtig mit einer Veränderung der pädagogischen Situation zu tun haben, die wir in ihrem Problemgehalt noch gar nicht erfasst haben. Zur Situation gehört allerdings, dass die bislang vorgestellten Angebote einigermaßen unerträglich erscheinen: Optimierung und Pathologisierung, Ökonomisierung und Disziplinierung sind im Angebot – gewiss als falsche Antworten und Problemlösungen. Aber unabhängig davon: die Lage verlangt, anders und neu über Pädagogik nachzudenken – genauer: sie verlangt, dass wir in einem Horizont nachdenken, in welchen jene normativen Vorstellungen eingebunden sind, die eine philosophische oder auch geisteswissenschaftliche Pädagogik zu erinnern sucht.

Viel weist dabei darauf hin, dass die Wandlungsdynamik und Entbettung die Institutionalisierung pädagogischer Prozesse vorantreiben wird. Angesichts der gesellschaftlich und kulturell erzeugten, längst lebensweltlich zu spürenden Unsicherheiten werden schützende, sichere Zusammenhänge nötig, in welchen Kinder und Jugendliche sich entwickeln, aufwachsen und lernen können. Pädagogisches Handeln muss eben sich selbst seine eigenen Voraussetzungen schaffen. Aber wie gelingt es, dieser Anforderung gerecht zu werden, ohne die fatalen Nebenerscheinungen einer solchen Institutionalisierung mit zu erzeugen? Die Grenze zur Aus- und Einschließung ist nämlich schnell überschritten. Nicht minder droht, dass die künstlichen Arrangements der pädagogischen Lebenszusammenhänge eine Welt erzeugen, die zwar Lernen ermöglicht, für die Kinder und Jugendlichen aber dennoch unattraktiv bleibt.

Dann: ebenso wenig Zweifel gibt es daran, dass die innere Qualität des pädagogischen Handelns sich verändert; die alten, reformpädagogisch inspirierten Formeln von der Unterstützung einer ohnedies schon immer vollzogenen Aneignungstätigkeit reichen möglicherweise nicht hin. Hinter den Optimierungsansätzen, hinter der Medikamentisierung von Erziehung, hinter den Vorstellungen im Kontext der PISA-Debatte steht doch zugleich auch die richtige Erkenntnis, dass das pädagogische Handeln eine neue, andere Tiefe gewinnt – und eben vielleicht auch gewinnen muss. Wiederum gilt: wenn die skizzierten Beobachtungen zutreffen, dann wird es nötig, Strategien zu entwickeln, die zugleich tiefer in die Seelen hineinreichen und ein Lernen ermöglichen, das den jungen Menschen eine gleichsam höhere Warte erlaubt, ihnen eine Souveränität gibt, mit der sie – um es umgangssprachlich auszudrücken – eben über Veränderung und komplexen, ausdifferenzierten Lebensverhältnisse stehen.

Die zuletzt mit Ritalin und im Zusammenhang der PISA-Debatte gegebenen Antworten taugen hier wenig, weil sie eine äußere, geradezu mechanische Bearbeitung vorsehen, dann allein auf Kognition, auf Wissen und Leistung abheben. Auf der Strecke bleiben die emotional-affektiven Dimensionen des Geschehens, die im Gefühl der Sicherheit gründen, mit diesem verbunden sind. Dies sind die Fragen, die auf die Person abheben, auf Subjektivität in einem umfassenden Sinne; es sind Fragen, in welchen es um die – und bewusst wähle ich diesen alten Ausdruck – Seele des Kindes und des Jugendlichen geht; es sind Fragen, die sich messtechnisch nicht beantworten lassen, wie dies eine empirische Bildungsforschung vielleicht unterstellt.

Nur: auch hier muss man die Diagnose der Situation ernst nehmen – und neben der Institutionalisierung wird wohl auch Professionalisierung neu zur Debatte stehen müssen: Denn eine Antwort auf diese Fragen finden wir im gesellschaftlichen und kulturellen Zusammenhang ebenfalls nur noch bedingt. Damit wird die andere Seite des Geschehens sichtbar: Sie besteht darin, dass wir trotz des Zwangs zur Institutionalisierung und zur Optimierung der pädagogischen Praktiken gleichwohl die Erfahrung machen, selbst mehr persönlich gefordert zu sein. Eben weil gesellschaftlich und kulturell Unsicherheiten bestimmend werden, sind Pädagoginnen und Pädagogen im Geschäft der Erziehung in einem Maße auf sich selbst als Personen verwiesen, wie dies niemals zuvor der Fall war. Sie sind unmittelbar in das Geschehen verwickelt, ohne Schutz und ohne Bezugsinstanzen, auf die sie sich berufen könnten.

Es gibt mithin eine eigentümliche Schutzlosigkeit der Pädagogen, der zugleich ein neues Ausmaß an Verantwortung für das Lernen und Aufwachsen korrespondiert: Sie sind unmittelbar und aktuell als Personen betroffen, sie können sie auch nur unmittelbar als Personen selbst bewältigen. Es kommt also darauf an, dass sie Kindern und Jugendlichen eine Welt präsentieren, von der *sie selbst* – und fatalerweise *nur* sie selbst – meinen, dass sie eine taugliche Welt ist. Hier muss man das Personalpronomen wechseln: *Wir* müssen als Personen eine Lebensform repräsentieren, von der *wir* nur wissen, dass sie für uns wichtig, bedeutsam und lebenswert war und ist; sie kann kaum mehr ein Vorschlag sein, für den *wir* einstehen. Das verlangt, dass wir als Pädagogen uns um ethische Fragen, um Weltzustände kümmern müssen, engagiert zu sein haben, ohne jedoch erwarten zu dürfen, dass dies tatsächlich verallgemeinerungsfähig ist; und konkret praktisch schließt dies ein, dass wir uns zu unserer eigenen Lebensgeschichte insofern zu verhalten haben, als wir nun durchaus die Rolle des Erwachsenen für uns anzunehmen haben. Das macht die Sache so schwierig, das gibt Pädagogen vor allem eine Verantwortung, an der sie schnell zerbrechen können.

Eine Pointe der Situation besteht allerdings darin, dass nicht bloß wir als Erwachsene unmittelbar gefordert sind und uns auf keine Instanz berufen können, die uns die pädagogischen Fragen abnehmen kann. Zugleich müssen wir Kindern und Jugendlichen etwas zubilligen, was man mit dem Begriff der Subjektivität beschreiben kann. Weil wir selbst unsicher sind, können und müssen wir Anregung geben, sicher auch fordern und fördern, aber wir müssen zuallererst die Voraussetzungen schaffen, dass Kinder und Jugendliche tatsächlich selbst agieren können; *Selbstwirksamkeit* ist das Schlüsselwort. Dieses Schlüsselwort aber besagt, dass Kinder an der Gestaltung ihrer Lebensverhältnisse mitwirken können und dies müssen. Deshalb ist Partizipation unverzichtbar. Dieses Schlüsselwort verlangt vor allem, Kindern und Jugendlichen Anerkennung zu geben – es geht nicht nur um eine neue Kultur des Aufwachsens, eine Kultur des Lernens, sondern vor allem um eine Kultur der Anerkennung – und ich habe den Eindruck, dass dieser Verlust von Anerkennung ein gefährliches Syndrom zwar aller spätmodernen Gesellschaften darstellt, besonders aber in Deutschland anzutreffen ist.

Spätestens der zuletzt genannte Punkt knüpft an die Überlegungen wieder an, mit welchen der Begriff und der Sachverhalt des Lernens erörtert wurde. Er nimmt auch auf, worauf der erste Teil hinweisen wollte, nämlich dass die Fragen des Lernens nicht außerhalb normativer Reflexion thematisiert und bearbeitet werden können. Nicht nur, dass wir sehr wohl aufgefordert sind, darüber nachzudenken, ob wir die gesellschaftlichen und kulturellen Entwicklungen, wie wir sie gegenwärtig erleben, mittragen wollen. Entscheidender scheint noch die Frage, ob wir sie durch pädagogische Strategien verstärken, wie sie gegenwärtig im Zusammenhang nicht nur von ADS und PISA diskutiert werden. Wir machen sie dann möglicherweise zu einem Projekt, das von der jungen Generation erst in einer Härte und Dramatik realisiert wird, die wir uns nicht vorstellen können, weil wir als Erwachsene anders aufgewachsen sind. Insofern steht allerdings an, dass wir versuchen müssen, diese Gesellschaft gegen ihre eigenen Entwicklungen zu zivilisieren. Mehr noch: weil unser Feld das der Pädagogik ist, kommt es darauf an, diese zu humanisieren. Über die dafür gültigen Maßstäbe müssen wir uns verständigen – insofern lässt sich eine normative Diskussion nicht vermeiden. Aber sie wäre ein Schritt, um Humanität nicht ganz preiszugeben – diese dürfen wir nicht vergessen.

Literatur

Bauman, Z. (2000): Liquid modernity. Cambridge

Borst, E. (2004): „Anerkennung" als konstitutives Merkmal sozialpädagogischer Bildungsvorstellungen. In: Neue Praxis 34, 259-270

Bundesministerium für Familie, Senioren, Frauen und Jugend (Hrsg.) (1998): Zehnter Kinder- und Jugendbericht. Bericht über die Lebenssituation von Kindern und die Leistungen der Kinderhilfen in Deutschland. Bonn

DeMause, L. (ed.) (1975): The history of childhood. New York

Deutsches PISA-Konsortium (Hrsg.) (2001): PISA 2000. Basiskompetenzen von Schülerinnen und Schülern im internationalen Vergleich. Opladen

Foucault, M. (2003): Was ist ein Autor? In: Foucault, M.: Schriften zur Literatur, hrsg. v. D. Defert und F. Ewald. Frankfurt a.M., 234-270

Garff, J. (2004): Sören Kierkegaard. München

Giddens, A. (1988): Die Konstitution der Gesellschaft. Grundzüge einer Theorie der Strukturierung. Frankfurt a.M./New York

Giddens, A. (1991): The consequences of modernity. Cambridge

Greenspan, S.I.; Benderly, B.L. (2001): Die bedrohte Intelligenz. Die Bedeutung der Emotionen für unsere geistige Entwicklung. München

Harris, J. (1998): The nurture assumption. Why children turn out the way they do. New York/London/Toronto/Sydney/Singapore

Herbart. J.F. (1887): Allgemeine Pädagogik aus dem Zweck der Erziehung abgeleitet. In: J. F. Herbart's Sämtliche Werke. In chronologischer Reihenfolge hrsg. v. K. Kehrbach. Bd. 2. Langensalza, 1-139

Herbart, J.F. (1902): Umriss pädagogischer Vorlesungen. In: J. F. Herbart's Sämtliche Werke. In chronologischer Reihenfolge hrsg. v. K. Kehrbach. Bd. 10. Langensalza, 65-196

Hüther, G. (2001): Biologie der Angst. Wie aus Stress Gefühle werden. 4. Aufl. Göttingen

Hüther, G. (2004): Die Bedeutung sozialer Erfahrungen für die Strukturierung des menschlichen Gehirns. Welche sozialen Beziehungen brauchen Schüler und Lehrer. In: Zeitschrift für Pädagogik 50, 487-494

Kleist, H. v. (1976): Über die allmähliche Verfertigung der Gedanken beim Reden. In: Kleists Werke in zwei Bänden. Erster Band. Ausgew. u. eingel. v. H. Brand. 6. Aufl. Berlin/Weimar, 307-313

Krappman, L. (1994): Sozialisation und Entwicklung in der Sozialwelt gleichaltriger Kinder. In: Schneewind, K. A. (Hrsg.): Psychologie der Erziehung und Sozialisation. Enzyklopädie der Psychologie – Pädagogische Psychologie Bd. 1, Göttingen, 495-524

Krappmann, L.; Kleineidam, V. (1999): Interaktionspragmatische Herausforderungen des Subjekts. Beobachtungen der Interaktionen zehnjähriger Kinder. In: Leu, H.R.; Krappman, L. (Hrsg.): Zwischen Autonomie und Verbundenheit. Bedingungen und Formen der Behauptung von Subjektivität. Frankfurt a.M., 241-285

Lenzen, D. (1996): Handlung und Reflexion. Vom pädagogischen Theoriedefizit zur Reflexiven Erziehungswissenschaft. Weinheim/Basel

Liegle, L. (2002): Ein neuer Meilenstein auf dem Weg zu einer „Biopädagogik"? In: Sozialwissenschaftliche Literatur Rundschau 25, Heft 44, 5-27

Rauschenberger, H. (1988): „Durch die Kinder lernt man erst die Zeit begreifen". Über den Wandel von Erziehungsvorstellungen im 20. Jahrhundert. Frankfurt a.M.

Renninger, S.-V.; Wahl, K. (2000): Gene und Sozialisation: Eine neue Runde in einem alten Streit. In: Sozialwissenschaftliche Literatur Rundschau 23, Heft 40, 5-16

Roth, G. (2000): Das Gehirn und seine Wirklichkeit. 2. Aufl. Frankfurt a.M.

Roth, G. (2001): Fühlen, Denken, Handeln. Wie das Gehirn unser Verhalten steuert. Frankfurt a.M.

Roth, G. (2004): Warum sind Lehren und Lernen so schwierig? In: Zeitschrift für Pädagogik 50, 496-519

Singer, W. (2003): Der Beobachter im Gehirn. Essays zur Gehirnforschung. Frankfurt a.M.

Tomasello, M. (2002): Die kulturelle Entwicklung des menschlichen Denkens. Frankfurt a.M.

Voß, R. (1987): Anpassung auf Rezept. Die fortschreitende Medizinisierung auffälligen Verhaltens von Kindern und Jugendlichen. Stuttgart

Vygotskij, L.S (1992): Geschichte der höheren psychischen Funktionen. Münster.

Vygotskij, L.S. (2001): Defekt und Kompensation. In: Jantzen, W. (Hrsg.): Jeder Mensch kann lernen – Perspektiven einer kulturhistorischen (Behinderten-)Pädagogik. Neuwied/Kriftel/Berlin, 88-108

Wygotski, L.S. (1974): Denken und Sprechen. 5. Aufl. Frankfurt a.M.

Wygotski, L.S. (1987): Ausgewählte Schriften. Bd. 2. Arbeiten zur psychischen Entwicklung der Persönlichkeit. Köln

Wacquant, L. (2000): Elend hinter Gittern. Konstanz

Weber, H. (1991): Kinderhexenprozesse. Frankfurt a.M./Leipzig

Winkler, M. (2004): Aneignung und Sozialpädagogik – einige grundlagentheoretische Überlegungen. In: Deinet, U.; Reutlinger, C. (Hrsg.): „Aneignung" als Bildungskonzept der Sozialpädagogik. Beiträge zur Pädagogik des Kindes- und Jugendalters in Zeiten entgrenzter Lernorte. Wiesbaden, 71-91

Wouters, C. (1999): Informalisierung. Norbert Elias' Zivilisationstheorie und Zivilisationsprozesse im 20. Jahrhundert. Opladen/Wiesbaden

Youniss, J. (1994): Soziale Konstruktion und psychische Entwicklung. Frankfurt a.M.

ADS: Krankheit – Störung – Mythos?

Eine tiefenstrukturelle Analyse psychosozialer Zusammenhänge

Hartmut Amft

Kein anderes Störungsbild wird in der Medizin, Psychologie und Pädagogik seit über einem Jahrzehnt so kontrovers diskutiert wie jenes Mischbild aus Unaufmerksamkeit und Hyperaktivität, welches heute als „Aufmerksamkeitsdefizit-Hyperaktivitätsstörung" (ADHS[1]) bezeichnet wird. Strittig ist neben den Ursachen vor allem die medikamentöse Behandlung mit dem Psychopharmakon Ritalin[2]. Im Internet sind allein beim Suchwort „Ritalin" über 80 Seiten zu finden. Nach wie vor findet eine Art Glaubenskampf zwischen Befürwortern und Gegnern einer Ritalin-Behandlung statt. Zum anderen geht es um wirtschaftliche Interessen. Es scheint, als ob im Internet das Thema Aufmerksamkeits-Defizit-Syndrom (ADS) im weiten Umfang zum Tummelplatz von Geschäftemachern, Fanatikern, Sektierern, Betrügern und Scharlatanen geworden ist. Die kommerziellen Interessen spielen offensichtlich eine große Rolle. Nicht nur auf Seiten der Pharmahersteller, sondern auch bei diversen Dienstleistungsanbietern, sei es bei

---

[1] Aufmerksamkeitsdefizitstörung (ADS) und Hyperkinetisches Syndrom (HKS) werden in der Bezeichnung ADHS zusammengefasst, einmal als Symptomatik, welche beide – Aufmerksamkeitsstörung und Hyperaktivität – enthält, zum anderen als Sammelbezeichnung, der sowohl aufmerksamkeitsgestörte wie auch hyperkinetische Kinder zugeordnet werden können, ohne dass beide Symptome zugleich ausgeprägt sein müssen. In diesem Artikel werden – wie meist üblich - ADS und ADHS synonym gebraucht.

[2] Der Wirkstoff ist Methylphenidat. Neben Ritalin® sind in den letzten Jahren drei weitere Präparate mit dem Handelsnamen Concerta®, Equasym® und Medikinet® auf dem Markt gekommen. In den USA hat 2003 eine Wirksubstanz namens Atomoxetin (Strattera®) die Zulassung erhalten, welche nach Information des Herstellers Lilly nicht – wie das Methylphenidat – unter das Betäubungsmittelgesetz fallen soll, d.h. von jedem Arzt auf normalem Rezept verordnet werden kann.

Ärzten und Psychotherapeuten, sei es bei Heilgewerbetreibenden oder anderen, die Beratung, Hilfe, Nahrungsergänzungsstoffe usf. verkaufen.

Falsche Fragen – falsche Antworten

Zwei falsche Fragestellungen wiederholen sich ständig in der ADS-Diskussion:

1. Ist ADS eine Krankheit?
2. Sind Sie für oder gegen eine Ritalin-Behandlung?

Die erste Frage führt auf eine falsche Fährte, weil sie von der falschen Vorannahme ausgeht, bei einer Aufmerksamkeitsdefizit-Symptomatik liege ein bestimmtes Störungsgeschehen oder gar eine Krankheitseinheit vor. Ist Müdigkeit eine Krankheit? Diese Frage ist unsinnig. Denn ein jeder weiß, dass Müdigkeit etwas völlig Normales ist, wenn man zu wenig geschlafen oder sich überanstrengt hat, aber dass Müdigkeit auch ein Krankheitssymptom sein kann.

Ähnlich verhält es sich mit dem Symptom Unaufmerksamkeit. Jeder kennt Situationen, in der er selbst unaufmerksam war, obwohl er sich eigentlich auf einen Vortrag, ein Buch oder etwas anderes hätte konzentrieren sollen. Mit einem Krankheitsgeschehen hat dies meist nichts zu tun. Denn es ist völlig normal, dass wir uns mit dem beschäftigen, was uns emotional am nächsten ist. Unser Bewusstsein kann gar nicht anders funktionieren, als die Aufmerksamkeit nach emotionaler Wertigkeit zu fokussieren. Wenn wir beispielsweise beim Zuhören überfordert werden, dann ruft dies Unlustgefühle hervor, mit dem Resultat, dass wir nicht mehr zuhören wollen und können.

Wie Müdigkeit ist „Unaufmerksamkeit" ein psychophysischer Zustand, der ganz unterschiedliche Ursachen besitzen kann. Wenn jemand wiederholt gähnt oder sogar einschläft, so liegt die Vermutung nahe, dass dieser Mensch „müde" ist . Oder ist er vielleicht krank? Als „unaufmerksam" wird ein Kind angesehen, wenn es beispielsweise im Unterricht träumt oder sich mit anderen Dingen beschäftigt. Aber befindet sich dieses Kind tatsächlich in einem Zustand der „Unaufmerksamkeit"? Oder zeigt es lediglich ein nicht erwünschtes Verhalten, indem es seine Aufmerksamkeit auf einen anderen Gegenstand bzw. einen inneren oder äußeren Reiz zuwendet? *Kann* dieses Kind nicht im erwünschten Sinne aufmerksam sein und still sitzen oder *will* es dies nicht?

Die richtige Frage ist folglich: Wie kann unterschieden werden, ob Unaufmerksamkeit ein Hinweis auf ein Krankheitsgeschehen ist oder nicht?

Hinsichtlich der möglichen Ursachen einer Aufmerksamkeitsdefizit-Symptomatik möchte ich mich hier auf eine kurze graphische Darstellung beschränken, da an anderer Stelle diese Zusammenhänge einschließlich diagnostischer Überlegungen ausführlich diskutiert werden (vgl. Amft,Gerspach und Mattner 2004). Unaufmerksamkeit ist ein unspezifisches Symptom, welches eine Vielzahl von ursächlichen Zusammenhängen aufweisen kann (vgl. Abb. Symptom: Aufmerksamkeitsstörung). Jenes Störungsbild, welches in der Medizin als „Hyperkinetisches Syndrom" (HKS) bezeichnet wird und bei dem ätiologisch eine hirnfunktionell (mit)bedingte Störung angenommen wird, stellt nur *eine* mögliche Ursache eines „unaufmerksamen Verhaltens" dar.

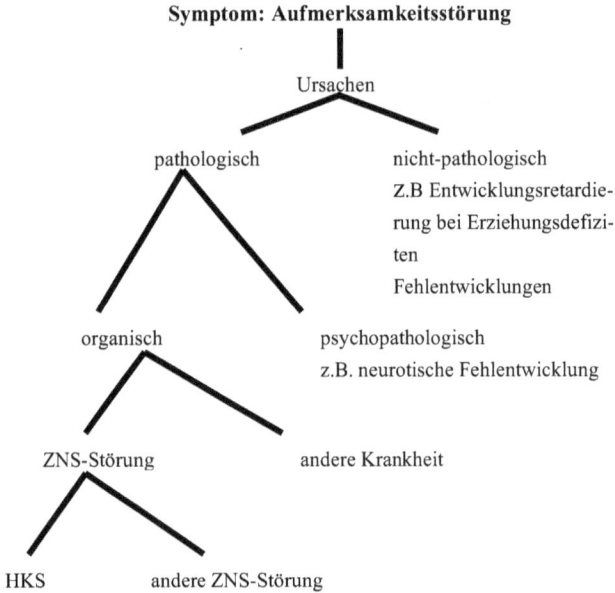

Symptom: Aufmerksamkeitsstörung

Ursachen

pathologisch

nicht-pathologisch
Z.B Entwicklungsretardie-
rung bei Erziehungsdefizi-
ten
Fehlentwicklungen

organisch

psychopathologisch
z.B. neurotische Fehlentwicklung

ZNS-Störung

andere Krankheit

HKS   andere ZNS-Störung

H. Amft 2003

Zusammenfassend lässt sich festhalten, dass Unaufmerksamkeit genauso wenig wie Müdigkeit als Zeichen eines Krankheitsgeschehens zu werten ist. Vielmehr ist Unaufmerksamkeit lediglich als ein „Störungssymptom", d.h. als ein Hinweis auf ein Problem anzusehen. Ob diese Störung überhaupt Krankheitswert besitzt, ob deren Ursache im Kind oder im Umfeld – im sozialen System – liegt, muss diagnostisch abgeklärt werden. So sind beispielsweise schulische Über- oder Unterforderung häufig nur Ausdruck eines „Misfits". In diesem Fall ist der Schüler weder krank noch gestört, sondern benötigt einen Unterricht, der seinem Entwicklungs- und Leistungsstand angepasst ist.

ADS ist somit lediglich die Beschreibung eines Verhaltenszustandes, welcher völlig unterschiedliche Ursachen besitzen kann und daher – entsprechend der jeweiligen Ätiologie – auch unterschiedliche Lösungen benötigt.

Auch die zweite Frage nach einem generellen Pro oder Contra für Ritalin ist falsch. Denn bei zwei Dritteln einer kleinen Teilgruppe von betroffenen Kindern, und zwar jenen mit hirnfunktionell bedingten Aufmerksamkeitsstörungen, ist ohne eine effektive Therapie – Pharmako- und/oder Psychotherapie – eine Chronifizierung zu befürchten. Allerdings sprechen Fakten dafür, dass deren Prävalenz nur im Promillebereich liegt (vgl. Amft 2004, 70, 93 und 111). Eine Position, die grundsätzlich eine Ritalin-Behandlung ablehnt, ist unverantwortlich, weil schädlich für jene Kinder, die dieses Medikament benötigen, um eine Chance auf eine möglichst normale Entwicklung zu erhalten.

So besteht auch Konsens in der wissenschaftlichen Lehrmeinung, dass es Kinder mit ADHS-Symptomatik gibt, die diese Behandlung benötigen. Mir ist kein anerkanntes Lehrbuch der Kinder- und Jugendpsychiatrie bekannt, das die Stimulantien-Therapie grundsätzlich in Frage stellen würde. Insofern ist es als ein ärztlicher Kunstfehler anzusehen, Kindern, die es benötigen, Ritalin vorzuenthalten. Aber genauso ist es ein Kunstfehler, Ritalin ohne medizinische Indikation zu verordnen.

Zum Problem der Diagnostik

Unaufmerksames Verhalten ist ein Symptom. Man könnte es mit Kopfschmerzen vergleichen, welche die verschiedensten Ursachen- und Entstehungszusammenhänge besitzen können. Der Kopfschmerz besitzt den Stellenwert eines Warnsignals und zeigt an, dass eine Störung oder ein Problem vorliegt, wobei die Ursachen im organischen und/oder psychischen Bereich liegen können. Allerdings wäre es falsch, wenn man beim ADS – in Analogie zum Kopfschmerz – generell von einer Störung ausgehen würde. Denn nicht jedes Kind, welches beispielsweise ein unaufmerksames Verhalten in der Schule aufzeigt, ist „gestört". Möglicherweise wird es von der Unterrichtssituation über- oder unterfordert. Kinder, welche noch nicht in ausreichendem Maße die Affektkontrolle erlernt haben, sind nicht in der Lage, ihre Bewegungsimpulse so zu beherrschen, dass sie längere Zeit still sitzen können. Die in der Schule geforderte Konzentrationsleistung setzt den Erwerb entsprechender psychischer Strukturen voraus. Mitscherlich (1973, 30f.) spricht in diesem Zusammenhang von Affekt- und Sozialbildung. Hinter einer Aufmerksamkeitsdefizit-Symptomatik können sich folglich auch Erziehungs- und Entwicklungsdefizite verbergen.

„Unaufmerksamkeit" im Sinne einer verminderten Konzentrationsleistung kann auch ein Symptom einer Erkrankung, wie Anämie, Herzfehler, Infektion usw., sein. Hier ist die „Unaufmerksamkeit" nur ein Teilbefund und im Mittelpunkt der Therapie steht nicht die Unaufmerksamkeit, sondern das primäre Krankheitsgeschehen. Insofern soll dieser Bereich bei der weiteren Betrachtung des ADS ausgeklammert werden.

Ätiologisch lassen sich Kinder mit ADS in drei Gruppen differenzieren (vgl. Amft 2004, 67f.):

— Hirnfunktionell (mit)bedingte Störungen
— Störungen von Psychostruktur und -dynamik
— Erziehungs- und schulbedingte Probleme

Hierbei handelt es sich keineswegs nur um ätiologische *Modelle*, sondern um unterschiedliche Ursachen- und Entstehungszusammenhänge, welche dem Erscheinungsbild „unaufmerksames Verhalten" zugrunde liegen können. In Diskussionen und in der Literatur ist häufig von „unterschiedlichen Sichtweisen" des ADS-Phänomens die Rede, so als handele es sich beim ADS um ein einheitliches Phänomen, welches je nach Sichtweise unterschiedlich *gedeutet* werden könnte. Tatsächlich liegen unterschiedliche Sachverhalte vor, welche unterschiedliche pädagogische und/oder therapeutische Konsequenzen erfordern. So wie ein Kopfschmerz ein Symptom für ein psychisches Problem, von übermäßigem Alkoholgenuss, von einem Gehirntumor usf. sein kann. In der Diagnostik muss abgeklärt werden, um welche Ätiologie es sich im Einzelfall handelt.

Obgleich kaum ein Experte bestreiten würde, dass Hyperaktivität und/oder Unaufmerksamkeit auch andere Ursachen als eine Hirnstoffwechselstörung besitzen können, also beispielsweise psychisch bedingt sein können, wird im Mainstream der Medizin so verfahren, als sei die hirnfunktionelle Störung das einzige bzw. wahrscheinlichste Kausalmodell. In Vorträgen und Publikationen wird mit Modellzeichnungen suggeriert, dass ein gesichertes Wissen über die Zusammenhänge zwischen neurobiologischen Prozessen auf der Mikroebene, also auf der zellulären Ebene und deren Auswirkungen auf das Verhalten existiert (vgl. Amft 2004, 101f.). Befürworter der Ritalin-Behandlung greifen im Rahmen ihrer Substitutionshypothese nicht selten auf das Beispiel der Insulin-Substitution zurück: So wie der Diabetiker das Insulin benötige, um einen Mangel auszugleichen, so benötigen die ADS-Kinder das Ritalin, um einen Transmittermangel auszugleichen. Aber ist das Insulin-Beispiel zutreffend? Beim Diabetiker können sowohl der Blutzuckerspiegel wie auch das vorhandene Insulin laborchemisch bestimmt werden. Mittels einer objektiven, naturwissenschaftlichen Methodik lassen sich folglich Diabetiker und Nicht-Diabetiker unterscheiden. Gibt es eine wissenschaftliche Methodik, mit der eine objektive Unterscheidung zwischen einem hirnstoffwechselgestörten ADS-Kind und einem nicht-hirnstoffwechselgestörten normalen Kind möglich wäre? Die Antwort ist eindeutig: Es gibt derzeit keine objektive Methode. Mit anderen Worten: nach positivistischen Wissenschaftskriterien besitzt die Kausalannahme einer Hirnstoffwechselstörung bei einem Kind mit ADS lediglich den Stellenwert einer wissenschaftlich nicht gesicherten Hypothese.

Wenn vom Modell einer Hirnstoffwechselstörung als alleinigem (!) Deutungsmuster des ADS-Phänomens ausgegangen wird, dann wird damit ein hypothetisches Konstrukt als gesicherte wissenschaftliche Erkenntnis postuliert, mit welcher einer gesellschaftlichen Praxis der psychopharmakologischen Beeinflussung von kindlichem Störverhalten eine pseudo-wissenschaftliche Legitimation verschafft wird.

Vor einem ähnlichen diagnostischen Dilemma steht jene Argumentation, welche das ADS-Phänomen als im Wesentlichen psychosozial bedingt ansieht. Auch sie verfügt über keine Methodik, welche eine einfache empirische Beweisführung ermöglicht. Psychisches ist nicht unmittelbar beobachtbar. Die Tiefenpsychologie konstruiert daher Modelle von psychischen Strukturen und Prozessen, um Nichtbeobachtbares mittels einer dialektisch-hermeneutischen Methodik quasi „sichtbar" zu machen. Ein Problem dabei ist, dass in der wissenschaftlichen Psychologie die tiefenpsychologische Modellbildung und Methodik nicht obligat ist. Wer jedoch darüber nicht verfügt, kann die Tiefenstrukturen nicht erkennen. Das ist ähnlich wie in der Physik: Um atomare Prozesse zu „verstehen", werden Atommodelle benötigt.

Wer komplexe Zusammenhänge verstehen will, steht vor einer grundlegenden Problematik, da die Frage nach dem „Warum?" zwangsläufig in ein Dilemma führt. Denn wir müssen – wie Mitscherlich (1969, 11) es ausführt – „in der uns eigentümlichen Form des Fragens versuchen, von den Wirkungen zurück zu den Ursachen und Bedingungen zu gelangen. Wir klammern in dieser analytischen Form des Forschens zuerst Einzeltatbestände aus größeren Zusammenhängen aus und erproben dann im Experiment die Gültigkeit der untersuchten Wirkzusammenhänge. Dabei gerät für kürzere oder längere Zeit die Tatsache in Vergessenheit, dass wir isolierten, bevor wir analysierten. An den Grenzen der Erklärbarkeit eines Phänomens bringt sich dieses Wissen dann wieder in Erinnerung".

Ein grundsätzliches Problem bei dieser Art von analytischer Diagnostik ist, dass der *limitierende Faktor* der *Diagnostiker* selbst ist. Sein Wissen und Können, seine Erfahrung, sein Einfühlungsvermögen in die Kinderseele, seine Fähigkeit, mit dem Kind umzugehen, seine Intuition und – das sollte durchaus angesprochen werden – seine Intelligenz sind entscheidende Faktoren.

Konflikte auf der Ebene der Psychodynamik oder defizitäre Psychostrukturen lassen sich mit keinem bildgebenden Verfahren sichtbar machen. Zum quasisichtbaren Konstrukt werden sie im Kopf des Analytikers vermittels dialektisch-hermeneutischer Denkprozesse.

Kein Computer kann dialektisch denken. Computer können als Diagnosehilfe, gerade bei dem Volumen heutigen Wissens, sehr nützlich sein. Aber sie können nie den Diagnostiker ersetzen, weil „verstehende" Diagnostik – wie die Kunst – kreativen Geist erfordert.

Wirkhypothesen und Wirksamkeit

Welche Hypothese besitzt beim ADS-Phänomen die größere Evidenz? Generell ist davon auszugehen, dass diejenige Modellbildung die größere Plausibilität besitzt, welche am besten geeignet ist, den angestrebten Erfolg zu erzielen. In der Medizin gibt es das Motto: Wer heilt, hat recht. Werden Effektivität und Effizienz als Entscheidungskriterien zugrunde gelegt, so wäre beim ADS die Hypothese einer Hirnstoffwechselstörung deutlich derjenigen einer psychosozialen Genese überlegen. Denn kurzfristig scheint die Ritalin-Behandlung wirksamer, kostengünstiger und für Erziehungspersonen weniger aufwendig zu sein (vgl. Amft 2004, 111f.).

Ein entscheidender Grund für die Unterlegenheit von Psychotherapie ist, dass sie auf die Strukturen des Systems Schule in der Regel nicht einwirken kann. Unabhängig von der Frage, ob sich ein kindliches Entwicklungsproblem in der Schule manifestiert oder ob es in der Schule erzeugt wird, bedürfte es einer Veränderung des schulischen Kontextes, um jene Lern- und Entwicklungsbedingungen bereitzustellen, welche auf die individuellen Bedürfnisse der Kinder abgestimmt sind.

Wenn sich die therapeutische Zielsetzung auf die Anpassung des Kindes an vorgegebenen Strukturen beschränkt oder beschränken muss, dann gelingt die Anpassung vermittels Psychodrogen offensichtlich einfacher, schneller und kostengünstiger als mittels Psychotherapie.

Allerdings ist die *Evidenz der Wirkung* noch *kein Beweis für die Gültigkeit einer Wirkhypothese*. Diese Annahme ist ein gängiger Trugschluss. Der positive Effekt einer Methylphenidat-Behandlung beweist doch nur, dass diese psychoaktive

Droge wirksam ist, aber nicht die Gültigkeit der Wirkhypothese. Ob dadurch tatsächlich ein Mangel an Neurotransmitter, wie behauptet wird, ausgeglichen wurde, ist damit keineswegs nachgewiesen. Nach dieser Pseudo-Logik könnten Angstzustände als Valium-Mangel interpretiert werden, wenn diese nach Einnahme dieses Medikamentes nicht mehr vorhanden sind. Oder Schlafstörungen als Schlafmittelmangelstörungen betrachtet werden.

Zudem muss differenziert werden zwischen der Herstellung eines erwünschten Verhaltens und Heilung. Schlafmittel haben zwar einen erwünschten Effekt auf das Ein- und Durchschlafverhalten, aber führen in der Daueranwendung keineswegs zur Heilung, sondern – im Gegenteil – zu einer Chronifizierung von Schlafstörungen. Die psychopharmakologische Herstellung eines „normalen" Verhaltens ist kein Beweis für die Normalisierung oder Heilung jener Prozesse, welche ursächlich für das „nicht normale" Verhalten sind.

Unstrittig ist, dass das Erscheinungsbild ADS durch unterschiedliche Ursachen und Entstehungszusammenhänge hervorgerufen werden kann: Alle hier angeführten ätiologischen Modelle sind gültig. Im Einzelfall ist daher immer eine Differentialdiagnostik erforderlich. Aber welche Ätiologie ist die häufigste? Welche der beiden gegensätzlichen Kausalhypothesen – Hirnstoffwechselstörung versus psychosoziale Genese – stellt beim ADS-Phänomen die Regel, welche die Ausnahme dar? Ist diese Frage überhaupt wissenschaftlich beantwortbar?

Zur Epidemiologie des ADS-Phänomens und der Methylphenidat-Verordnungen

Als Prävalenz bei ADHS werden international Zahlen von 1–25% angegeben. Aktuelle Prävalenzschätzungen zur ADHS in Deutschland „gehen von 2 bis 6% betroffenen Kindern und Jugendlichen zwischen 6 und 18 Jahren aus" (BMGS 2002). Eine Untersuchungsmethode, die das Vorliegen eines ADS eindeutig belegen oder ausschließen könnte, gibt es nicht. Empirische Untersuchungen, in denen die Häufigkeit des ADS nach Ursachen- und Entstehungszusammenhängen differenziert dargestellt wird, sind mir nicht bekannt. Die herrschende Lehrmeinung in der Medizin geht nach wie vor von der Annahme aus, dass das HKS bzw. die ADHS hirnfunktionell (mit)bedingt ist.

Ein Literaturvergleich zeigt, dass sich die Annahmen hinsichtlich des psychopharmakologischen Behandlungsbedarfs von Kindern mit HKS bzw. ADS grundlegend verändert haben. Nach Elliger und Nissen (1989, A-3941) wurde 1985 in Deutschland 1 von 10.000 Kindern mit Ritalin behandelt, während Skrodzki (2000) heute von einer Behandlungsbedürftigkeit mit Ritalin von 1% der Kinder ausgeht. Dazwischen liegen 15 Jahre und zwei Zehnerpotenzen.

Die Statistik des Arzneimittelforschungsinstituts der Gesetzlichen Krankenkassen belegt, dass die Zahl der Verordnungen von Methylphenidat, gemessen in durchschnittlichen Tagesdosen, in nur 11 Jahren um den Faktor 61 zugenommen hat (vgl. Lohse 2003, 641f.). Wird die Entwicklung der Verordnung von Methylphenidat in Deutschland betrachtet, so scheint sich der Trend zur psychopharmakologischen Verhaltensmodifikation ungebremst fortzusetzen. Seit einigen Jahren verdoppelt sich die Verordnungshäufigkeit im Zwei-Jahres-Rhythmus. Wird das gegenwärtige Wachstum der Methylphenidat-Verordnungen extrapoliert, so ist zu erwarten, dass 2003 ca. 1% aller Schulkinder Ritalin oder ein wirkstoffgleiches Präparat erhalten. Das entspricht einer Zahl von 100.000 Kindern. Multipliziert mit 365 Tagen ergibt dies 36,5 Mio. Tagesdosen (s. Grafik).

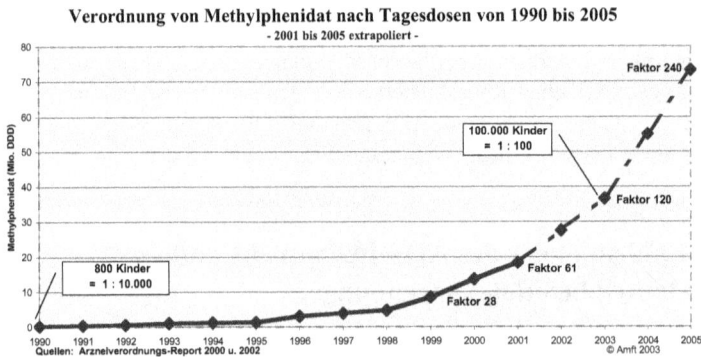

Verordnung von Methylphenidat nach Tagesdosen von 1990 bis 2005
- 2001 bis 2005 extrapoliert -

Bei der Angabe der Behandlungsprävalenz von 1% handelt es sich um eine rechnerische Größe, welche eine kontinuierliche Medikation über einen Jahreszeitraum zugrunde legt. Da kürzere Behandlungsintervalle häufig sind, ist die Zahl der mit Methylphenidat behandelten Kinder wesentlich höher anzusetzen (vgl. von Ferber u.a. 2003, Glaeske und Janhsen 2003).

In Deutschland liegt derzeit die Behandlungsprävalenz noch deutlich unter jener in den USA. Im Jahr 1995 erhielten in den USA – rechnerisch ermittelt – 2,8% der 5- bis 18-Jährigen eine Dauertherapie mit Methylphenidat. In einer Studie wurde – im selben Jahr – bei 5- bis 14-Jährigen eine Behandlungshäufigkeit von 4,6% beobachtet (vgl. Ferber u.a. 2003). Wenn es in Deutschland eine analoge Entwicklung gäbe, so bedeutete dies, dass sich die Behandlungshäufigkeit gegenüber 2001 mehr

46

als vervierfachen würde. Gegenüber 1990 würde eine Steigerung um den Faktor 330 auftreten (vgl. Grafik).

Wird die Behandlungsprävalenz in absoluten Zahlen ausgedrückt, so ergibt sich folgendes Bild hinsichtlich der mit Methylphenidat behandelten Kinder:

1990	–	800 Kinder
1999	–	22.500 Kinder
2001	–	50.000 Kinder
2003	–	100.000 Kinder (erwartet)

Welche Schlüsse lassen sich aus der Verordnungsstatistik ziehen? Wie ist eine derartige Steigerung zu erklären? Hat sich die Diagnostik verändert?

Festzuhalten ist, dass sowohl das zugrunde liegende Störungsbild wie auch das medikamentöse Behandlungskonzept seit Jahrzehnten bekannt sind. „Leon Eisenberg und Keith Conners führten diese Substanz 1963 in die Kinder- und Jugendpsychiatrie zur Therapie des Hyperkinetischen Syndroms in den Vereinigten Staaten ein […], und in Deutschland berichtete erstmals Gerhard Nissen 1971 über diese Behandlung" (Trott, Wirth 1995, 209f.). Das Erscheinungsbild des HKS bzw. des ADS ist so auffällig und für die betroffene Umwelt, insbesondere Eltern und Lehrer, so störend, dass es keiner besonderen Diagnostik bedarf, um die Symptomatik wahrzunehmen. Die Kriterien gemäß den Diagnoserichtlinien der WHO sind für die „Hyperkinetische Störung" (ICD-10 F 90) unverändert geblieben (vgl. Dilling, Mombour und Schmidt 1992).

Auch bezüglich der medizinischen Indikation hat sich nichts geändert, d.h. es hat keine Ausweitung der Stimulantientherapie auf andere Störungsbilder stattgefunden. In Erwägung zu ziehen wäre die Frage, ob in der Vergangenheit eine unzureichende Therapie vorlag. So schreiben 1989 Elliger und Nissen (1989, A-3941):

„Die häufig geäußerte, manchmal auch polemisch vorgetragene Sorge, diese Substanzen würden unkritisch von Ärzten verordnet […], scheint augenblicklich vom epidemiologischen Standpunkt aus eher weniger begründbar zu sein als die Befürchtung einer vielleicht sogar unzureichenden und dem Stand der Wissenschaft nicht entsprechenden Versorgung der Kinder."

Selbst wenn wir im Gedankenexperiment *hypothetisch* von einer extremen Unterversorgung im Jahre 1989 ausgehen und annehmen, dass 9 von 10 der behandlungsbedürftigen Kinder *kein* Ritalin erhalten hätten, so wäre maximal eine

Erhöhung um den Faktor 10 medizinisch gerechtfertigt, jedoch nicht um den Faktor 60. Dieses Gedankenexperiment zeigt, dass der massive Anstieg der Methylphenidat-Verordnungen nicht mit einer zuvor bestehenden medikamentösen Unterversorgung erklärt werden kann.

Ist es möglich, dass sich die Zahl der behandlungsbedürftigen Kinder stark erhöht hat?

Eine medizinische Indikation der Behandlung von Kindern mit Aufmerksamkeitsdefizitsymptomatik ist nur gegeben, wenn ursächlich vom Vorliegen einer Hirnstoffwechselstörung ausgegangen wird, welche zu Problemen in der zentralen Informationsverarbeitung führt. Läge beim ADS, wie von einigen Wissenschaftlern behauptet, in der Regel eine genetisch (mit)bedingte Organstörung vor, so müsste die Zahl der betroffenen Kinder konstant bleiben bzw. sich bei einem Geburtenrückgang sogar verringern. Genetisch bedingte Krankheiten weisen eine relativ konstante Prävalenz und Inzidenz auf. Kein wissenschaftliches Modell kann die Hypothese einer genetischen Bedingtheit von ADS bei einer Steigerung der Prävalenz um den Faktor 60 in nur einem Jahrzehnt plausibel machen.

Wenn heute von einer Prävalenz von 2 bis 6% beim ADS ausgegangen wird, so lässt dies nur die Schlussfolgerung zu, dass es sich beim ADS im Wesentlichen *nicht* um eine genetisch bedingte Hirnstoffwechselstörung handeln kann, weil damit der Anstieg der Zahl der ADS-Kinder überhaupt nicht erklärbar wäre. Im Gegenteil: Würde – wie beim juvenilen Diabetes[3] – eine genetische Prädisposition bestehen, dann müsste die Zahl der ADS-Kinder – analog zum Insulinmangeldiabetes – relativ konstant bleiben.

Daher legt das derzeitige Ausmaß der Ritalin-Verordnungen den Verdacht nahe, dass hier nicht nur Kinder behandelt werden, bei denen eine gesicherte medizinische Diagnose und Indikation vorliegt, sondern dass in nicht geringem Umfang Ritalin symptombezogen eingesetzt wird, um ein erwünschtes (Schul-)Verhalten auf psychopharmakologischem Wege herzustellen.

Nach eigenen Schätzungen ist anzunehmen, dass bei 90–95% der Kinder mit Aufmerksamkeitsdefizit-Symptomatik keine medizinische Indikation für eine Ritalin-Behandlung besteht (Amft 2004, 121).

---

[3] Bereits in der Kindheit auftretender Insulinmangeldiabetes.

Grenzen der biographischen Betrachtung

Die meisten Erklärungshypothesen, welche von einer psychosozialen Genese des ADS-Phänomens ausgehen, gehen von der Annahme aus, dass Besonderheiten in der Biographie bzw. Lebensumwelt des Kindes vorliegen. Das auffällige oder störende Verhalten des Kindes wird als von besonderen individuellen Entwicklungsbedingungen verursacht wahrgenommen. Jedoch liegen bei so genannten ADS-Kindern meist Normalbiographien vor. Die Kinder wachsen in normalen Lebensverhältnissen auf. Das Erziehungsverhalten der Eltern ist unauffällig. Mag sein, dass in einem Einzelfall ein Zusammenhang zwischen der familiären Situation und dem Verhalten des Kindes vermutet wird. Beispielsweise, wenn das Kind durch die Scheidung der Eltern belastet wird oder eine alleinerziehende und berufstätige Mutter nicht genügend Zeit und Energie für die Erziehung ihres Kindes aufbringen kann. Aber auf ein Kind mit ADS aus einer derartigen Konstellation kommen fünf andere Kinder, deren Eltern geschieden sind oder deren Mütter auch alleinerziehend und berufstätig sind, welche aber kein ADS-Problem haben. Weitere Hypothesen sind „schwache Väter" oder eine permissive Erziehung. Sie sind wenig überzeugend, weil in der „vaterlosen Gesellschaft" (Mitscherlich 1973) schwache Väter die Normalität sind und die Erziehungssituation von ADS-Kindern sich in der Regel nicht von der anderer, unauffälliger Kinder unterscheidet. Und weil sich die Entwicklungsbedingungen von ADS-Kindern im Spektrum der Normalität bewegen, verstehen deren Eltern auch nicht, warum gerade ihr Kind ein ADS-Verhalten aufweist. Da spezielle(!) negative psychosoziale Faktoren für die betroffenen Eltern nicht evident sind, ist eine organische Erklärungshypothese für sie einleuchtend. Das Alltagsbewusstsein denkt in einfach-linearen Kausalitäten und kann tiefenstrukturelle, d.h. unter der empirischen Oberfläche liegende, komplexe psychosoziale Zusammenhänge nicht erfassen.

Ungünstige Umweltbedingungen – so meine These – gehören zur Normalität der modernen Kindheit. Eine risikoreiche Entwicklungskonstellation erhöht zwar die Wahrscheinlichkeit des Auftretens von Störungen, führt aber nicht zwangsläufig dazu. Das erklärt, warum beispielsweise fünf Kinder unter ähnlich ungünstigen Bedingungen aufwachsen, aber nur ein Kind eine Entwicklungspsychopathologie entwickelt. Die Modellbildung zur Entwicklung kindlicher Störungen muss daher eine Antwort auf die Frage geben, warum nur ein Teil der Kinder manifeste Störungen aufweist.

In der ätiologischen Betrachtung von Entwicklungsstörungen und Psychopathologien findet sich nicht selten – auch bei Wissenschaftlern – ein Denkfehler, wenn die Ursachen für kindliche Entwicklungsstörungen *nur in den Besonderheiten* der

Biographie bzw. Lebensumwelt des Kindes gesucht werden. Besonders belastende Lebensumstände *können* zu psychischen Störungen führen, aber sie *müssen* es nicht. Psychische Störungen *können* ihre Ursache in besonderen Lebensumständen besitzen, aber sie *müssen* es nicht.

Die von der Normalität abweichende Entwicklung muss daher keineswegs ihren Grund in *besonderen* biographischen Umständen haben. Denn „normale" Lebensbedingungen können bereits so ungünstig sein, dass mit ihnen ein hohes Risiko der Entwicklung von schwerwiegenden Störungen und Krankheiten einhergeht. Sind diese Risiken durch die Beschaffenheit des sozialen Systems bedingt, dann handelt es sich um „Systempathogenität". Wenn Modelle die Genese von Entwicklungspsychopathologien ausschließlich aus den *Besonderheiten* des Individuums und seiner mikrosozialen Umwelt (z.B. Familie) erklären, dann blenden sie den Aspekt der Systempathogenität aus. Das führt zu dem falschen Bewusstsein, Störung oder Krankheit sei *nur* ein individuelles und schicksalhaftes Geschehen und nicht *auch* oder sogar *primär* das Resultat krankheitserzeugender gesellschaftlicher Normalität.

ADS als „Sozialisationsunfall"

Um erklären zu können, warum unter ähnlichen Umweltbedingungen nur ein Teil der Kinder manifeste Störungen aufweist, habe ich ein Modell entwickelt, in dem die psychosoziale Genese des ADS im Rahmen einer Risikokonstellation betrachtet wird. ADS wird darin als eine Art „Sozialisationsunfall" verstanden. Als Beispiel für das Modell soll der Straßenverkehr genommen werden. Millionen von Menschen fahren tagtäglich mit dem eigenen Auto zur Arbeitsstelle. Jeden Tag gibt es auf dem Weg zur Arbeit Verkehrsunfälle. Als konkrete Unfallursachen werden dann genannt: überhöhte Geschwindigkeit, Ablenkung, Übermüdung des Fahrers usw. Der Unfall erscheint als Folge eines individuellen Fehlverhaltens. Die Kausalbetrachtung ist nicht falsch, aber – wie gezeigt werden soll – unzureichend. Tatsächlich sind viele Menschen auf dem Weg zur oder von der Arbeit übermüdet, gestresst oder fahren zu schnell. Dass Übermüdung, überhöhte Geschwindigkeit, zu geringer Sicherheitsabstand etc. das Unfallrisiko erhöhen, ist allgemein bekannt. Trotzdem gerät nicht jeder zu schnell fahrende, gestresste oder übermüdete Fahrer in einen Unfall, sondern nur ein geringer Prozentsatz. Mag sein, dass gute Fahrer ein geringeres Unfallrisiko besitzen und schlechte ein höheres. Aber meist ist es Zufall oder Pech. Das Gros der Fahrer, die verunfallen, sind ganz normale Fahrer. Wird der Straßenverkehr als Ganzes betrachtet, so ist der einzelne Unfall Resultat einer risikoreichen Gesamtkonstellation: Jeder Verkehrsteilnehmer kann in einen Unfall verwickelt werden. Das heißt nicht, dass das Verhalten des einzelnen Fahrers keine Rolle spielt. Im Gegenteil, er kann – wenn er die Gefahr rechtzeitig bemerkt – bremsen oder ausweichen und so einen Unfall verhindern. Mit der Zunahme des Straßenverkehrs steigt für alle Verkehrsteilnehmer das individuelle Unfallrisiko, d.h. die statistische Wahrscheinlichkeit einer Unfallbeteiligung.

Wenn das Auftreten einer ADS-Symptomatik im Rahmen eines „Unfallmodells" betrachtet wird, so wird deutlich, dass eine ungünstige kindliche Umwelt das Risiko der Entwicklung einer Störung erhöht, aber diese keineswegs zwangsläufig eintreten muss. Denn jedes Kind besitzt mehr oder weniger Bewältigungsressourcen. Ob ein Kind eine psychosoziale Risikosituation erfolgreich oder nicht erfolgreich bewältigen kann, hängt von verschiedenen Faktoren ab, auf die hier nicht näher eingegangen werden kann. Und daher entwickelt unter ähnlichen Umweltbedingungen nur ein Teil der Kinder manifeste Entwicklungsstörungen.

Hinsichtlich der Genese der ADS-Symptomatik bedarf das „Unfall-Modell" allerdings einer Ergänzung, weil ein Unfallgeschehen die Charakteristik eines plötzlichen und unerwarteten Ereignisses besitzt. Jedoch ist ADS nicht das Resultat eines einmaligen Ereignisses, sondern Folge einer defizitären oder pathologischen Entwicklung. Benötigt wird daher ein Kontinuitätsmodell. ADS kann zum einen interpretiert werden als ein individuelles Problem, nämlich als ein Anpassungs- bzw. Entwicklungsproblem eines einzelnen Menschen mit einer besonderen Konstitution oder einer besonderen Biographie. Andererseits kann ADS verstanden werden als Reaktion eines „normalen" Individuums auf ungünstige, der menschlichen Natur nicht entsprechende Umweltbedingungen.

Diese unterschiedlichen Perspektiven, nämlich individualpathologische versus sozialpathologische Betrachtung, sind der springende Punkt in der gesamten ADS-Diskussion, weil sich hieraus ein völlig anderes Verständnis für die Kausalzusammenhänge ergibt. Die individualpathologische Betrachtung sieht den Wald vor Bäumen nicht. Sie ist kennzeichnend für das Bewusstsein einer individuenzentrierten Medizin, die blind ist für gesellschaftliche Zusammenhänge. „Die unbequeme Frage nach krankmachenden sozialstrukturellen Krankheitsursachen wurde in der bürgerlichen Medizin durch deren Verleugnung gelöst" (Kilian 1972, 90).

Wenn innerhalb einer menschheitsgeschichtlich relativ kurzen Zeitspanne – einigen Jahrzehnten – Krankheiten oder Störungen massenhaft auftreten oder verschwinden, die vorher selten oder häufig waren, dann spricht dies in erster Linie für eine Veränderung der Umweltbedingungen und nicht etwa für genetische Mutationen. Es sei denn, der Nachweis für genetische Veränderungen könnte erbracht werden. Und selbst diese Veränderungen können nicht allein durch Spontanmutationen, sondern müssten durch das Einwirken von Umweltfaktoren, wie Strahlung, Chemie oder Infektionen, erklärt werden.

Das entscheidende Argument für die Annahme von umweltbedingten Veränderungen ist das epidemiologische, nämlich der empirische Nachweis von gravierenden Veränderungen in der Prävalenz und Inzidenz von Krankheiten und Störungen. Und wenn sich, wie beim ADS-Phänomen, die Häufigkeit des Auftretens des Störungsbildes in einer Zeitspanne von nur 10 bis 15 Jahren um eine oder zwei Zehnerpotenzen ändert, dann ist die nur individualpathologische Betrachtung aus wissenschaftlicher Sicht schlicht und einfach *falsch*.

Veränderte Kindheit

Ausgehend von dem Risikomodell wird nun die These aufgestellt, dass gravierende Veränderungen in den kindlichen Entwicklungsbedingungen während der letzten 30 Jahre das Risiko, eine Entwicklungspsychopathologie zu entwickeln, erheblich erhöht haben. Dabei gehe ich von der sozialpsychologischen Erkenntnis aus, dass der Transfer von Veränderungen im makrosozialen System in mikrosozialen Kontexten erfolgt. Diese mikrosozialen Systeme, wie Familie, Schule und Betrieb, besitzen die Funktion von Sozialisationsmatrizen. Man kann – so Fromm – „die Familie als die *psychische Agentur der Gesellschaft*, als die Institution ansehen, deren Funktion es ist, die Erfordernisse der Gesellschaft dem heranwachsenden Kind zu übermitteln (Hervorhebung im Original)" (Fromm 1955, 61f.). Heute haben zusätzlich die Massenmedien, insbesondere das Fernsehen, einen bedeutenden Einfluss auf die Frühsozialisation des Kindes.

Nachfolgend möchte ich wichtige Veränderungen der kindlichen Umweltbedingungen auflisten.

1. Die gravierendste Veränderung im familiären Kontext ist, insbesondere in den Mittelschichten, die Erhöhung des Volumens der Erwerbsarbeit pro Familie. Das Problem – dies sei hier betont – ist nicht die Berufstätigkeit der Frau. Denn die Berufstätigkeit der Frau ließe sich problemlos mit einer Teilzeitarbeit beider Ehepartner realisieren, doch die heutige familiäre Erwerbsrealität ist nicht „Job-Sharing", sondern „Job-Verdoppelung". Wenn beispielsweise ein verbeamtetes Ehepaar neuerdings statt 2 x 38,5 Stunden nun 2 x 42 Stunden bei gleichem Gehalt arbeiten muss, dann fehlen der Familie 7 Stunden pro Woche. Das sind 7 Stunden weniger Erziehungszeit.

Diese Zunahme des Volumens der familiären Erwerbsarbeit ist einzig und allein durch die Gesetze der kapitalistischen Ökonomie bedingt. Die Menschen müssen daher – trotz und wegen des technologischen Fortschritts – im gegenwärtigen System immer mehr und immer länger bei immer geringerem Reallohn arbeiten. In einem menschenfreundlichen ökonomischen System hingegen würde der technologische Fortschritt zum entgegengesetzten Resultat führen, nämlich zu einer Senkung der Arbeitszeit bei steigendem Wohlstand der Gesamtbevölkerung.

In Großbritannien beträgt gegenwärtig die wöchentliche Normarbeitszeit bereits 48 Stunden, wobei zusätzliche unbezahlte Überstunden erwartet werden. In den USA sind mehrere Jobs heute bereits die Regel. Nicht nur die Wochenarbeitszeit wird erhöht, sondern auch die Lebensarbeitszeit.

2. Die Kleinfamilie, hohe Scheidungsraten und ein hoher Anteil von Alleinerziehenden sind weitere Veränderungen.

Häufig fehlen die Großeltern. Großeltern sind ideale Mediatoren, wenn sie dem Kind das Verhalten der Eltern und den Eltern das Verhalten des Kindes erklären können und wenn sie von Eltern und Enkeln gleichermaßen respektiert werden. Die Rolle der Großeltern für eine gelingende kindliche Entwicklung wird m.E. heute sehr unterschätzt.

3. Neue Strukturen in der Arbeitswelt, wie Dynamisierung des Arbeitsmarktes (Arbeitslosigkeit), Flexibilität, Mobilität (Pendler, Umzüge), führen zu Diskontinuitäten und Brüchen im sozialen Kontext. Die Freisetzung von Arbeitskräften in Form von Massenentlassungen ist heute zu einem Instrument der betriebswirtschaftlichen Optimierung geworden (vgl. Sennet 1998). Arbeitslosigkeit ist eine „Profitmaschine": Die Menschen werden entlassen, um sie später wieder zu schlechteren Arbeitsbedingungen einstellen zu können, d.h. sie müssen für weniger Lohn mehr arbeiten.

4. Die Menschen sind nicht mehr Subjekte ihrer individuellen und kollektiven Geschichte (Entsubjektivierung). Es entwickelt sich eine "vaterlose Gesellschaft" (Mitscherlich 1973). Die Gesellschaft ist – wie hypnotisiert – gefangen in einem „TINA-Syndrom" („There is no alternative!"[4]). Die

---

[4] Ein Ausspruch der „Eisernen Lady" Margaret Thatcher.

Zukunft erscheint für die Menschen als nicht mehr durch Menschen gestaltbar[5].

5. Die kindlichen Entwicklungsbedingungen werden heterogener. Die Kinder finden sehr unterschiedliche Beziehungen (Familie, Verwandtschaft, Freunde usw.), Erziehungssituationen, hemmende und förderliche Umwelten (Wohnen, Spielen, Entdecken usw.) vor.

6. Die Kindheit wird zunehmend zur „Medienkindheit" (Fernsehen, Computerspiele, Internet usw.).

7. Die Kinder wachsen in einer Umwelt auf, in denen die Erziehung weitgehend durch Dienstleistungsberufe erfolgt (Pädagogisierung der Kindheit). Männer bilden eine Minorität in der Erziehung und im Primarschulbereich (Feminisierung der Pädagogik).

8. Das Leben wird von psychologischer Manipulation (z.B. Werbung, behaviorale Erziehungstechniken) beherrscht.

9. Der Staat zieht sich aus seiner sozialen Garantenstellung zurück (Deregulierung, Tendenz zu Re-Privatisierung von Erziehung, Bildung und existentiellen Sicherungssystemen). Der Staat wird zunehmend zu einer a-sozialen Maschine der Optimierung von Kapitalverwertung.

10. Risikoreiche Umwelteinflüsse, wie Informationsüberflutung, Nahrungsmittel (Hormone, Antibiotika, Insektizide usw.), Strahlung (UV, Elektromagnetismus, Radioaktivität), Schadstoffe in der Luft, Kleidung usw., Medikamente, Lärm usf., können sich in unterschiedlicher Weise negativ auf die kindliche Entwicklung auswirken. Negative Auswirkungen von Umweltnoxen sind epidemiologisch belegt (z.B. auf die kognitive Entwicklung).

---

[5] Das „TINA-Syndrom" zeigt sich beispielsweise, wenn in einer Weise abstrakt von „der" Gesellschaft, „den" gesellschaftlichen Bedingungen, „der" Wirtschaft etc. geredet wird, so als handele es sich hier um Naturereignisse und nicht von Menschen hergestellte Verhältnisse. Ohne ein historisches Verständnis seiner Entstehung ist das gegenwärtige gesellschaftliche System nicht begreifbar als eine von Menschen geschaffene und veränderbare historische Form von Herrschaft, und zwar der Herrschaft des Geldes über die Menschen. Dabei herrschen die „Spielregeln" der kapitalistischen Marktwirtschaft erst rund 200 Jahre.

11. Armut ist eindeutig ein Risikofaktor für die kindliche Entwicklung, wie zahlreiche epidemiologische Studien belegen. Neben der faktischen Armut ist die Angst vor sozialem Abstieg und vor Armut ein gravierender Risikofaktor. Die Angst der Eltern kann auf die Kinder übertragen werden.

12. Die Migration als Risikofaktor betrifft einen nicht unerheblichen Teil der Kinder in unserer Gesellschaft. Nicht selten sind Migration und Armut miteinander gekoppelt.

13. Ein besonderes Risiko für die kindliche Entwicklung ist die Schule. Die Logik von Kapital und Lohnarbeit, welche für die Menschen ein Leben in Entfremdung und Verdinglichung bedeutet, wird früh internalisiert. Eine entscheidende Sozialisationsagentur ist hierbei die Schule, welche bereits im Grundschulalter schon wesentliche Kriterien von Lohnarbeit, nämlich fremdbestimmte, konkurrenzorientierte Tätigkeit zu sein, enthält, mit der Ausnahme, dass die Schüler kein Geld bekommen, sondern Noten oder Punkte.

Die menschliche Natur als Störfaktor – Psycho-Drogen als Mittel der Normalisierung

Die von der Kapitalverwertung geforderte grenzenlose Anpassung und Flexibilisierung des Menschen stößt auf Grenzen in der menschlichen Natur. Die natürliche Beschaffenheit des Menschen wird zu einer Störgröße in der Ökonomie. Weitblickend sprach der Sozialphilosoph Günther Anders von der „Antiquiertheit des Menschen" (1956, 1988). Wenn die „Naturbeherrschung am Menschen" (zur Lippe 1974, 1981) bei immer mehr Menschen an psychophysische Grenzen stößt, dann muss das Funktionieren im sozioökonomischen System zunehmend mittels psychotroper Substanzen hergestellt werden. Der Soziologe und Drogenexperte Günther Amendt (2000, 60) meint, dass „in der globalisierten und deregulierten Welt von morgen […] psychoaktive Substanzen nicht nur als Genussmittel […], sondern auch als Instrumente der sozialen Steuerung unverzichtbar sein" werden. Der Konsum von Psycho-Drogen wird zur Normalität.

In diese Logik passt das Substitutionsmodell, welches von vielen Ritalin-Befürwortern vertreten wird. Denn aus ihrer Sicht stellt die Ritalin-Behandlung keine psychopharmakologische Verhaltensmodifikation dar, sondern eher einen

Ausgleich eines Mangels an Neurotransmittern, vergleichbar mit der Insulin-Behandlung von Diabetikern.

Die Logik des Substitutionsmodells impliziert, dass der Normalzustand der Kinder jener sei, der durch Drogeneinnahme hervorgerufen wird. Das Psychopharmakon verändert demnach nicht die Funktionsweise des Menschen, sondern normalisiert sie. Den Kindern Ritalin vorzuenthalten, bedeutet, ihnen Normalität zu verweigern. Damit wird als Normalzustand dieser Kinder der Zustand unter Drogeneinfluss definiert, während der natürliche Zustand – ohne Psychodroge – als Störung angesehen wird. Beim Vorliegen eines unerwünschten Verhaltens – hier: von Unaufmerksamkeit – wird nicht mehr gefragt, ob es sich möglicherweise um die Äußerung eines Subjektes auf seine Lebensumstände handelt, sondern das erwünschte Funktionieren wird mittels Psychopharmaka hergestellt und bei Erfolg im Nachhinein (!) als Ausgleich eines stofflichen Mangels interpretiert. Gemäß dieser Logik müssen nicht die Lebensumstände der Natur des Menschen angepasst werden, sondern der Mensch gleicht seinen „Anpassungsmangel" durch die Substitution mit psychoaktiven Substanzen aus.

Für eine gelingende Naturbeherrschung am Menschen zum Zwecke gesellschaftlicher Anpassung kann Erziehung in zunehmenden Maße nicht mehr auf Psychopharmaka verzichten. In Zukunft werden psychoaktive Substanzen im Alltag der Kinder etwas völlig Normales sein, so wie früher der Lebertran und heute der Nachhilfeunterricht.

Erziehung und Bildung im Kontext gesellschaftlicher Regression

Seit Jahren befindet sich die Gesellschaft in einem Prozess der „reaktionären Modernisierung" (vgl. Bollenbeck 1996, 299f.). Gegenwärtige „Reformen" haben zum Ziel den Abbau sozialer und kultureller Errungenschaften zum Zwecke der Optimierung der Kapitalakkumulation.

Eine gute Erziehung erfordert Liebe, Wissen, Zeit und Geld. Ein kostendeckendes Kindergeld und ein angemessener Erziehungslohn wären eine wichtige Forderung an die Gesellschaft. Die Vorstellung, in diesem ökonomischen System könnte diese Forderung jemals realisiert werden, ist jedoch völlig illusionär. Erziehungsaufwendungen gehören zu den reproduktiven Kosten, aus ihnen lässt sich unmittelbar kein Profit schöpfen. Und deshalb werden sie von Wirtschaft und Staat „privatisiert", d.h. auf die betroffenen Eltern abgewälzt.

Ein Schuldvorwurf im Sinne einer Vernachlässigung der Erziehung in Richtung der Eltern ist daher nicht nur voreilig, sondern auch ungerecht. Denn heutige Eltern sind Modernisierungsverlierer. Die ständige Erhöhung des Volumens der Erwerbsarbeit pro Familie bei gleichzeitiger Senkung der Realeinkommen führt zwangsläufig zu einer steigenden Überlastung der Erziehungspersonen.

Zu den Verlierern der gesellschaftlichen Entwicklung gehören heute vor allem Kinder. Sie verwahrlosen, weil ihre Eltern im System der Lohnarbeit immer länger und intensiver arbeiten müssen. Aufgabe der Gesellschaft wäre es, für diese Kinder jene Umwelten zu schaffen, welche die pflegerische und erzieherische Funktion der Familien übernehmen, so wie dies beispielsweise in Form einer Gemeinschaftserziehung im israelischen Kibbuz geschieht.

Die Verwahrlosung von Kindern durch unzureichende Beziehungs- und Erziehungsumwelten mit der Folge der Zunahme von defizitären psychostrukturellen Entwicklungen ist ein wesentlicher Aspekt beim ADS-Phänomen. Die Bedingungen der primären Sozialisation sind heute sehr unterschiedlich. Ein Teil der Kinder wird durch Eltern, Großeltern und/oder ErzieherInnen sehr gut gefördert, ein anderer Teil wächst in unzureichenden bis verwahrlosenden Verhältnissen auf. Daraus resultiert eine zunehmende Entwicklungsheterogenität. Kalendarisch sind die Kinder bei der Einschulung zwar alle um die 6 Jahre alt, aber hinsichtlich des psychosozialen Entwicklungsstandes und kognitiven Leistungsvermögens gibt es große Unterschiede. Da sich der heutige Unterricht nach wie vor am „Durchschnittsschüler" orientiert, ist bei dieser Konstellation ein größerer Teil überfordert und ein kleiner Teil unterfordert – und Kinder aus beiden Gruppen können die Symptomatik eines unaufmerksamen Kindes zeigen.

Die „Ökonomisierung der Gesellschaft" führt zu einer zunehmenden Verschärfung der Widersprüche im Erziehungs- und Bildungssystem, da der Bedarf an individualisiertem Unterricht sowie an kompensatorischen pädagogischen Angeboten steigt, andererseits die ökonomischen Mittel verknappt werden.

Eine kritische Aufarbeitung und Reflexion der eigenen Berufsrolle im gesellschaftlichen System hat eine wichtige psychohygienische Funktion, weil sie vor einer realitätsfremden Idealisierung der Berufsrolle und damit auch vor narzisstischer Selbstidealisierung des eigenen Tuns schützt. Ohne diese kritische Reflexion geraten Individuen und Berufsgruppen fast zwangsläufig in einen Prozess einer kognitiven Dissonanz.

Von vielen Schulpädagogen wird die repressive Seite ihrer beruflichen Tätigkeit bewusstseinsmäßig abgespalten. Sie wollen oder können nicht wahrhaben, dass sie im staatlichen Auftrag entscheidend an der Herstellung des „flexiblen Menschen" zum Zwecke der profitablen Verwertung menschlicher Arbeitkraft mitwirken.

Diese Idealisierung der schulischen Wirklichkeit durch die Lehrpersonen hat für Schüler mit störendem Verhalten fatale Folgen. Wenn die schulische Realität von pädagogischer Seite nicht als ein für das Kind konfliktreiches System wahrgenommen wird, dann kann das auffällige kindliche Verhalten auch nicht als potentielle

Subjektäußerung betrachtet werden. So ist erklärbar, dass von nicht wenigen Lehrern ein Erklärungsmodell aufgegriffen wird, welches das (schul)dysfunktionale Verhalten des Kindes auf eine organische Dysfunktion im Hirn des Kindes zurückführt. Weil Methylphenidat sehr geeignet scheint, ein erwünschtes Verhalten herzustellen, wird es von einer großen Zahl der beteiligten Personen, Eltern und Lehrern, favorisiert und ein mehr oder minder großer Teil der Mediziner spielt im Sinne von Erfüllungsgehilfen mit.

ADS ist ein komplexes und kompliziertes Phänomen. Wer nach einfachen Antworten und Lösungen sucht, wird sie in der Fülle der heutigen Ratgeberliteratur zum Thema ADS auch finden. Einfache Antworten und Rezepte bei komplexen Phänomen und Problemen haben jedoch eines gemeinsam: meist sind sie falsch. Die Herausforderung, die ADS an Pädagogik und Therapie stellt, ist vor allem eine intellektuelle. Wenn die tiefenstrukturellen Zusammenhänge dieses Phänomens begriffen werden, dann ist auch ein anderer Umgang mit den betroffenen Kindern und Eltern möglich. Man wird sich vor vorschnellen Schuldzuweisungen und einem unreflektierten Umgang mit Psychopharmaka hüten. Stattdessen wird man überlegen, wie durch eine Veränderung der kindlichen Beziehungs- und Erziehungsverhältnisse eine gelingende Erziehung ermöglicht werden kann. Dies betrifft das elterliche Erziehungsverhalten, neue Formen der Gemeinschaftserziehung, die Schulsituation und die Entwicklung von geeigneten kompensatorischen Angeboten, welche möglichst schulnah positioniert werden sollten. Hier denke ich nicht nur an professionelle pädagogische und psychotherapeutische Angebote, die angesichts der Finanzknappheit der Kommunen geringe Realisierungschancen besitzen, sondern auch an Selbsthilfeprojekte, in denen Eltern, Großeltern, engagierte Jugendliche, Arbeitslose, Senioren etc. mitarbeiten.

Allerdings sollte man sich keinen Illusionen hingeben. All jene „Reformen" und „Modernisierungen", welche von Politikern derzeit auf den Weg gebracht werden mit dem Ziel, wirtschaftliches Wachstum zu fördern, sind Momente eines gesellschaftlichen Niedergangsszenarios, wobei sich die Abwärtsspirale immer schneller dreht. Ständig verschlechtern sich die Entwicklungsbedingungen der Kinder. Man muss nicht mit visionären Gaben ausgestattet sein, um ein weiteres Anwachsen des ADS-Phänomens und der Methylphenidat-Behandlungen zu prognostizieren.

Fazit

Das ADS-Phänomen ist in erster Linie Ausdruck einer beeinträchtigten kindlichen Entwicklung, deren allgemeine Ursache in einer Diskrepanz zwischen der menschlichen Natur und dem Gesellschaftssystem liegt. Dieser Anpassungskonflikt zwischen menschlichen Bedürfnissen („Triebstruktur") und Systemzwängen ist das zentrale Thema der Psychoanalyse. Aus diesem Konflikt entstehen Neurosen, psychosomatische Störungen, Süchte und Perversionen.

Menschliches Verhalten ist nicht beliebig herstellbar, im Gegensatz zur herrschenden Meinung einer affirmativen Psychologie. Sozialisation und Erziehung sollen den Menschen formen, ihn zu einem wertgeleiteten, prosozialen Wesen machen. Doch diese Gesellschaft deformiert die menschliche Natur. Insofern ist das ADS-Phänomen auch Symptom einer Deformation von Kindern. Beides, defizitäre und deformierende Sozialisation, macht das Wesen des ADS-Phänomen aus.

Sowohl der massive Anstieg der Zahl „unaufmerksamer" Kinder wie auch die gesunkene Hemmschwelle zum Einsatz von Psychopharmaka zum Zwecke der Normalisierung kindlichen Verhaltens sind als Symptome einer tiefgreifenden Zivilisationskrise zu begreifen. Dies erklärt auch die Emotionen beim Thema ADS und Ritalin. Die Menschen spüren, dass hier etwas nicht Geheueres, ja Schreckliches, mit den Kindern passiert, wenngleich das Bewusstsein meist noch nicht die Oberfläche der Phänomene durchdringen kann. Die Naturbeherrschung am Menschen zum Zwecke ökonomischer Optimierung verlangt bereits im Schulkindalter und zunehmend sogar im Kleinkindalter den Einsatz von Psychopharmaka. Es ist höchste Zeit für ein Umdenken. Anstatt die Menschen weiterhin dem Primat der Maximierung der Kapitalverwertung zu unterwerfen, gilt es, ein Gesellschaftsprojekt zu entwerfen, in dem die Ökonomie nach den Bedürfnissen der Menschen organisiert wird – und nicht umgekehrt.

Literatur

Amendt, G. (2000): No drugs. No future. In: Konkret (8), 60–63

Amft, H. (2004): Die ADS-Problematik aus der Perspektive einer kritischen Medizin. In: Amft, H.; Gerspach, M.; Mattner, D.: Kinder mit gestörter Aufmerksamkeit. 2. Aufl. Stuttgart, 47-149

Amft, H.; Gerspach, M.; Mattner, D. (2004): Kinder mit gestörter Aufmerksamkeit. 2. Aufl. Stuttgart

Anders, G. (1956): Die Antiquiertheit des Menschen. Bd. 1: Über die Seele im Zeitalter der zweiten industriellen Revolution. 7. Aufl. München

Anders, G. (1988): Die Antiquiertheit des Menschen. Bd. 2: Über die Zerstörung des Lebens im Zeitalter der dritten industriellen Revolution. 4. Aufl. München

BGMS (Bundesministerium für Gesundheit und soziale Sicherung) (2002): Pressemitteilung 27.12.2002.
http://www.bmgs.bund.de/archiv/presse_bmgs/presse2002/m/213.htm

Bollenbeck, G. (1996): Bildung und Kultur. Glanz und Elend eines deutschen Deutungsmusters. Frankfurt a.M.

Dilling, H.; Mombour, W.; Schmidt, M.H. (Hrsg.) (1992): Weltgesundheitsorganisation. Internationale Klassifikation psychischer Störungen. ICD-10, Kapitel V (F). 2. Aufl. Bern/Göttingen/Toronto

Elliger, T.J.; Nissen, G. (1989): Psychopharmaka für Kinder und Jugendliche. In: Deutsches Ärzteblatt 86 (51/52), A-3940-3944

Ferber, L. v.; Lehmkuhl, G.; Köster, I.; Döpfner, M.; Schubert, I.; Fröhlich, J.; Ihle, P. (2003): Methylphenidatgebrauch in Deutschland. Versichertenbezogene epidemiologische Studie über die Entwicklung von 1998 bis 2000. In: Deutsches Ärzteblatt 100, A 41–46

Fromm, E. (1955): Wege aus der kranken Gesellschaft. Gesamtausgabe Bd. IV. München, 1989

Glaeske, G.; Janhsen, K. (2003): Aufmerksam bleiben: Ritalin für Kinder. In: Dr. med. Mabuse 142 (März/April), 51–54

Kilian, H. (1972): Kritische Theorie der Medizin. In: Das Argument 60. 2. Aufl., 87–104

Lohse, M.J.; Lorenzen, A.; Müller-Oerlinghausen, B. (2003): Psychopharmaka. In: Schwabe, U.; Paffrath, D. (Hrsg.): Arzneiverordnungs-Report 2002. Berlin/Heidelberg, 641–678

Mitscherlich, A. (1969): Krankheit als Konflikt. Studien zur psychosomatischen Medizin I. Frankfurt a.M.

Mitscherlich, A.(1973): Auf dem Wege zur vaterlosen Gesellschaft. 10. Aufl. München, 1996

Schwabe, U.; Paffrath, D. (Hrsg.) (2001): Arzneiverordnungs-Report 2000. Berlin/Heidelberg

Sennet, R. (1998): Der flexible Mensch. Die Kultur des neuen Kapitalismus. Berlin

Skrodzki, K. (2000): Leben mit Hyperaktivität in Deutschland vor der Jahrtausendwende. In: Skrodzki, K.; Mertens, K. (Hrsg.): Hyperaktivität – Aufmerksamkeitsstörung oder Kreativitätszeichen? Dortmund, 21–42

Trott, G.-E.; Wirt, S. (1995): Die Psychopharmakotherapie der hyperkinetischen Störungen. In: Steinhausen, H.-C. (Hrsg.): Hyperkinetische Störungen im Kindes- und Jugendalter. Stuttgart/Berlin/Köln, 209–224

zur Lippe, R. (1974): Naturbeherrschung am Menschen. Bd. I.. Frankfurt a.M.

zur Lippe, R. (1981): Naturbeherrschung am Menschen. Bd. II. Frankfurt a.M.

Neurobiologische Aspekte des Erinnerns und Vergessens

Michael Huber

Einleitung

Die letzten 10 Jahre empirischer Gedächtnisforschung haben zu einer enormen Erweiterung des Erfahrungswissens bezüglich der neurobiologischen, aber auch psychologischen Zusammenhänge geführt, die den Prozess des Erinnerns ausmachen. Nachfolgend soll die Entwicklung der empirischen Wissenschaft in diesem Bereich kursorisch nachgezeichnet werden. Am Schluss stehen einige perspektivische Überlegungen im Blick auf psychoanalytische Wissenschaften, speziell auch die psychoanalytisch orientierte Pädagogik.

1. Taxonomie der Gedächtnisfunktionen

Weithin anerkannt, wenngleich in sich nicht widerspruchsfrei und auch nicht mit allen empirischen Daten in Übereinstimmung zu bringen, dennoch kondensiert zu lehrbuchähnlicher Verbindlichkeit, ist eine Taxonomie der Gedächtnisfunktionen, die einerseits ein Ultrakurz- und Kurzzeitspeichermodul konzeptualisiert und andererseits den für hier zu diskutierende Fragestellungen relevanten Bereich des Langzeitgedächtnisses nach bestimmten Modalitäten ordnet (Abb.1). Dabei wird von Priming gesprochen, wenn bewusst oder unbewusst wahrgenommene Reizkonstellationen bei wiederholter Wahrnehmung zu einer erhöhten Wahrscheinlichkeit des Wiedererkennens führen. Von prozeduralem Gedächtnis wird gesprochen, wenn es um motorische und mechanische sowie elementare kognitive Fähigkeiten geht, wie etwa das in dem Zusammenhang immer wieder zitierte Klavierspielen, Schnürsenkelbinden, jedoch auch einfache kognitive Schablonen wie beim Kartenspielen. Typisch für prozedurale Gedächtnisinhalte ist, dass sie in der Regel nicht sprachlich symbolisiert werden können. Mit anderen Worten: gefragt, wie man Klavier spiele oder Fahrrad fahre, wird ein durchschnittlicher Proband eher dazu tendieren, bestimmte Bewegungen auszuführen zur Demonstration, als dass es ihm gelänge, mit Worten zu beschreiben, worum es geht. Ein dritter Bereich des Gedächtnissystems, das wir Langzeitspeicher nennen, ist das

Wissenssystem oder semantische Gedächtnis, das allgemeinverbindliches („Schul"-)Wissen katalogisiert, z.B. die Antworten auf Fragen wie „Wie heißt die Hauptstadt von Frankreich?" oder „Wer ist derzeit Bundeskanzler?". Von höchstem wissenschaftlichem und klinischem Interesse ist die vierte Kategorie der Langzeitspeichermodalitäten, nämlich das episodische oder autobiographische Gedächtnis, das all jene Zeitabschnitte mit einem besonderen „Stempel" versieht, die einen Ich-Bezug haben. Das episodische Gedächtnis bezieht sich also auf persönliche, wie in einer Zeitreise zurückzuverfolgende Erinnerungen. Es zeigt eine Kontextbindung und eine zeitliche und örtliche Spezifität. Aus verschiedenen Neuroimaging-Studien wissen wir, dass der Abruf dieser Inhalte rechtshemisphärisch erfolgt, nämlich temporal, inferior-lateral und präfrontal. Das Wissenssystem ist hingegen kontextfrei. Sein Abruf erfolgt über links-temporale, links-inferior-laterale und präfrontale Regionen. Diese hemisphärische Enkodierungs- und Wiedererinnerungsasymmetrie (Hemispheric Encoding and Retrieval Asymmetry, HERA) ist eine der wesentlichen Erkenntnisse, die aus bildgebenden Studien in die moderne Gedächtnisforschung Eingang gefunden haben. Über die Rolle des Hippocampus, der früher als „Ort des Gedächtnisses" galt und von dem lange Zeit angenommen wurde, dass er der Speicherbaustein des Gehirns und mithin der Ort ist, an dem die Engramme abgelagert werden, wissen wir mittlerweile, dass er die Funktion eines Organisators des bewusstseinsfähigen deklarativen Gedächtnisses, zusammen mit entorinalem, peririnalem und parahippocampalem Kortex, zusammen auch als EPPC bezeichnet, darstellt. Der Hippocampus organisiert das episodische Gedächtnis nach der Aufteilung der in den Gedächtnisinhalten vorkommenden verschiedenen Sinnesmodalitäten über die assoziationskortikalen Hirnareale. Mit anderen Worten: der Hippocampus stellt lediglich den Plan zur Verfügung, der es ermöglicht, über synchrone Aktivierungen assoziationskortikaler Sinnesmodalitäten ein Erinnerungserlebnis herbeizuführen, das jedenfalls nach der Qualität seiner Empfindungen dem ursprünglichen Engramm möglichst nahe kommen soll (Tulving und Markowitsch 1998).

2. Erinnern destabilisiert das Erinnerte

Ein Schlüsselexperiment des amerikanischen Physiologen Nader aus der Arbeitsgruppe von Joseph LeDoux aus New York, veröffentlicht in der Zeitschrift *Nature* (Nader, Schafe und LeDoux 2000), hat eine Fülle von Diskussionen angeregt, die auch für die psychoanalytischen Wissenschaften von hoher Bedeutung sind. In Naders Experiment wurde Ratten gleichzeitig ein Tonsignal als konditionierter Stimulus und ein Elektroschock am Fuß als unkonditionierter Stimulus appliziert. Der Erfolg des eintretenden Lernprozesses („Freezing"), eine bestimmte Form von gut reproduzierbar messbarem Verhalten, bildete sich in stabilem Umfang in den Testgruppen aus. 24 Stunden später wurde der konditionelle Stimulus, also das Tonsignal, erneut präsentiert, was – so wurde unterstellt – bei den Ratten den Abruf der gelernten Assoziation CS → US auslöste. Unmittelbar danach wurde einer Gruppe von Tieren bilateral die Substanz Anisomycin der Kontrollgruppe artefizieller Liquor in den basolateralen Kern der Amygdala injiziert. Anisomycin unterbindet die Ribonukleinsäure/Proteinsynthese, so dass alle Prozesse unterbunden wurden, die z.B. für die Langzeispeicherung von Gedächtnisinhalten auf eine intakte Proteinsynthese und Synthese von Ribonukleinsäure-Strukturen angewiesen sind. Weitere 24 Stunden später wurde beiden Gruppen erneut dreifach der konditionierte Stimulus präsentiert. Das Testergebnis bestand darin, dass Anisomycin zu einer dosisabhängigen Reduktion des Freezing in Test 2 führte (Abb. 2). Die ausführliche Diskussion, von den Autoren in ihrer Originalarbeit vorgenommen, belegt deutlich, dass dieser Anisomycin-Effekt nur erklärbar ist durch die Annahme, dass zuvor aktiv erinnert wurde. Denn Auslassen des konditionierten Stimulus vor der Anisomycin-Infusion in der 2. Testgruppe führte zu einer normalen konditionierten Angstreaktion im 2. Testabruf. Auch die Möglichkeit, dass es sich um einen Amygdalaschaden durch die Injektion handeln könnte, wurde diskutiert und ausgeschlossen durch eine histologische Untersuchung. Außerdem erlernen Ratten die Angstkonditionierung rasch neu, auch wenn in einem früheren Versuchsdurchgang Anisomycin injiziert wurde. Die Infusion von Anisomycin 6 Stunden nach dem Abruf war jedoch ohne Effekt, was dafür spricht, dass das Zeitfenster zwischen Einspeicherung und Konsolidierung nur schmal ist. Sogar wenn 14 Tage zwischen initialem Lernen und Test 1 lagen, löschte Anisomycin das erlernte Furchtverhalten in Test 2 aus. Das heißt, sogar gut konsolidierte Gedächtnisinhalte werden nach einer Reaktivierung labil.

Die aus diesem Experiment zu ziehende Schlussfolgerung kommt einer Revolutionierung der bisherigen Gedächtnistheorien gleich: Keineswegs kann angenommen werden, dass Langzeitgedächtnisinhalte, die mittels Ribonukleinsäure bzw. Proteinsynthese konsolidiert worden sind, dauerhaft vor äußeren Einflüssen geschützt sind und jederzeit in ihrer ursprünglichen Form wieder abgerufen werden können (nach Art des früher favorisierten „Festplattenmodells" des Gedächtnisses). Vielmehr zeigt sich in diesem Experiment eindeutig, dass Erinnerungen, also Engramme, dann und nur dann, wenn sie erinnert werden, eine Labilisierungsphase durchlaufen und verändert werden können und außerdem anschließend wieder konsolidiert werden müssen, um für eine Zeitlang (nämlich bis zum nächsten aktiven Erinnert-Werden) stabil zu bleiben (Zusammenfassungen z.B. bei Tulving und Craik 2000, Schacter 1997).

Eine Reihe auch von humanexperimentellen Untersuchungen hat sich mit der Rolle des Schlafs bei der Konsolidierung von Gedächtnisinhalten beschäftigt. Die Studie von Fenn u.a. (2003) benutzte die Identifikation von gleich klingenden synthetischen Konsonant-Vokal-Konsonant-Phonemen, um die Auswirkung einer Schlafphase auf die Abrufperformance zu belegen. In einer Trainingsphase wurden akustische Konsonant-Vokal-Konsonant-Phoneme (KVK) gleichzeitig schriftlich präsentiert. Im Test wurden die KVK-Einheiten dann nur akustisch angeboten, der Proband musste sie identifizieren. Die Lerneinheiten waren so konzipiert, dass bereits Gelerntes auf Neues übertragen werden musste, im Sinne einer Generalisierung. Die Leistungsabfrage direkt nach dem Training zeigte die besten Ergebnisse, die Leistung nach 12 Stunden aktivem Wachzustand die schlechtesten, die Leistung nach 12 Stunden mit der Möglichkeit einer Schlafperiode fast so gute Ergebnisse wie bei Abfrage direkt nach dem Training. Auch eine Vergleichsuntersuchung zwischen Gruppen nach 12 Stunden ohne bzw. mit Schlaf erbrachte dasselbe Ergebnis. Andere Untersuchungen wie die von Walker (Walker u.a. 2003) zeigten, dass binnen 6 Stunden die Konsolidierung eintritt und dass diese durch zwischenzeitliches Erlernen neuerer Skills auf dem Wege einer Interferenzanfälligkeit störbar ist. Die Ergebnisse dieser Studie lassen sich wie folgt zusammenfassen: Zwischen 10 Minuten und 6 Stunden ohne Schlaf nach einem Training kommt es zu einer ersten Stabilisierung der Konsolidierung, der Gedächtnisinhalt wird resistenter gegenüber Interferenzen, es kommt jedoch zu keiner weiteren Leistungssteigerung (Stabilisationsphase). Während der Nacht mit Erholungsschlaf kommt es in einer zweiten Phase der Konsolidierung zu einer Verbesserung der Schnelligkeit und der Exaktheit (Enhancement-Phase). Nach beiden Phasen der Konsolidierung kann es durch Reaktivierung wieder zu einer Destabilisierung der Inhalte kommen (Interferenzanfälligkeit).

Zusammenfassend belegen die hier zitierten Untersuchungen die Notwendigkeit, das Modell, nach dem die Langzeitspeicherung von Gedächtnisinhalten stattfindet, zu revidieren. Das frühere so genannte „Festplattenmodell" (storage and retrieval), das davon ausging, dass Gedächtnisinhalte als qualitativ und quantitativ konstante physikalische bzw. chemische Objekte existieren, die unverändert abgelegt und wieder aufgerufen werden, ist zu ersetzen durch ein Modell von „Storage and Restorage", welches im Kern beinhaltet, dass in einer dynamischen Abfolge von Erinnern und Enkodieren sowie Konsolidieren Gedächtnisinhalte verschiedene Phasen der Stabilisierung und Labilisierung durchlaufen.

3. La Petite Madeleine – der zustandsabhängige Abruf

Im wesentlichen auf die Protagonisten E. Tulving und D. Schacter (Tulving und Craik 2000, Schacter 1997) gehen grundlegende Experimente der Gedächtnisforschung zurück, welche zu einer Reihe von Einsichten führten, die die moderne Gedächtnisforschung der letzten 10 Jahre revolutioniert haben. Erste Experimente, wonach in Abhängigkeit von der Erinnerungsaufgabe, die Probanden gestellt wurde, das „Erinnerungserlebnis" jeweils anders ausfiel, lenkten die Aufmerksamkeit auf die Frage, in welcher Weise die Hinweisreize (Abrufreize) den Abruf der enkodierten Engramme („Ekphorisierung") mitbestimmen. Dabei zeigte sich, dass man z.B. bei älteren biographischen Erinnerungen sich meist als handelnde Person sieht (so genannte Beobachtererinnerung), bei jüngeren Ereignissen eher aus der ursprünglichen Perspektive (so genannte Felderinnerung). Wurden Versuchspersonen aufgefordert, sich an Gefühle zu erinnern, so kam es vermehrt zu Felderinnerungen. Wurden hingegen nüchterne Details abgefragt, so wurden vermehrt Beobachtererinnerungen wiedergegeben. Schacter zog aus diesen und ähnlichen Experimenten den Schluss (Schacter 1997), dass ein wesentlicher Teil der Erinnerungserfahrung erst im aktuellen Gedächtnisakt erzeugt wird. In der Folge führten eine Reihe von Schlüsselexperimenten zur Formulierung der These von der spezifischen Enkodierung und Ekphorisierung, die auf Semon zurückgeht und von Tulving expliziert wurde (Tulving und Craik 2000). Danach ist ausschlaggebend, ob der Abrufreiz die ursprüngliche subjektive Wahrnehmung des zu erinnernden Ereignisses wiederherstellt. Gemeint sind dabei Gedanken, Phantasien, Assoziationen, die zum Zeitpunkt der Enkodierung vorhanden waren, bis hin zu Details der gefühlshaften Befindlichkeit und verschiedenen sensorischen Qualitäten. Der Hinweisreiz verbindet sich nunmehr mit dem Engramm zu einem neu entstehenden Ganzen, dem Erinnerungserlebnis, das sich von beiden Bestandteilen unterscheidet. Man kann also sagen, dass das Erinnerungserlebnis eine emergente Eigenschaft des Abrufreizes und des Engramms ist. Gesprochen wird in diesem Zusammenhang vom Prinzip des zustandsabhängigen Abrufs.

Nach der literarischen Vorlage von Marcel Proust (Proust 1987) wird auch von dem Petite-Madeleine-Phänomen gesprochen:

Seine Mutter hatte ihm an einem Wintertag einen Lindenblütentee angeboten, weil sie sah, dass er fror. Er tauchte gedankenverloren eine Petite Madeleine (Gebäck) in den Tee. Im selben Moment tauchte höchst lebendig eine Erinnerung auf an seine Tante Léonie in L'Isry Cambray, die ihm früher in seiner Jugend eben diesen Lindenblütentee mit Petites Madeleines angeboten hatte. Er sah,

fühlte und roch die Wohnstube in Cambray, und eine Fülle von Erinnerungen
überschwemmte ihn.

Nach dieser Schilderung aus *Auf der Suche nach der verlorenen Zeit* wird das
Phänomen des zustandsabhängigen Abrufs auch als Petite-Madeleine-Phänomen
bezeichnet.

Von Daniel Schacter aus Harvard wiederum stammt eine Reihe von weiteren
Experimenten. Zum Beispiel wurden Versuchspersonen Photos von Gesichtern
gezeigt und gleichzeitig angenehm oder unangenehm klingende Stimmen vom
Band vorgespielt. Wurde später bei Präsentation der Gesichter ein lächelndes Gesicht gezeigt, so war signifikant häufiger die Erinnerung der Versuchspersonen,
dass auch die Stimme angenehm geklungen habe, was in der Tat während des
Experimentes nicht der Fall gewesen war (Schacter 1997).

Noch wesentlich problematischer lassen neuere Ergebnisse aus der „False-
Memory-Debatte" (Loftus 1996) die Authentizität von Erinnerungen erscheinen.
Die amerikanische Autorin Elisabeth Loftus hat die Evidenz in diesem Bereich in
verschiedenen Publikationen zusammengefasst. Hier seien nur einige Beispiele
zitiert: Ein berühmtes Experiment („Lost in the Mall"-Experiment; Zusammenfassungen bei Tulving und Craik 2000, Schacter 1997) zeigt, dass hinsichtlich Kindheitserinnerungen in sehr wesentlichem Umfang aktuell Beeinflussungsmöglich-
keiten bestehen. Authentischen Kindheitserinnerungen in Form kurzer Geschichten
wurde jeweils dieselbe erfundene bzw. fremdanamnestisch abgesichert nicht au-
thentische Geschichte beigefügt, wonach die Versuchsperson als kleines Kind in
einer Einkaufsmeile, einem Shoppingcenter, verloren gegangen und dann von einer
freundlichen älteren Frau wiedergefunden und zur Mutter zurückgebracht worden
sei. Während in einer Anfangsphase Versuchspersonen mit Skepsis und Zurückhal-
tung auf diese Geschichte reagierten, wurden sie, insbesondere unterstützt durch
suggestive Fragen („Versuchen Sie sich bitte an Details dieser Episode zu erinnern"), zunehmend aufgeschlossener gegenüber der Möglichkeit, dass ein solches
Ereignis stattgefunden hatte, bis sie schließlich zu einem späteren Zeitpunkt des
Versuchsablaufs mit fester Überzeugung behaupteten, sich im Klaren darüber zu
sein, dass das Erlebnis genau so stattgefunden habe, und anfingen, Details zu erin-
nern/erfinden, die die Geschichte ausschmückten. Ein ähnliches Beispiel bestand
aus einem Experiment, bei dem Versuchspersonen auf einer PC-Tastatur einen Text
eingeben sollten und dann von der Versuchsperson plötzlich angeheischt wurden,
sie hätten durch eine bestimmte Tastenkombination den Inhalt der Festplatte zerstört. Während die Versuchspersonen, die in der Tat diese Tastenkombination nicht
verwendet hatten, sich anfangs mit Überzeugung gegen den Vorwurf zur Wehr
setzten, brach diese Überzeugung zunehmend in sich zusammen, wenn eine (in

dieser Rolle eingeübte) Hilfsperson hinzukam und behauptete, eben dies gesehen zu haben. Die Versuchspersonen wurden daraufhin zunehmend unsicher, legten schließlich ein „Schuldgeständnis" ab und schmückten dann sogar das Narrativ aus mit Details bzw. versuchten, Erklärungsmodelle anzubieten („Ich muss versehentlich die Tasten gedrückt haben, als ich gerade … schreiben wollte"). Eine Fülle von Experimenten vergleichbarer Art führten alle zu demselben Ergebnis: Suggestion, also komplexe und in Hinsicht auf die Versuchsperson in unterschiedlichen Ebenen beschreibbare Zusammenhänge, können dazu führen, dass die Versuchspersonen ihrer eigenen, spontanen Erinnerungsfähigkeit misstrauen und stattdessen entlang den angebotenen Hinweisreizen/Abrufreizen/Suggestionen ein Erinnerungserlebnis für evident und wahr halten, das mit dem ursprünglichen Engramm nicht mehr viel zu tun hat. In forensischen Zusammenhängen (besonders von Elisabeth Loftus bearbeitet und publiziert) sind diese „false memories" als falsche Zeugenaussagen mit zum Teil verheerenden Folgen gut dokumentiert. Das Gedächtnis ist also bis in den Bereich der Alltagspsychologie hinein formbar: Die Beeinflussbarkeit von Erinnerungen an ein Ereignis durch eine nachträglich eingeführte Fehlinformation (missleading post event information) stellt ein wesentliches Problem nicht nur im Feld der forensischen Aussagenpsychologie dar. Erinnerungen können durch gezielte Fehlinformation und Suggestion in systematischer Weise verzerrt und verfälscht werden. Die Bereitschaft des Gedächtnisses, nicht autobiographisch erworbene, fremde Information auf Suggestivreize hin sich anzueignen und mit der eigenen Wahrnehmung zu amalgamieren, ist offenbar sehr ausgeprägt. Neisser und Mitarbeiter (Neisser und Harsch 1992) baten Studenten am Tag nach der Challenger-Katastrophe (Raketenabsturz) aufzuschreiben, wo sie zum Zeitpunkt des Unglücks waren, von wem sie es erfahren hatten, was sie gedacht und empfunden hatten. Drei Jahre später ließen die Untersucher dieselben Probanden den Fragebogen erneut ausfüllen. Der Vergleich war eindrucksvoll. Viele Probanden waren außerordentlich überrascht, wenn sie mit ihrer ursprünglichen Erinnerung konfrontiert wurden, und hatten drei Jahre nach dem Ereignis gänzlich andere Vorstellungen von der Situation. Noch beeindruckender war jedoch, dass entgegen der Erwartung, dass die Konfrontation der Probanden mit ihrem eigenen damaligen Bericht „aus erster Hand" entsprechende Erinnerungen wachrufen und eine Korrektur der nachträglich veränderten Erinnerung ermöglichen würde, genau dies nicht stattfand. Neisser: „As far as we can tell, the original memories are just gone." Neuere Untersuchungen aus der Arbeitsgruppe von Schacter (Slotnick und Schacter 2004) allerdings zeigen auch, dass sich wahre von falschen Erinnerungen gelegentlich anhand einer Art sensorischer Spur unterscheiden lassen, die nicht bewusst wird, jedoch die Erinnerung begleitet und einen Anhaltspunkt dafür liefert, ob in der Situation der Enkodierung Sinnesreize aus der Umgebung mit aufgenommen wurden oder ob es sich bei der Erinnerung um eine reine, durch Suggestion herbeigeführte Imagination handelt.

4. Ausblick für die psychoanalytische Pädagogik

Fasst man die hier kursorisch dargestellten Ergebnisse neuerer experimenteller Forschung zum autobiographischen Langzeitgedächtnis telegrammstilartig zusammen, so lassen sich folgende Thesen formulieren:

1. Autobiographische Langzeitgedächtnisinhalte sind dann und nur dann modifizierbar, wenn sie gerade aktiv erinnert werden. Der Prozess des Erinnerns ist so beschaffen, dass er das zu Erinnernde konstruiert aus Hinweisreizen und Engramm.

2. Für das Erinnerungserlebnis sind Hinweis-/Abrufreize und die Situation, in der sie appliziert werden, einschließlich aktueller Beziehungsaspekte von mindestens ebenso großer Bedeutung wie das eigentliche Engramm.

3. Falsche Erinnerungen können mit ähnlicher Überzeugung für wahr gehalten werden wie solche, die die gelebte Realität widerspiegeln. Es gibt bisher keine sicheren Unterscheidungsmerkmale zwischen wahren und falschen Erinnerungen.

Welche Konsequenzen haben diese Forschungsergebnisse für psychoanalytische Wissenschaften, speziell auch für die psychoanalytisch vermittelte pädagogische Forschung? Folgende Überlegungen lassen sich begründen:

Für das Erlernen und Behalten insbesondere von autobiographisch relevantem Material, jedoch auch von semantischem Wissen (vgl. Challenger-Experiment), sofern es nur irgendeinen situativen Eigenbezug mit sich bringt, sind peristatische Faktoren von enormer Bedeutung, d.h. mehr als in bisherigen Konzepten verankert kommt es beim Lernen, Behalten und Reproduzieren solcher Zusammenhänge mindestens für den Lehrenden darauf an, den Aspekt der Beziehung zum Lernenden nicht aus den Augen zu verlieren, wie es der psychoanalytischen Methode (Stichwort „Übertragung und Gegenübertragung") entspricht.
    Die Phänomene der Übertragung und Gegenübertragung, lange Zeit von der naturwissenschaftlich orientierten Medizin als esoterikverdächtig abgetan, erweisen

sich immer mehr als simple Phänomene wahrnehmungspsychologischer Realität: Seit dem konstruktivistischen Paradigmenwechsel der Neurowissenschaften wird Wahrnehmung, z.B. visuelle Wahrnehmung, konzeptualisiert als mit Phantasie und Entwurf in Verbindung stehend und nicht mehr primär als reine Abbildung und Wiedergabe. Die Wahrnehmung einer Person durch eine andere erfolgt also auf dem Wege eines Entwurfs, eines inneren Bildes, einer „Projektion" auf die Realität seiner Gegenwart. Es erfolgt dann ein Abgleich des entworfenen Bildes, also der „Erwartung" mit den realen Gegebenheiten, wobei auch dieser Abgleich unter dem Primat des „Gestaltschlusses" steht, d.h. wir wissen, dass unsere neuronalen Netzwerke an einer raschen Formfindung und Kongruenzschließung „interessiert" sind und jede Änderung vorhandener Konzepte („Lernen durch Erfahrung") mit erhöhtem Energieaufwand verbunden ist. Wenn also Wahrnehmung wesentlich projektiv stattfindet (Erfahrung führt zu Erwartung, Erwartung prägt Wahrnehmung), dann lassen sich die oben kursorisch dargestellten Ergebnisse der experimentellen Psychologie vielleicht an diesen Kontext assoziieren.

Erfahrungen, die ich sammle und abspeichere als Gedächtnisinhalte, sind – und hier könnte auch der biologische Nutzen dieser Einflussmöglichkeit liegen – wesentlich abhängig von der Beziehungssituation, in der sie gesammelt und erworben wurden. Sie sind entsprechend in veränderten Beziehungssituationen, in denen sie wachgerufen werden (Erinnern, Ekphorisierung), modifizierbar. Diese auf Anhieb mit dem Prinzip „objektiver Realitätswahrnehmung" nicht in Einklang zu bringende Einflussmöglichkeit hat vermutlich ihren biologischen Sinn darin, dass das Individuum in erster Linie darauf ausgerichtet ist, sich in seiner sozialen Umgebung zu adaptieren. Es wird also für die Wahrnehmung und den Austausch von Informationen mit seiner Umgebung nach Möglichkeiten eines Kompromisses suchen, die ihm erlauben, eine möglichst gute und erfolgreiche Anpassung herbeizuführen.

In diesem Bereich der Forschung sind jedoch sicher noch keine letzten Worte gesprochen, vielmehr ist eine Fülle von theoretischen Implikationen denkbar. Für eine psychoanalytisch orientierte Pädagogik können deswegen auch nur ansatzweise Schlussfolgerungen gezogen werden. Die wesentliche scheint zu lauten:

Für das Lernen nicht nur semantisch-deklarativer, sondern vor auch vor allem autobiographisch relevanter Zusammenhänge ist der Aspekt der Beziehung zwischen den in den Lernprozess involvierten Personen von entscheidender Bedeutung.

Die Tatsache, dass das menschliche Gedächtnis eine höhere Suggestibilität und damit eine größere „Glaubensbereitschaft" hat, als wir dies bisher vermutet haben, bedeutet gleichzeitig für lehrende Personen eine immense Verantwortung, da sie davon ausgehen müssen, dass Lernende vieles „um des Lehrenden Willen" lernen und behalten und in Kontexten abspeichern, die mit den Lehrpersonen essentiell zu tun haben. Für eine verantwortliche Haltung in diesem komplizierten Prozess erscheinen allerdings die Voraussetzungen, die psychoanalytische Selbsterfahrung und Ausbildung mit sich bringen, sehr angemessen: Das kontinuierliche „Bemühen um die Psychoanalyse" im Sinne der möglichst ungeschönten Selbstreflexion erweist sich für die Qualität des Lehrens und Lernens als sehr bedeutsame Voraussetzung.

Wie in der Psychoanalyse ist sicher auch in der Pädagogik die Hybris das wesentliche Hindernis: Wer glaubt, in diesem Prozess der Selbstreflexion „angekommen" zu sein, das Ziel „erreicht" zu haben und die hier ansatzweise diskutierten Prozesse „kontrollieren zu können", ist vermutlich Opfer seiner eigenen Abwehrvorgänge und Widerstände geworden.

Vieles bleibt beim gegenwärtigen Kenntnisstand noch spekulativ oder gänzlich ungelöst. So wäre es notwendig, aus psychoanalytischer Sicht, aus der heraus Vergessen ja immer schon als aktiver Vorgang und nicht als passives „Verlorengehen" begriffen wurde, einer „Taxonomie des Gedächtnisses" eine „Taxonomie des Vergessens" gegenüberzustellen. Dies bedeutet aber, dass in der naturwissenschaftlichen experimentellen Forschung das Paradigma des Gedächtnisses konzeptuell erweitert wird: Nicht mehr wie bisher nur die Idee des „Behaltens" kann dann Gegenstand der Forschung sein, sondern das Vergessen wird zu einem eigenständigen Prozess, der interagiert und möglicherweise beschreibbaren Gesetzmäßigkeiten folgt.

An Knotenpunkten der Diskussion wie diesem kann man erkennen, dass auch naturwissenschaftlich orientierte Forschung nicht voraussetzungsfrei beginnt, sondern bereits bestimmte immanente Konzepte (Gedächtnis exklusiv konzeptualisiert als Prozess, der dazu führt, dass etwas „behalten" wird) ausführt. Die Diskussion zwischen den Disziplinen eröffnet hier vermutlich noch eine Fülle kreativer Forschungsaufgaben.

Abb.1

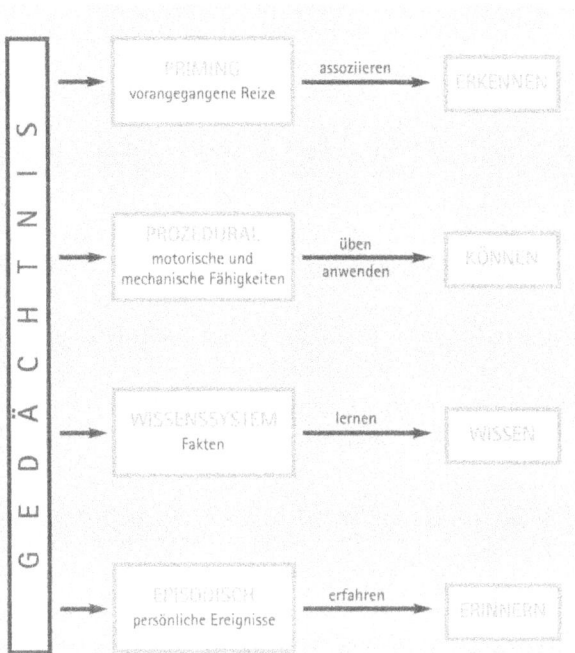

Literatur

Fenn, K.M.; Nusbaum, H.C.; Margoliash, D. (2003): Consolidation during sleep of perceptual learning of spoken language. In: Nature 425, 614-616

Loftus, E. (1996): Memory distortion and false memory creation. In: Bulletin of the American Academy of Psychiatry and the Law 24, 281-295

Nader, K.; Schafe, G.E.; LeDoux, J. (2000): Fear memories require protein synthesis in the amygdala for reconsolidation after retrieval. In: Nature 406, 722-726

Neisser, U.; Harsch, N. (1992): Phantom flashbulbs: False recollection of hearing the news about challenger. In: Winograd, E.; Neisser, U. (eds.): Affect and Accuracy in Recall: Studies of „Flashbulb" Memories. Cambridge, 9-31

Proust, M. (1987): À la recherche du temps perdu. Vol. 1. Eds.: J.-Y. Tadié et autres. 5. („Du côté de chez Swann"). Paris

Schacter, D.L. (1997): Searching for Memory: The Brain, the Mind, and the Past. New York

Slotnick, S.D.; Schacter, D.L.(2004): A sensory signature that distinguishes true from false memories. In: Nature Neuroscience 7, 664-672

Tulving, E.; Craik, F.I.M. (eds.) (2000): The Oxford Handbook of Memory. Oxford

Tulving, E.; Markowitsch, H.J. (1998): Episodic and declarative memory: Role of the hippocampus. In: Hippocampus 8,198-204

Walker, M.P.; Brakefield, T.; Hobson, J.A.; Stickgold, R. (2003): Dissociable stages of human memory consolidation and reconsolidation. In: Nature 425, 616–620

Neurobiologie und Lernen

Hans von Lüpke

> *Le cœur a sa raison*
> *que la raison ne connait pas.*
> Pascal: Pensées 1670[1]

Alte Vorstellungen halten sich

Bilder aus unterschiedlichen Fachdisziplinen beeinflussen sich oft am stärksten, wenn diese nicht miteinander im Austausch stehen. Die jeweils vom anderen Fachgebiet vermittelten Vorstellungen erhalten dann leicht den Status von wissenschaftlich abgesicherten Fakten, die mangels eigener Kontrollmöglichkeiten ungeprüft übernommen werden. Auch im Wechselspiel zwischen neurobiologischen Modellen und pädagogischen Lernstrategien scheinen solche Zusammenhänge wirksam zu werden.

Lange Zeit wurden die Vorstellungen über Hirnfunktion bestimmt vom Modell einer Verarbeitungsmaschine: Informationen aus der Umwelt oder dem eigenen Körper gelangen in das Gehirn, das sie in Zentren verarbeitet und über Handlungsimpulse wieder nach außen wirksam werden lässt. Dabei ist die *richtige* Aufnahme und Verarbeitung dieser Informationen durch ein *richtig* „verdrahtetes" Gehirn von entscheidender Bedeutung. Pädagogische Maßnahmen werden danach bewertet, ob sie durch *richtige* Angebote und Übungsstrategien den Prozess der „Verdrahtung" in diesem Sinne fördern. Auch therapeutische Strategien orientierten sich an diesem Modell, so das Konzept der sensorischen Integration nach Jean Ayres. So kommt Ayres zu folgender Beschreibung der Ursache von sensorischen Integrationsstörungen: „Das Gehirn ist nicht in der Lage, den Zustrom sensorischer Impulse in einer Weise zu verarbeiten und zu ordnen, die dem betreffenden Individuum eine gute und genaue Information über sich selbst und seine Umwelt ermöglicht. Wenn das Gehirn Sinneseindrücke nicht richtig verarbeiten kann, ist es auch gewöhnlich nicht in der Lage, sinnvolle Verhaltensweisen zu bestimmen" (Ayres 1979, 71). Lernstörungen sind – nach Ayres – die Folge. Dabei bietet dieses Konzept ein vergleichs-

---

[1] Unübersetzbares Wortspiel: „Das Herz hat seine Vernunft (Gründe, Orientierung an einer Logik), welche die Vernunft (Verstand, Rationalität) nicht kennt."

weise fortgeschrittenes Handlungsmodell: An die Stelle von traditionellen Übungsprogrammen setzt es ganzheitliche körperliche Erfahrungen. Gerade deshalb sind die zugrunde liegenden Vorstellungen über Hirnfunktion von Bedeutung, da sie zu jener eingangs beschriebenen Bestärkung im Wechselspiel mit pädagogischen und therapeutischen Konzepten geführt haben. Solche wechselseitigen Bestätigungen tragen dazu bei, dass manche Konzepte sich hartnäckig halten, auch wenn die Fachwissenschaften sie bereits verlassen haben. Noch immer gilt: Konzepte überleben so lange, wie Bedarf für sie besteht.

Neue Konzepte in der Hirnforschung

Um die neueren Vorstellungen von Aufbau und Funktion des Gehirns zu verdeutlichen, eignen sich als Einstieg die Experimente des Hirnforschers Freeman (1995). Im Gegensatz zu den meisten Hirnforschern ging es ihm nicht darum, in immer kleinere (zelluläre, molekulare) Funktionszusammenhänge vorzudringen. Er leitete mit einer EEG-Technik Erregungsmuster über ganzen Hirnarealen ab und wollte auf diese Weise größere Funktionszusammenhänge verstehen. Dazu machte er Kaninchen zunächst mit einer Auswahl von Gerüchen vertraut. Es zeigte sich in der bei Verarbeitung von Gerüchen aktivierten Hirnregion – der Regio olfactoria – zu jedem Geruch ein charakteristisches Muster. Eine neu hinzukommende Geruchsqualität führte jedoch nicht – wie man zunächst erwarten könnte – lediglich zur Entwicklung eines zusätzlichen Musters, sondern veränderte auch die bereits bestehenden. Darüber hinaus zeigte sich, dass die neuen Muster nicht allein durch die chemischen Eigenschaften der Gerüche bestimmt waren, sondern auch von der jeweilige Verfassung des Tieres abhingen. Bei Hunger oder erhöhtem Erregungszustand beispielsweise veränderten sich die räumlichen Muster, obwohl die Gerüche gleich blieben. Die veränderten Repräsentanzen von vorher bereits bekannten Gerüchen stellten dabei Modifikationen des früheren Musters dar, es gab also eine „Erinnerung".

Dass es dabei nicht um die Besonderheit einer Hirnregion von Kaninchen geht, sondern um ein grundlegend neues Konzept von Hirnfunktion, zeigt die übereinstimmende Vorstellung zahlreicher Hirnforscher (Roth 1999, 2001; Hüther 2001; Thelen und Smith 1998), die auf der Grundlage einer Vielzahl von Untersuchungen zu der Einschätzung gekommen sind, dass die Arbeitsweise des Gehirns nicht hierarchisch über Zentren organisiert ist, sondern alle dort ablaufenden Prozesse durch eine nahezu unendliche Vielfalt von Verbindungsmöglichkeiten mehr oder weniger das ganze Gehirn betreffen. Neben den vielfältigen Bahnen innerhalb des

Gehirns – besonders zwischen Großhirnrinde und den tieferen Zentren, deren Aktivität mit überwiegend unbewussten Prozessen korreliert – sind subtile Regulationen im elektrochemischen Bereich von Bedeutung. Dazu gehört etwa die Variationsbreite der funktionellen Anpassungsmöglichkeiten von Synapsen, deren Aktivität nicht nur durch die Konzentration von Überträgersubstanzen, sondern auch über Feineinstellungen ihrer Empfindlichkeit für diese und übergeordnete Modifikationen durch hormonartige Substanzen – z.B. Endorphine – bestimmt werden. Daraus ergibt sich, dass die Vielfalt dieser funktionellen Veränderungen untrennbar verbunden ist mit einem Konzept, nach dem das Gehirn nicht als Resultat von frühen Entwicklungsprozessen „richtig verdrahtet" wird, sondern lebenslang in Veränderung begriffen ist – von den biochemischen Reaktionen bis hin zur anatomischen Struktur. So findet man bei Blinden eine Zellvermehrung in den verstärkt bei Tastwahrnehmung aktivierten Hirnarealen, während beispielsweise Londoner Taxifahrer, ihrem besonderen Training für orientierende Gedächtnisleistung gemäß, eine vergleichbare Strukturzunahme in der Hippocampusregion aufweisen. Nach schweren Traumatisierungen hingegen wurde hier eine verminderte Zelldichte beobachtet (Bauer 2002). Solche Regionen einer schwerpunktmäßigen Verarbeitung sind in ständigem Austausch mit anderen Hirnarealen und daher nicht mit hierarchisch strukturierten Zentren zu verwechseln. Der amerikanische Hirnforscher Edelman (Edelman und Tononi 2004) hat in diesem Zusammenhang ein Konzept entwickelt, wonach in Analogie zum Immunsystem die ständig sich verändernde anatomische, biochemische und funktionelle Strukturierung des Gehirns nicht durch Neuentwicklungen, sondern als Resultat einer Selektion aus einer nahezu unendlichen Vielfalt vorgegebener Möglichkeiten entsteht. Von besonderer Bedeutung ist für Edelman dabei das „Re-entry": Die erneute Aufnahme von Impulsen innerhalb des Gehirns und damit die „Synchronisation der Aktivität neuronaler Gruppen in verschiedenen Hirnkarten" (ebd., 117). Im Unterschied zur Rückkopplung in der Kybernetik geht es hier nicht um fest vorgegebene Verschaltungen zur Fehlermeldung und Korrektur, sondern um vielfältige „parallel geschaltete Wege, bei denen keine Information vorgegeben ist" (ebd., 118). Re-entrante Interaktionen „bescheren uns beispielsweise die Fähigkeit, in einem Gewimmel aus lauter Flecken eine Gestalt auszumachen, indem sie Verknüpfungen herstellen zwischen Hirnarealen, die für die Erkennung von Bewegung, und solchen, die für die Gestaltwahrnehmung verantwortlich sind" (ebd., 118). Auf diese Weise können verschiedene Modalitäten wie etwa die Wahrnehmung von Farbe und die von Bewegung miteinander verknüpft werden. Die daraus resultierende „transmodale Wahrnehmung" bietet die Voraussetzung dafür, dass Eindrücke aus unterschiedlichen Sinnesqualitäten in einheitliche Bilder zusammengeführt und auch direkt nicht aktivierte Modalitäten in den Wahrnehmungsprozess einbezogen werden können. Dies zeigt sich an vielfältigen Beispielen in der Sprache, wenn etwa von einer „einschmeichelnden Melodie" oder einem

„berührenden Bild" gesprochen wird. Es liegt auf der Hand, dass solche Konzepte von größter Bedeutung für die Vorstellungen von Lernprozessen sind.

Bevor dies weiter diskutiert wird, sei auf einen weiteren Aspekt hingewiesen, der als funktionelle Konsequenz der eben beschriebenen Verarbeitungsprozesse verstanden werden kann. Auf der funktionellen Ebene entstehen Wahrnehmungen durch die kontinuierliche Abgleichung von bereits Vorhandenem (Gedächtnis) und neu Aufgenommenem. Roth (1999) geht davon aus, dass die aktuelle Wahrnehmung zu weniger als 0,1 % aus neuen Informationen entsteht und damit zum überwiegenden Teil durch Bezugnahme auf bereits bestehende Erfahrungen. Daraus kann niemals ein „richtiges" Abbild der Umwelt entstehen, wie es traditionellen Konzepten von Hirnfunktion entspricht. Statt dessen wird Wahrnehmung selbst zum kreativen Prozess, zu „Hypothesen über die Umwelt", wie Roth (1999, 86) es formuliert. Physikalisch nicht messbare Phänomene werden wahrgenommen, wie Farben und räumliches Sehen – „Objekte in unserer Umwelt sind nicht farbig; unsere Umwelt ist nicht perspektivisch aufgebaut, d.h. entfernte Objekte sind nicht klein" (Roth 1999, 253); die Wahrnehmung von Bewegung wird korrigiert – etwa die aus den Augenbewegungen resultierende Bewegung der wahrgenommenen Umwelt; physikalisch von den Wellenlängen her unterschiedliche Farben erscheinen einheitlich als das Blau des Himmels. Ohne Korrektur der Augenbewegung würden wir die Umwelt wie durch eine Handkamera sehen, bei Wahrnehmung der unterschiedlichen Wellenlängen hätten wir keine Farbkonstanz. Es geht also um Kohärenz in der Wahrnehmung. Auf der funktionellen Ebene ist auch bei den Versuchstieren von Freeman anzunehmen, dass die veränderten Muster im EEG mit anderen Wahrnehmungen einhergehen.

Verwirrung und neue Ordnung

Aus all dem ergibt sich zunächst Verunsicherung: Wie könnten sich Strategien zur Förderung von Lernen an einem derart chaotischen Szenario orientieren? Nicht einmal die Genetik bleibt als Halt gebende Instanz, da nach neueren Vorstellungen auch die Wirksamkeit von Genen nicht festgelegt, sondern Umwelteinflüssen und erfahrungsabhängigen Verarbeitungsprozessen unterworfen und damit als Teilnehmer in jenem Wechselspiel anzusehen ist (Bauer 2002). Wenn schon keine Zentren mit vorgegebenen Verarbeitungsmustern, so muss es doch etwas geben, das – über das Prinzip der Wahrnehmungskohärenz hinaus – genügend Bedeutung hat, um die beschriebenen Prozesse zu steuern. Eine erste Orientierung bietet jener Befund, nach dem bei Hörbehinderten die primäre Verarbeitung von Informationen durch Gebärden in Hirnregionen stattfindet

(Wernicke- und Broca-Region), die sonst bei verbaler Sprache aktiviert werden (Roth 2001, 361). Dies verweist nicht nur auf die Variationsbreite und Plastizität der Verarbeitungsmöglichkeiten im Gehirn, sondern bereits auf Aspekte, die für diese Prozesse von Bedeutung sind, ihnen Orientierung geben. Offensichtlich geht es dabei um Kommunikation, um Austausch mit anderen Menschen, also letztlich um die Gestaltung von Beziehungen. Hier ist methodisch die Grenze von Hirnforschung erreicht. Die Säuglingsforschung bietet ein Konzept, das mit jenem in der Hirnforschung beschriebenen Funktionsmodell der transmodalen Verflechtungen korrespondiert. Es sind dies nicht Ergebnisse einer Säuglingsforschung im Sinne bloßer Beschreibung von Beobachtetem, sondern Resultate einer Interpretation dieser Ergebnisse vor dem Hintergrund eines psychodynamischen, an dialogischen Prozessen orientierten Konzepts. Stern (1992) hat in diesem Zusammenhang das Modell des Episodengedächtnisses aufgegriffen und präzisiert. Die einzelnen Elemente einer erlebten Episode werden durch Beziehungserfahrung eingefärbt und als solche Teil der Erinnerung. Eine Fütterszene beim Säugling beispielsweise wird nicht allein und vielleicht nicht einmal in erster Linie durch die Erfahrung der Sättigung bestimmt, sondern durch das emotionale „Wie" dieses Vorgangs. Alle Elemente der Szene – andere Personen, deren Stimmen, die Beziehung zu ihnen, Licht, Temperatur, vielleicht eine Musik – werden gemeinsam mit dem Erleben der Beziehung gespeichert, über weitere Erfahrungen verstärkt, abgeschwächt, variiert und sind später durch jede Einzelheit dieser Szene aktivierbar. Gelegentlich können ganze Szenen allein durch einen Geruch in Erinnerung kommen – wie in der klassischen Beschreibung von Marcel Proust eine Szene mit der Tante durch die in Tee getauchte Madeleine. Gelegentlich verdichtet sich nur ein intensives Gefühl von „Déjà vu". Die oben schon angedeutete enge Verbindung zwischen dem transmodalen (multimodalen) Raum und Lernprozessen wird hier um den Aspekt der Beziehungserfahrung und deren Stellenwert erweitert. Für die Verarbeitung solcher Erfahrungen kann wiederum das Selektionsmodell von Edelman herangezogen werden: Jede Wiederholung verstärkt die schon bestehenden Bezüge zu positiven oder negativen Erfahrungen. Jede neue Erfahrung wird mit der alten abgeglichen (Re-entry) und führt zu deren Modifikation (die Kaninchen bei Freeman!).

Die daraus resultierenden Konsequenzen für Lernprozesse verdeutlicht eine von Stern (1998) beschriebene Mutter-Kind-Episode. Hier geht es um den Spracherwerb: „Die Mutter weiß nicht, welches Wort sie wann und wie ihrem Kind beibringen soll. Ein Moment der Unentschlossenheit entsteht. Plötzlich sieht die Mutter einen schwarzen LKW und sagt, während das Kind gerade aufmerksam ist: „Oh schau mal, LKW, LKW". Und sie steckt all ihre Emotionen in dieses Wort

„LKW". Sie nimmt also ein Affektpaket und wirft es auf dieses Wort, so dass dieses Wort einen Zauber erhält. Das Kind empfängt dieses Wort und sagt dann: „LKW". Man könnte meinen, dass das Baby nun dieses Wort gelernt hat, aber es ist noch viel mehr geschehen: Die beiden sind sich begegnet an einem Punkt, wo das Baby weiß (das Baby weiß ja nicht, was LKW bedeutet), dass jetzt eine Assoziation entstanden ist zwischen der Mutter, diesem Objekt und dem Wort „LKW". Es weiß, dass sie weiß, dass sie beide wissen, dass diese magische Verbindung zwischen ihnen beiden entstanden ist. Das ist ein neuer Zustand der Intersubjektivität zwischen beiden Beteiligten, den sie gemeinsam haben in ihrer Betrachtung der Welt. Das ist wichtig für beide. Dass das Baby dabei noch gelernt hat, wie man „LKW" sagt, ist das weniger Wichtige. Aber die Mutter hat gelernt, wie sie dem Kind etwas beibringt und beim nächsten Mal wird sie sagen: „Schau mal, schwarzer LKW", denn jetzt hat sie einen Begriff dafür gefunden, wie das Kind seine Begriffe weiter ausbauen kann. Darauf können beide aufbauen" (Stern 1998, 93, Übersetzung von mir modifiziert). Die Bedeutung des Faktors Beziehung ist nicht eine ergänzende, zusätzlich zu anderen für Entwicklung und Lernen förderlichen Umständen – gewissermaßen ein „Sahnehäubchen" –, sondern von grundsätzlicher Qualität und berührt das Bild vom Menschen. Es geht um die Frage, ob der Mensch gesehen wird als ein monadisches Einzelwesen, das im Laufe seiner Entwicklung zunehmend differenzierte Beziehungen mit seiner Umwelt aufnimmt (etwa im Sinne von Piaget), oder ob man davon ausgeht, dass es zu keinem Zeitpunkt einen einzelnen Menschen unabhängig vom Kontext wechselseitiger Beziehungen geben kann, wie an anderer Stelle ausführlicher dargestellt (Lüpke 2003).

Erneute Verwirrung: die Determinismus-Debatte

Für die Bewertung und Förderung von Lernprozessen ergibt sich aus dem bisher Beschriebenen eigentlich nichts Neues. Letztlich werden klassische Konzepte wie das von Maria Montessori bestätigt, Konsequenzen aus der Bedeutung sozialer Faktoren sind anderswo bereits erfolgreich in den Schulalltag einbezogen, wie die PISA-Studie zeigt. Um so erstaunlicher ist es, dass gerade zu einem Zeitpunkt, an dem Ergebnisse der Neurobiologie und Säuglingsforschung durch die Macht ihrer Bilder einer psychodynamisch orientierten Pädagogik den Rücken stärken könnten, von führenden Vertretern der Hirnforschung eine Debatte geführt wird, die allem bisher Dargestellten zu widersprechen scheint: eine neue Determinismusdebatte, die sich an der Frage der Willensfreiheit festmacht. Um dies zu verdeutlichen, seien einige Passagen aus einem Streitgespräch zwischen dem Hirnforscher Wolf Singer und dem Philosophen Julian Nida-Rümelin (*Frankfur-*

ter Rundschau vom 3.4.2004) zitiert. Singer: „Wir glauben, dass alle Leistungen von Gehirnen, die mentalen Prozesse eingeschlossen, auf neuronalen Vorgängen beruhen." Später präzisiert Singer diesen Zusammenhang in dem Sinn, „dass jedweder Entscheidung neuronale Prozesse vorgängig sind und nicht die Entscheidung dem neuronalen Prozess vorausgeht". Diese neuronalen Prozesse sind für Singer determiniert. Singer bezieht sich dabei jedoch nur auf die bewussten Anteile des Entscheidungsprozesses. Über den unbewussten Anteil von Auswahlprozessen bemerkt er lediglich, dass man darüber „keine Kontrolle" habe. Mit der Feststellung, dass bewusste Entscheidungen zwar subjektiv als ursächlich für Handlungen empfunden werden, dass ihnen jedoch unbewusste, als neuronale Aktivitäten messbare Prozesse vorausgehen, bezieht sich Singer auf die bereits 1983 publizierten Ergebnisse von Libet, die auch Roth diskutiert und dabei zu dem Ergebnis kommt: „Das Gefühl des freien Willensaktes entsteht, nachdem limbische Strukturen und Funktionen bereits festgelegt haben, was zu tun ist" (Roth 2001, 453). Die Tatsache, dass die einer bewussten willentlichen Entscheidung vorangehenden neurologischen Prozesse als „determiniert" bezeichnet werden, scheint den oben dargestellten Vorstellungen über die umweltabhängige Veränderung von Hirnstruktur und -funktion zu widersprechen. Singers Bemerkung zu unbewussten Prozessen, über die man keine Kontrolle habe, führt hier weiter. Offenbar wird „unbewusst" mit „neurologisch determiniert" gleichgesetzt. Die enge Beziehung zwischen Ergebnissen der Hirnforschung und Vorstellungen vom Unbewussten zeigt auch der Beginn einer Fernsehdiskussion der Philosophen Peter Sloterdijk und Rüdiger Safranski mit dem Schriftsteller Bodo Kirchhoff und dem Hirnforscher Gerhard Roth. Um die neuere Hirnforschung und deren Ergebnisse zu charakterisieren, fallen Begriffe wie „Das Wilde", „Unheimliche Gäste", „Die Entdeckung eines neuen Kontinents, einer neuen Welt, eines neuen Planeten". Von einer „Liste der Kränkungen des menschlichen Selbstgefühls" ist die Rede, weil „das Ich nicht Herr im eigenen Hause ist". All dies könnte gleichermaßen vom Unbewussten im Sinne Freuds gesagt werden. Daraus geht hervor, dass es sich hier keinesfalls um ein neues Thema handelt. Möglicherweise wurde durch die Hirnforschung und die Gewalt ihrer Bilder und Daten ein Dilemma offenbar, das bereits in Freuds Konzeption angelegt ist.

Die Angst vor Kontrollverlust

Beiden Konzepten vom Unbewussten scheint gemeinsam zu sein, dass von diesem eine Bedrohung ausgeht. Es geht um die Angst, unbewusst ablaufenden und daher nicht kontrollierbaren Prozessen willenlos ausgeliefert zu sein. Im klassischen Konzept von Freud steht dafür das Es als Instanz der verdrängten Triebimpulse, deren Energie nach Abfuhr drängt. Handeln würde allein vom Lustprinzip bestimmt, gäbe es keine Kontrolle durch Ich und Über-Ich. Für sich allein ist das Es unsozial und destruktiv. Anna Freud (1952, zit. nach Köhler 2000) vergleicht das Neugeborene, das sie allein vom Es bestimmt sieht, mit einem wilden gefährlichen Tier: „Hätte das kleine Kind, das völlig unter der Herrschaft seines Es handelt, volle Kontrolle über seine Muskelkräfte, wäre es das gefährlichste Individuum, das man sich vorstellen kann. Es wäre eine Art Orang Utan, der nach rechts und links um sich schlägt und sich nimmt, was er will. Allein die Tatsache, dass dieses gefährliche Individuum sich nicht bewegen, nicht gehen, nicht greifen kann und keine Stärke hat, rettet uns vor ihm. Glücklicherweise entwickelt sich mit der wachsenden körperlichen Stärke auch ein funktionierendes Ich, welches diese Stärke automatisch kontrolliert" (Köhler 2000, 51f). Freud gebraucht für diesen Prozess die Metapher vom Reiter, der „die überlegene Kraft des Pferdes zügeln soll" (Freud 1923, 253). Darin drückt sich die Hoffnung aus, dass die gefährlichen Impulse des Unbewussten durch das Ich gezähmt bzw. in sozial und kulturell verträgliche Bahnen gelenkt werden können. Diese Hoffnung wird aus der Perspektive der Hirnforschung endgültig zur Illusion. Untersuchungen wie die beim Thema Willensfreiheit erwähnten entlarven alle der eigenen Wahrnehmung nach bewusst getroffenen Entscheidungen als Selbsttäuschung, da ihnen eine unbewusste Entscheidung vorausgegangen ist. „Unser bewusstes Ich ist" – so zitiert Roth den amerikanischen Neurobiologen Gazzaniga – „die letzte Instanz, die erfährt, was in uns wirklich los ist" (Roth 2001, 370). Roth selbst gebraucht für die Rolle der kognitiven Anteile die Metapher eines Regierungssprechers, „der Dinge interpretieren und legitimieren muss, deren Gründe und Hintergründe er gar nicht kennt" (ebd., 370).

Dieser Kontrollverlust bleibt ohne Ausgleich durch ein neues Modell, das der Angst, unkalkulierbaren Kräften ohnmächtig ausgeliefert zu sein, entgegen wirken könnte. Obwohl sie an deren Wirksamkeit nicht mehr glaubt, konnte die Hirnforschung keine Alternative zum psychoanalytischen Modell entwickeln. Diese Angst ist es möglicherweise, die manche Hirnforscher dazu gebracht hat, unbewusste und in emotionalen Handlungen sich äußernde psychische Prozesse aus ihrem Menschenbild auszuklammern und sie – wie bei Singer geschehen – auf die mit ihnen einhergehenden physikalisch-chemischen Prozesse zu reduzieren. Damit wären sie messbar und weniger Angst auslösend. Nur so ist es zu erklären, dass sowohl von Seiten der erwähnten Hirnforscher wie auch bei den Philosophen die einfachste und plausibelste Erklärung für das Zusammenwirken geistiger und physikalisch-chemischer Prozesse ausgeblendet wird: die Vorstellung, diese Unterscheidung sei lediglich ein Artefakt, bedingt durch Unterschiede des methodischen Zugangs. Daher kann es nicht gelingen, diese Prozesse in ihrer Einheitlichkeit mit einer einzigen Methode zu erfassen. Die naturwissenschaftliche Methodik vermag auch bei letzter Verfeinerung nur naturwissenschaftliche Daten zu erbringen, die geisteswissenschaftliche – analog zum Dualismus von Welle und Teilchen – nur die ihres Instrumentariums und ihrer Methodik entsprechenden.

Das „Es" muss kein wildes Tier sein

Bei einer vorläufigen Bilanz zur Frage der Bedeutung neurobiologischer Forschungsresultate für die Konzeption von Lernprozessen ergibt sich eine scheinbar widersprüchliche Situation: Zum einen verweist die neue Determinismus-Debatte auf einen Biologismus, der für spezifisch menschliche Lernvorgänge kaum noch Grundlagen bietet. Zum anderen ist die Betonung unbewusster und daraus resultierender emotionaler Strukturen in ihrer Bedeutung für diese Prozesse ein Ergebnis gerade dieser Hirnforschung. Spitzer betont in seiner Monografie (2002) ausdrücklich die Rolle von Emotion und Motivation, aber auch die von Schlaf und Traum. Im Kontext unserer Überlegungen erscheint jener Determinismus als eine Bewältigungsstrategie für die Angst, ein Unbewusstes im Sinne von Freud nicht mehr unter Kontrolle bringen zu können und damit dem wilden Tier von Anna Freud hilflos ausgeliefert zu sein.

Damit stellt sich die Frage, ob jenes Freudsche Konzept durch Modifikation zu einem Modell werden könnte, das Ergebnisse der Hirnforschung für die Förderung von Lernprozessen fruchtbar macht, anstatt in die Sackgasse eines neuen Biologismus zu führen. Schon eine genauere Betrachtung der verwendeten Metaphern könnte erste Hinweise geben. Geht man den Bildern vom Orang Utan und vom Reiter nach, so enthalten diese bereits Aspekte, die über die ursprünglich angesteuerte Bedeutung hinausführen. Der Orang Utan ist ja nicht jenes wilde zerstörerische Tier, wie Anna Freud ihn beschreibt, sondern ein friedliches soziales Wesen. Zum Bild vom Reiter sagt Freud im Anschluss an die zitierte Passage: „Dieses Gleichnis trägt ein Stück weiter. Wie dem Reiter, will er sich nicht vom Pferd trennen, oft nichts anderes übrig bleibt, als es dahin zu führen, wohin es gehen will, so pflegt auch das Ich den Willen des Es in Handlung umzusetzen, als ob es der eigene wäre" (ebd., 253). Der Reiter ist darauf angewiesen, ein Zusammenspiel mit dem Pferd zu entwickeln. Dieser Aspekt führt zu neueren Modellen von Interaktion. Im Kontext des Episodengedächtnisses kam bereits zur Sprache, dass – nach Vorstellungen der Entwicklungspsychologie – interaktive dialogische Prozesse von Beginn des Lebens an strukturierend wirken (Lüpke 2003). Daraus entsteht jenes implizite Beziehungswissen („implicit relational knowing"), das Stern u.a. (2002) auch als Basis für die Wirksamkeit therapeutischer Prozesse ansehen. Die ADHS-Problematik könnte hier ihren Ursprung haben. Entscheidend ist also letztlich der Schritt vom monadischen Menschenbild zu einem von Beginn an dialogischen. Für die Bewertung des freien Willens zählt dann weniger der kognitive Aspekt als vielmehr die Stimmigkeit einer Entscheidung in der Dialektik von Eigenem in der Auseinendersetzung mit dem Anderen. Hirnforschung und Pädagogik könnten beim wechselseitigen Austausch darüber gewinnen: In der Hirnforschung wäre jene absurde Determinismusdebatte beendet und die Pädagogik ließe sich – immer durch Zweifel bedroht, da eindeutige Erfolge oft nicht unmittelbar auszumachen sind – von den in der Hirnforschung beschriebenen und in eindrucksvollen Bildern dargestellten Prozessen ermutigen.

Abschließende Konsequenzen

Ein Konzept, das unbewusste sowie emotionale, rational nicht begründbare Prozesse nicht mehr bedrohlich erscheinen lässt, könnte zur Neubewertung zahlreicher Strategien führen, die in der Praxis schon immer einen Platz hatten – gelegentlich begleitet vom schlechten Gewissen, dass dabei nicht *richtig* gelernt würde. Dazu gehört die Vorstellung vom Lernen als einem Prozess des kreativen Erprobens, der sich nicht ausschließlich an Kategorien von richtig und falsch orientieren kann. Im Sinne von Edelmans Selektion wäre Lernen weniger ein Neuerwerb, sondern eher ein Prozess des Auswählens. Dazu würde gehören: eigene Verhaltensvarianten, die mit dem Gefühl von Identität verbunden sind, im geschützten Rahmen zu erproben (Lüpke 2000); Pausen machen; etwas „sich setzen" und Entscheidungen heranreifen lassen; „darüber schlafen". All dies im intersubjektiven Feld von Beziehungen, in dem Scheitern nicht dem Schwächeren – in der Regel dem Schüler – als Schuld angelastet wird, sondern sich im Spiel gemeinsam zu neuen Varianten und kreativen Lösungen weiterentwickeln lässt. Dabei geht es nicht um eine illusionäre Harmonie, sondern um wechselseitiges Aushandeln, auch im Kampf, gegebenenfalls mit der Konsequenz, sich zu trennen, ohne dass dies mit gezielten Kränkungen oder Schuldvorwürfen einhergehen muss. All dies ist für Lernprozesse von Bedeutung. Hier könnte Hirnforschung hilfreich sein – nicht durch „Begründen", was zu Abhängigkeit und einem neuen Biologismus führen würde, sondern als Anregung durch die andere Perspektive. Der interdisziplinäre Austausch würde selbst zum Modell für Lernen, wenn er – im Gegensatz zur eingangs beschriebenen Fixierung – einhergeht mit Neugier auf die Perspektiven des anderen.

Literatur

Ayres, J. (1979): Bausteine der kindlichen Entwicklung. Berlin/ Heidelberg/ New York, 1992

Bauer, J. (2002): Das Gedächtnis des Körpers. Frankfurt a.M.

Edelman, G.M.; Tononi, G. (2004): Gehirn und Geist. Wie aus Materie Bewusstsein entsteht. München

Frankfurter Rundschau (2004): Das Gespräch: „Gehirnforscher sind keine Unmenschen" – „Aber vielleicht leiden sie an Schizophrenie?" Ein Streitgespräch zwischen dem Hirnforscher Wolf Singer und dem Philosophen Julian Nida-Rümelin (3.4.2004)

Freud, S. (1923): Das Ich und das Es. GW 13, 235-289

Freeman, W.J. (1995): Societies of Brains. A Study in the Neuroscience of Love and Hate. New York

Hüther, G. (2001): Bedienungsanleitung für ein menschliches Gehirn. Göttingen

Köhler, L. (2000): Ergebnisse der Kleinkindforschung: Ihre Bedeutung für die Theorie und Praxis der Psychoanalyse und (Heil-)Pädagogik. In: Werkstattgruppe familienorientierte Frühförderung (Hrsg.): Das behinderte Kind und seine Eltern. Psychoanalytische Perspektiven der Frühförderung. Heidelberg, 51-67

Lüpke, H. v. (2000): Identität als wechselseitiger Prozess von Anfang an. Motorik, Schorndorf 23, 108-112

Lüpke, H. v. (2003): Vorgeburtliche Bindungserfahrungen – Konsequenzen für die Interpretation und Begleitung von Kindern mit Verhaltensauffälligkeiten. In: Finger-Trescher, U.; Krebs, H. (Hrsg.): Bindungsstörungen und Entwicklungschancen. Gießen, 133-144

Roth, G. (1999): Das Gehirn und seine Wirklichkeit. Kognitive Neurobiologie und ihre philosophischen Konsequenzen. 3. überarb. Aufl. Frankfurt a.M.

Roth, G. (2001): Fühlen, Denken, Handeln. Frankfurt a.M.

Spitzer, M. (2002): Lernen. Gehirnforschung und die Schule des Lebens. Heidelberg/Berlin

Stern, D.N. (1992): Die Lebenserfahrung des Säuglings. Stuttgart, 1985

Stern, D.N. (1998): „Now-moments", implizites Wissen und Vitalitätskonturen als neue Basis für psychotherapeutische Modellbildungen. In: Trautmann-Voigt, S; Voigt, B. (Hrsg.): Bewegung ins Unbewusste. Beiträge zur Säuglingsforschung und analytischen KörperPsychotherapie. Frankfurt a.M., 82-96

Stern, D.N.; Sander, L.W.; Nahum, J.P.; Harrison, A.M.; Lyons-Ruth, K.; Morgan, A.C.; Bruschweiler-Stern, N.; Tronick, E.Z. (2002): Nicht-deutende Mechanismen in der psychoanalytischen Therapie. Das „Etwas-Mehr" als Deutung. Psyche – Z Psychoanal 56, 974-1006

Thelen, E.; Smith, L. (1998): A Dynamic Systems Approach to the Development of Cognition and Action. 3. Aufl. Cambridge

„Es schnackelt nicht ...“
Kontinuierliche und diskontinuierliche Prozesse beim Lernen und ihre emotionale Bedeutung

Dieter Katzenbach

Überblick

Lernen wird in der Regel als steter Zuwachs des Könnens und Wissens betrachtet. Dagegen lehrt schon die Alltagserfahrung, dass sich Lernzuwächse zuweilen spontan, unerwartet und – vor allem – sprunghaft ergeben: man spricht dann von Aha-Erlebnissen. Manchmal aber zeigt sich Lernen auch als sperrig, und das Aha-Erlebnis mag sich partout nicht einstellen. Dann „schnackelt es nicht“, so der umgangssprachliche Ausdruck. Die Redeweise vom „es schnackelt nicht“ bezieht sich hier aber nicht auf die Alltagserfahrung, sondern auch auf eine der Chaostheorie entnommenen Metapher. Mit einer einfachen Apparatur, der so genannten „Chaosmaschine“, kann der Unterschied zwischen Kontinuität und Diskontinuität in Lern- und Entwicklungsprozessen anschaulich illustriert werden.

Diese Metapher wird für das Verständnis von Lernen und von Lern-Behinderungen aufgegriffen. Ich übernehme dabei die von Eberwein (1996) eingeführte Schreibweise „Lern-Behinderungen“, um zu verdeutlichen, dass gravierende Lernstörungen, die zur Überweisung in die Sonderschule führen, nicht allein im Sinne eines individuell begründeten Begabungsmangels als Lernbehinderung verstanden werden können, sondern auch als gesellschaftlich und schulisch hergestellte Behinderung des Lernens. Dabei gilt es mittlerweile als unstrittig, dass viele SchülerInnen der Schule für Lernhilfe, oder wie diese Schulform in dem jeweiligen Bundesland auch heißen mag, nicht nur Schwierigkeiten beim Lernen haben, sondern auch gravierende Probleme in ihrem emotionalen Erleben und in ihrem Verhalten zeigen. Vor diesem Hintergrund wird die Frage nach dem Zusammenhang von Emotion und Kognition gestellt, denn dieser Zusammenhang, so einsichtig er auch sein mag, ist schon auf der begrifflich-konzeptuellen Ebene nicht ganz einfach zu fassen. Ich möchte zeigen, dass es wenig sinnvoll ist, eine Unterscheidung zwischen emotionaler und kognitiver Entwicklung zu treffen. Aussichtsreicher ist es meines Erachtens, zwischen Beziehungserfahrungen und gegenstandsbezogenen Erfahrungen zu unterscheiden und dann nach der Bedeutung von Beziehungserfahrungen für das gegenstandsbezogene Lernen zu fragen. An zwei Beispielen werde ich konkretisieren, was genau mit Diskontinuität in Lernprozessen gemeint ist. Auf dieser Grundlage können dann die Parallelen zwischen der Beziehungsentwicklung und der Entwicklung der Erkenntnis der gegenständlichen Welt gezeigt werden.

Kontinuität und Diskontinuität

Kontinuierliche Prozesse zeichnen sich durch ein Merkmal aus, das in der Mathematik als Stetigkeit bezeichnet wird. Betrachten wir dazu ein einfaches Beispiel: die Größe eines Baumes in Abhängigkeit der Zeit. Wir werden feststellen, dass das Wachstum des Baumes zwar (jahreszeitlich bedingten) Schwankungen unterliegt, aber dass es eben keine Sprünge im Größenwachstum gibt. Das vertrauteste Beispiele für diskontinuierliche Prozesse hingegen dürften der Wechsel des Aggregatzustandes von Substanzen sein. Besonders spektakulär fällt der Effekt aus, wenn man z.b. Wasser in ein Vakuum bringt und es exakt auf 0 Celsius abkühlt. Dann genügt eine geringfügige Erschütterung, und das Wasser geht blitzartig vom flüssigen in den eisförmigen Zustand über. Dies geht mit einer sprunghaften Veränderung des Volumens einher, wie schon mancher PKW-Besitzer zu seinem Leidwesen erfahren hat, wenn er das Nachfüllen des Frostschutzmittels ins Kühlwasser vergessen hatte.

Beim Lernen beobachten wir, ich habe es oben schon angedeutet, beides: sowohl kontinuierliche wie auch diskontinuierliche Prozesse. Mehr Ausdauer, mehr Übung, mehr Anstrengung führen zu größerem Lernerfolg, meistens zumindest. Manchmal verhält es sich aber auch anders: Jeder hat wohl schon die Erfahrung gemacht, etwas trotz noch so großer Bemühungen nicht zu „kapieren", wie blockiert zu sein – bis dann auf einmal und unerwartet der Knoten platzt und das erlösende Aha-Erlebnis einsetzt.

Die Naturwissenschaften haben sich lange auf die Untersuchung kontinuierlicher Prozesse beschränkt, vor allem deshalb, weil sie sich mathematisch besser beschreiben lassen. Erst in der zweiten Hälfte des letzten Jahrhunderts begann die sich entwickelnde Chaostheorie mathematische Modelle für diskontinuierliche Prozesse zu entwerfen. Die Versuche, diese Modelle zur Beschreibung psychischer Phänomene anzuwenden, stehen allerdings immer noch ganz am Anfang (vgl. z.B. Thelen und Smith 1994). Die als „Chaosmaschine" bekannt gewordene einfache Apparatur vermag den Unterschied zwischen kontinuierlichen und diskontinuierlichen Prozessen noch einmal sehr schön zu veranschaulichen (vgl. Zeeman 1977).

Bei der ersten abgebildeten Apparatur (Abbildung 1) ist ein Zeiger beweglich aufgehängt und mit einem Gummiband mit einem Schieber verbunden. Bewegt man den Schieber nach rechts, dann bewegt sich der Zeiger nach rechts, bewegt man den Schieber wieder zurück, folgt der Zeiger der Bewegung nach links, und so weiter ...

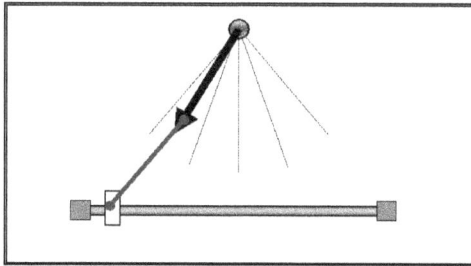

Abbildung 1: *Keine* Chaosmaschine

Erstaunliches geschieht hingegen, wenn man die Apparatur nur geringfügig umbaut (Abbildung 2): Nun ist der Zeiger unten befestigt, zwei seitlich angebrachte Stützen verhindern, dass er ganz nach unten umklappt. Nach wie vor ist der Zeiger durch das Gummiband mit dem Schieber verbunden:

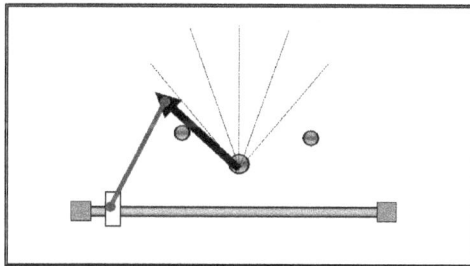

Abbildung 2: Chaosmaschine

Bewegt man den Schieber nach rechts, dann tut sich erst einmal gar nichts, bis man den kritischen Punkt erreicht (Abbildung 3).

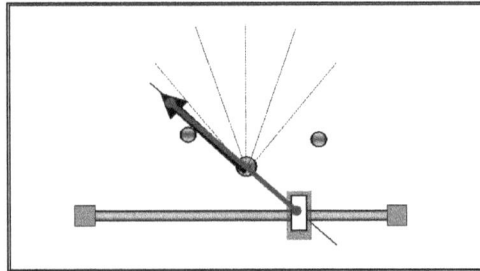

Abbildung 3: Chaosmaschine – kritischer Punkt

Überschreitet man diesen Punkt, dann schlägt der Zeiger abrupt in die andere, die rechte Position um.

Diese Apparatur ist insofern hilfreich, als sie uns als Metapher für die Situation diskontinuierlicher Lern- und Entwicklungsprozesse dienen kann. Wenn wir den Stand des Zeigers als Ausdruck des Lernstandes und die Position des Schiebers als aufgewendete Zeit oder Anstrengung interpretieren, dann sehen wir deutlich, wie Lernaufwand und Lernertrag im ersten Beispiel stetig aufeinander bezogen sind. Brav folgt der Zeiger dem Schieber – je mehr Aufwand, je mehr Ertrag. Bei der Chaosmaschine verhält sich die Sache anders. Auch großer Aufwand zeigt sich zunächst nicht in irgendeiner Veränderung der Position des Zeigers. Aber zu einem bestimmten Zeitpunkt kommt es plötzlich zu einem qualitativen Umschlag, der plötzlichen Einsicht, dem Aha-Erlebnis.

Auch auf die Gefahr hin, die Metapher überzustrapazieren: vermutlich sind wir im Hinblick auf Lern- und Entwicklungsprozesse in der misslichen Situation, durch Verhaltensbeobachtung und/oder Introspektion zwar den Stand des Zeigers, sprich den Lernstand erkennen zu können, die Position des Schiebers ist uns aber nicht zugänglich. Mit anderen Worten, wir wissen in der Regel nicht, ob wir uns noch weit oder unmittelbar vor dem kritischen Umschlagpunkt befinden und wie viel Anstrengung wir noch investieren müssen, um an diesen Punkt zu gelangen. Manche Lernstörungen und Entwicklungsblockaden lassen sich dann so interpretieren, dass dem Lerner diese Investition als zu groß, zu unkalkulierbar oder zu riskant erscheint, um sich auf weitere Anstrengungen mit ungewissen Erfolgsaussichten noch einzulassen.

Ich möchte die Metapher der Chaosmaschine an dieser Stelle verlassen, um auf die inhaltlichen Aspekte der Diskontinuität beim Lernen und bei der Genese von Lernstörungen einzugehen. Die Chaosmaschine mag für die folgenden Überlegungen dabei als gedankliche Stütze dienen. Zuvor muss allerdings der Kontext, in den diese Überlegungen eingebettet sind, dargestellt werden: das Phänomen der Lern-Behinderung.

Lernen und Lern-Behinderungen

Trotz jahrzehntelanger Bemühungen ist es bis heute nicht gelungen, hinreichend präzise zu definieren, was unter Lernbehinderung überhaupt verstanden wird. Damit teilt der Begriff der Lernbehinderung zwar das Schicksal einer gewissen Unschärfe, wie dies bei vielen anderen sozialwissenschaftlichen, insbesondere pädagogischen Begriffen der Fall ist. Aber gerade beim Begriff der Lernbehinderung nimmt diese Unschärfe dramatische Ausmaße an. Die Gruppe der SchülerInnen, die unter diese Kategorie fallen, ist derart heterogen, dass ein gemeinsames definitorisches Bestimmungsmerkmal nicht auszumachen ist (vgl. Werning und Lütje-Klose 2003). Gleichwohl sind zwei Dimensionen zu benennen, die in der nicht enden wollenden Debatte um den Begriff der Lernbehinderung immer wieder auftauchen: Zum einen ist es das *schulische Leistungsversagen*, das die klassische Trias erfüllen soll, umfassend, gravierend und andauernd ausgeprägt zu sein. Und zum anderen ist dies die Annahme eines angeborenen oder sozialisatorisch erworbenen Begabungsmangels, der sich in einem niedrigen IQ ausdrücken soll.

Wenig Einigkeit herrscht dann aber hinsichtlich der Frage, wann genau von einem gravierenden, umfassenden und andauernden Leistungsversagen gesprochen werden kann. Und genauso wenig ist es gelungen, einen rational begründeten IQ-Bereich auszuweisen, den man als Lernbehinderung in Abgrenzung zur Normalbegabung zur einen Seite bzw. zur geistigen Behinderung zur anderen Seite bezeichnen könnte.

So ist etwas lakonisch zu konstatieren, dass zumindest in Deutschland Lernbehinderung primär Ländersache ist, wie die folgende Grafik deutlich belegt:

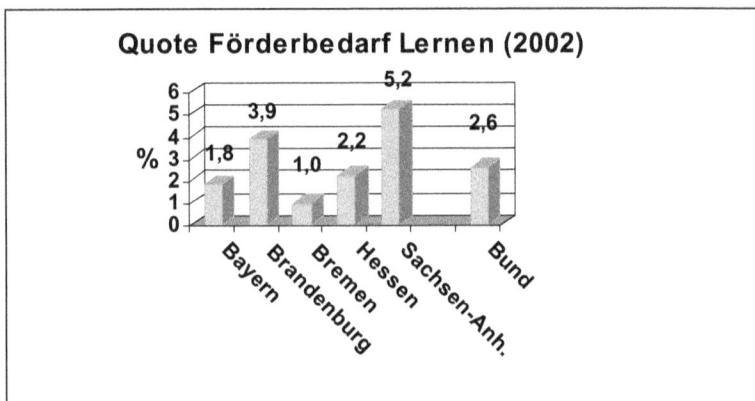

Quote Förderbedarf Lernen (2002)

Abbildung 4: Anteil der SchülerInnen mit Förderbedarf Lernen in
ausgewählten Bundesländern und im Bund (Quelle: KMK 2003)

In Bremen fielen im Jahr 2002 knapp 1% aller Schülerinnen und Schüler in die
Rubrik „Lernbehinderung", in Sachsen-Anhalt sind es über 5%. Diese ungeheu-
ren Differenzen belegen eindrücklich, wie wenig einheitlich diese Kategorie
verwendet wird. Gomolla und Radtke haben in ausgewählten Schulbezirken
exemplarisch nachgezeichnet, wie es zur Überweisung von SchülerInnen an die
Schule für Lernhilfe gekommen ist und sie konnten zeigen, wie sehr diese Entscheidung von schuladministrativen und schulorganisatorischen Aspekten abhängt und wie wenig vom konkreten Kindeswohl. Sie sprechen daher wohl zu
Recht von *institutioneller Diskriminierung*, denn diese Entscheidungen treffen
zuvorderst Kinder aus benachteiligten Familien und überproportional häufig
Kinder mit Migrationshintergrund.

So wundert es auch nicht, dass Bleidick schon vor Jahren die Formulierung
prägte: „Lernbehindert ist, wer eine Schule für Lernbehinderte besucht" (1977, 106)
– es sei dahingestellt, ob dies eine zynische oder bloß realistische Beschreibung der
Sachlage darstellt. Der einzig erkennbare Fortschritt in dieser anhaltend misslichen
Situation stellt die Prägung neuer Begriffe dar. So haben sich in den Bundesländern
unterschiedliche Begriffe für die Schulform eingebürgert, die ihrerseits wieder
ständigen Umbenennungen unterliegen. Im offiziellen Sprachgebrauch der Kultus-
ministerkonferenz wird seit 1994 nicht mehr von Lernbehinderung, sondern von
sonderpädagogischem Förderbedarf im Förderschwerpunkt Lernen gesprochen
(vgl. KMK 1994).

Das Bundesland Hessen hatte schon in den 1980er Jahren die Schule für Lernbehinderte in Schule für Lernhilfe umbenannt. In den Richtlinien für Unterricht und
Erziehung in dieser Schulform heißt es einleitend:

> „Die Schule für Lernhilfe wird von Schülerinnen und Schülern besucht, die auf-
> grund einer erheblichen und lang andauernden Lernbeeinträchtigung sonderpäda-
> gogischer Förderung bedürfen. Sie fördert, erzieht und unterrichtet Schülerinnen
> und Schüler, die nicht mit den Mitteln, Methoden und Möglichkeiten der allge-
> meinen Schule gefördert werden können.
> Beeinträchtigungen des Lernens stehen häufig primär oder sekundär mit Verhal-
> tensproblemen in Beziehung" (HKM 1996, 1).

Die offenkundig zirkuläre Definition – „sonderpädagogische Förderung erhält,
wer sonderpädagogischer Förderung bedarf" – greift implizit Bleidicks oben
zitierte Einschätzung auf: Als lernbehindert gilt, wer eine Schule für Lernbehinderte besucht. Zumindest lässt der zweite Satz offen, ob es an der Schule oder an
den SchülerInnen liegt, dass sie nicht mit den „Mitteln, Methoden und Möglichkeiten der allgemeinen Schule gefördert werden können". Dagegen wirkt der
abschließende Hinweis, dass die Beeinträchtigungen des Lernens häufig primär
oder sekundär mit Verhaltensproblemen in Beziehung stehen, schon erstaunlich
konkret.

Versuchen wir an dieser Stelle ein kurzes Zwischenfazit zu ziehen: Das Konstrukt der Lernbehinderung lässt sich mit Bleidick eher als schulorganisatorisch
bedingte Verlegenheitskategorie bezeichnen denn als wissenschaftlich solide begründeter Begriff. Kinder und Jugendliche aus sozial benachteiligten Herkunftsfa-
milien sind in der entsprechenden Schulform so deutlich überrepräsentiert, dass
Wocken sie zu Recht als Schule der Armen, Arbeitslosen und Migranten bezeichnet
(Wocken 2000). Allerdings darf aus dieser Überrepräsentation schon deshalb kein
Kausalzusammenhang abgeleitet werden, weil zwar die meisten SchülerInnen der
Schule für Lernhilfe aus marginalisierten Verhältnissen stammen, umgekehrt aber
nur ein Bruchteil der Kinder aus randständigen Familien die Schule für Lernhilfe
besucht (vgl. Mand 1996). Mit anderen Worten, es müssen noch andere Faktoren
hinzutreten, um aus einer Benachteiligungslage eine „Lern-Behinderung" zu machen.

Einen wichtigen Hinweis liefert hier die oben zitierte Verwaltungsvorschrift,
wonach die Beeinträchtigungen des Lernens häufig mit Verhaltensproblemen in
Beziehung stehen. Die Schulverwaltung drückt damit einen Zusammenhang aus,
der PraktikerInnen zwar hinlänglich bekannt ist, der aber in der wissenschaftlichen
Diskussion bisher kaum beachtet wurde: die Wechselwirkung zwischen der Entwicklung kognitiver und emotionaler Kompetenzen. Mand hat erst kürzlich in einer

Befragung festgestellt, dass vermutlich genauso viele Schüler an der Schule für Lernhilfe massive Verhaltensprobleme zeigen wie an der Schule für Erziehungshilfe (vgl. Mand 2004). Es sind vor allem US-amerikanische Untersuchungen, die die Zusammenhänge zwischen emotionaler Kompetenz und Schulerfolg belegen (vgl. hierzu die Überblicksreferate von Gasteiger-Klicpera et al. 2001 sowie von Petermann und Wiedebusch 2003, 24ff.).[1]

Der Beitrag psychoanalytischen Verstehens

Auch die Psychoanalytische Pädagogik hat der Bedeutung emotionaler Mangelerfahrung für die Entstehung massiver Lernbeeinträchtigungen bislang nicht viel Aufmerksamkeit geschenkt.[2] Angesichts des komplexen Wirkungsgefüges, das an der Entstehung und Verfestigung gravierender Lernstörungen beteiligt ist, scheint ein psychoanalytischer Zugang die Gefahr der Individualisierung bzw. der Psychologisierung sozialer Missstände zu bergen. Mit anderen Worten: wenn Schulversagen nach wie vor primär als Versagen des Schülers und nicht als Versagen der Schule gewertet wird, geraten die gesellschaftlichen und schulischen Faktoren bei der Entstehung und Verfestigung von Lernproblemen leicht aus dem Blick bzw. werden dem einzelnen Schüler im Sinne individueller Pathologie zugeschrieben. Der im internationalen Vergleich ungewöhnlich hohe Selektionsdruck des deutschen Schulsystems[3] führt allerdings dazu, dass die Schule auf leistungsschwache Schüler eher mit Ausschlusstendenzen als mit besonderen Förderangeboten reagiert. Ungünstige Lernvoraussetzungen und Lernbedingungen werden im bundesdeutschen Bildungssystem nicht aus-

---

[1] Die kürzlich erschienene Monographie von Bundschuh (2003) und der von Schroeder/Wittrock (2002) herausgegebene Sammelband zeigen allerdings ein steigendes Interesse an der Thematik in der deutschen sonderpädagogischen Forschung.

[2] Um dennoch einige Beispiele zu nennen, sei in erster Linie auf die Beiträge von Leber (1989, 1990, 1995), aber auch auf die Arbeiten von Graf-Deserno (1981), Dohmen-Burk (1992), Becker (1995), Katzenbach (1999) sowie auf den von Dammasch und Katzenbach kürzlich herausgegebenen Sammelband *Lernen und Lernstörungen bei Kindern und Jugendlichen* (2004) verwiesen.

[3] Die Detailauswertung der PISA-Studie hat gezeigt, dass in einzelnen Bundesländern über 50 % der Schüler bis zum neunten Schuljahr die Erfahrung selektierender Maßnahmen wie Rückstellung, Klassenwiederholung oder Abschulung in einen niedrigeren Bildungsgang gemacht haben (vgl. Deutsches PISA-Konsortium 2002).

geglichen, sondern chronifiziert. Und es gibt keinerlei Hinweise darauf, dass die Überweisung auf eine Sonderschule dazu geeignet ist, Lernrückstände auszugleichen. Die besondere Effektivität der Sonderschule gegenüber integrativen Angeboten wurde niemals gezeigt; zahlreiche Vergleichsstudien belegen eher das Gegenteil (vgl. im Überblick Hildeschmidt und Sander 1996, Hinz u.a. 1998).

Auf der anderen Seite dürfen aber auch die individuellen Probleme von Kindern mit Lernbeeinträchtigungen nicht verleugnet werden. Eben dabei gilt es den kritischen Impetus der Psychoanalyse zu bewahren, „hinter der Intimität der individuellen Symptomatik soziales Leid zu vermuten und diesem Leid in der psychoanalytischen Kur Ausdruck zu verschaffen", wie Niedecken (1989) es treffend formuliert. Mit anderen Worten: auch bei der Suche nach den Verursachungsbedingungen gravierender Lernstörungen geht es letztlich darum, den Niederschlag deformierender *gesellschaftlicher* Strukturen in gestörte *individuelle* Strukturen der Persönlichkeit zu rekonstruieren.

Emotion und Kognition und ihr Zusammenhang in der psychischen Entwicklung: Probleme der Konzeptualisierung

Die Trennung und die Untrennbarkeit von Fühlen und Denken sind uns gleichermaßen geläufig. Bei Entscheidungen, die aus „dem Bauch heraus getroffen" werden, scheinen nur die Gefühle beteiligt und der Verstand ausgeschaltet. Umgekehrt gilt es als zentrales Merkmal des rationalen Verstandes, sich dem störenden Einfluss der Gefühle entziehen zu können. Zwischen Fühlen und Denken besteht nach dieser Auffassung ein antagonistisches Verhältnis nach dem Modell kommunizierender Röhren. Auch Freuds berühmte Definition seelischer Gesundheit als *Liebes- und Arbeitsfähigkeit* spielt letztlich mit dieser Trennung von Gefühl und Verstand.

Auf der anderen Seite ist kaum ein seelischer Zustand vorstellbar, an dem nicht irgendeine Emotion beteiligt ist, und seien es solche „stillen" Gefühle wie Interesse, Langeweile oder Scham. Und umgekehrt bleibt auch eine Entscheidung „aus dem Bauch heraus" eine Entscheidung, und als solche bedient sie sich Beurteilungs- und Bewertungskriterien, und dies sind nun einmal eindeutig kognitive Kategorien. Das von Ciompi geprägte Konzept der *Affektlogik* (vgl. Ciompi 1982, 1997) beschreibt prägnant, dass es sich bei Emotion und Kognition zwar um *analytisch* trennbare Phänomenbereiche handelt, die aber im konkreten Erleben und Handeln des Menschen untrennbar zusammenwirken, auch wenn mal der emotionale Anteil und mal der kognitive Anteil unser bewusstes Erleben dominieren mag.

Nun herrscht in der Emotionspsychologie ein erheblicher terminologischer Wirrwarr, was überhaupt unter einer Emotion, in Abgrenzung zu verwandten Begriffen wie Gefühl, Affekt, Stimmung etc., zu verstehen sei. Und auch die Psychoanalyse tut sich in dieser Frage erstaunlich schwer, obwohl sie doch in ihrer klinischen und pädagogischen Praxis ständig ihr Augenmerk auf emotionale Prozesse richtet. Die terminologischen und konzeptuellen Schwierigkeiten lassen sich bis zu Freud zurückverfolgen, der die Affekte immer im Verhältnis zum Triebgeschehen zu begreifen suchte – dieses Verhältnis aber mehrfach neu bestimmte. In den letzten Jahren gewinnen unter dem Eindruck neuropsychologischer Erkenntnisse (vgl. Schore 1994; Damasio 1994, 1999; Kaplan-Solms und Solms 2000; LeDoux 2002) auch innerhalb der Psychoanalyse die Ansätze der differentiellen Emotionspsychologie an Einfluss[4]. Holzschnittartig lassen sich einige ihrer Kernaussagen so zusammenfassen: Der Mensch verfügt wie die höheren Primaten über eine angeborene Ausstattung diskreter Emotionen, die mit bestimmten Handlungsanforderungen wie Flucht, Kampf, Paarung, Nahrungssuche etc. verknüpft sind. Die Emotionen versetzen den Körper und das Gehirn in die entsprechende Handlungsbereitschaft. Emotionen sind mit spezifischen mimischen Ausdrucksmustern verknüpft, die offenbar nicht erlernt sind (da sie auch von blindgeborenen Kindern gezeigt werden) und die cross-kulturell identifiziert werden können (vgl. Izard 1977). Ereignisse werden besser und schneller erinnert, wenn sich das Individuum beim Erinnern in dem gleichen emotionalen Zustand befindet, wie es diese Erfahrung gemacht hat. Es herrscht Uneinigkeit darüber, welche Emotionen genau zu den Basisemotionen gezählt werden können; immer wieder genannt werden Angst/Furcht, Wut, Freude, Trauer, Interesse, Ekel und Scham. Komplexere emotionale Zustände ergeben sich dann aus der Kombination dieser Basisemotionen. Selbstverständlich spielen hierbei dann kognitive Prozesse eine Rolle, wie auch bei der Auslösung einer Emotion kognitive Muster der Beurteilung und Bewertung zwangsläufig involviert sind (vgl. vertiefend hierzu aus psychoanalytischer Sicht Fonagy u.a. 2002).

Allen terminologischen Verwirrungen zum Trotz scheinen wir doch über eine relativ sichere Intuition zu verfügen, was nun ein Gefühl (eine Emotion bzw. ein Affekt) ist. Und diese Intuition, so vermute ich, dürfte mit den Konzepten der diffe-

---

[4]   Meines Wissens war Kernberg einer der ersten Psychoanalytiker, der diese Ansätze aufgegriffen hat (vgl. Kernberg 1976). Einflussreich waren die Arbeiten von Lichtenberg (1983) und Stern (1985) sowie im deutschsprachigen Raum die Beiträge von Krause (1983) und selbstverständlich die schon genannten Schriften von Ciompi. Einen aktuellen Überblick über den Stand der Diskussion geben Fonagy u.a. (2002).

rentiellen Emotionspsychologie kompatibel sein. Weniger klar ist es hingegen, was wir unter dieser Voraussetzung dann unter *emotionaler Entwicklung* zu verstehen haben. Offenbar erwerben Menschen im Laufe ihres Lebens die Fähigkeit, ihre eigenen Emotionen und die ihrer Mitmenschen differenzierter wahrzunehmen, zu interpretieren und auch komplexer zusammenzusetzen. Allerdings werden diese Phänomene maßgeblich von kognitiven Prozessen bewerkstelligt, und es stellt sich die eigentümliche Frage, ob man unter dieser Prämisse überhaupt noch sinnvoll von emotionaler Entwicklung sprechen kann.

Egal, wie man diese terminologischen und konzeptuellen Fragen entscheidet: zentral für die psychische Gesundheit ist die sich entwickelnde Fähigkeit zur Regulation der eigenen Emotionen. Als Ziel emotionaler Entwicklung möchte ich daher die Formulierung vorschlagen: *Zugang zu den eigenen Affekten haben, ohne ihnen ausgeliefert zu sein,* eine Definition, die angelehnt ist an das von Fonagy und Target entwickelte Konzept der Mentalisierung (vgl. Fonagy und Target 2002). Dieses Entwicklungsziel, und hier sind sich Psychoanalyse und akademische Entwicklungspsychologie erstaunlich einig (vgl. z.B. Saarni 2002), ist nur in gelebten zwischenmenschlichen Beziehungen – in terms der Psychoanalyse: in Objektbeziehungen – zu erreichen.

Damit wird aber die Gegenüberstellung von emotionaler und kognitiver Entwicklung brüchig, vielleicht sogar hinfällig. Stattdessen macht es meines Erachtens mehr Sinn, von einer Unterscheidung zwischen der inneren Strukturierung der gegenständlichen und der personalen Umwelt auszugehen. Damit kann aber auch die hier verhandelte Frage nach der Entstehung gravierender Lernstörungen anders und präziser gestellt werden: Es geht nicht mehr um den Zusammenhang von Emotion und Kognition in der kindlichen Entwicklung, sondern *um den Einfluss (früher) Beziehungserfahrungen auf Lernen und kognitive Entwicklung.* Bevor dieser Frage im Folgenden weiter nachgegangen wird, möchte ich zunächst konkretisieren, was mit Diskontinuität in Lernprozessen genau gemeint ist.

Diskontinuität in Lernprozessen

Am nachdrücklichsten wurde die Diskontinuität von Lern- und Entwicklungsprozessen bis heute wohl von Piaget mit seinem Stufenmodell der kognitiven Entwicklung beschrieben. Die Stufenübergänge markieren eine qualitative Veränderung der kognitiven Struktur und nicht bloß deren Erweiterung. Der Übergang zu den konkreten Operationen ist im vorliegenden Zusammenhang von besonderer Bedeutung, weil er sich üblicherweise mit Eintritt in das Grundschulalter vollzieht und die Aneignung der Kulturtechniken das sichere Verfügen über diese kognitive Kompetenz voraussetzt.

Eines der bekanntesten Beispiele für die konkreten Operationen stellt die Mengeninvarianz dar, also die Einsicht in die Tatsache, dass die Mächtigkeit einer Menge nicht von ihrer Anordnung abhängt. Bei einer klassischen Aufgabe zur Stück-für-Stück-Korrespondenz etwa werden dem Kind Eier und Eierbecher präsentiert. Nachdem das Kind in jeden Eierbecher ein Ei gesetzt hat, wird es gefragt, ob es mehr Eier oder mehr Eierbecher gebe oder ob es gleich viele sind. Üblicherweise stellen die Kinder fest, dass es gleich viele seien, auch dann noch, wenn die Eier in einem nächsten Schritt direkt vor die Eierbecher gesetzt werden. Wird dann aber die Reihe der Eierbecher vor den Augen des Kindes in die Länge gezogen, dann sind sich die Kinder in der präoperationalen Phase völlig sicher, dass es sich nun um mehr Eierbecher als Eier handelt. Wird die Reihe wieder auf ihre ursprüngliche Länge zurück gebracht, dann sind es eben wieder gleich viele: „Das sieht man doch" ist dann häufig die ultimative Begründung. Dass ein Kind die Menge der Eier bereits abzählen kann, erschüttert es in seinem Urteil nicht.

Abbildung 5: Aufgabe zur Mengeninvarianz

In zahlreichen Studien konnte nachgewiesen werden, dass Schülerinnen und Schüler der Schule für Lernhilfe den Übergang zu den konkreten Operationen im Schnitt ein bis zwei Jahre später vollziehen als ihre AltersgenossInnen in der Grundschule (Kutzer 1976, Weber 1988, Wember 1986). Damit schien ein brauchbares Kriterium für die Definition der Lernbehinderung gefunden zu sein. Als lernbehindert könnte man Kinder bezeichnen, die beim Übergang zu den konkreten Operationen einen Entwicklungsrückstand von zwei Jahren oder mehr aufweisen. Der Vorteil gegenüber dem rein quantitativen Maß des Intelligenzquotienten besteht darin, dass man eine qualitative Aussage über den Entwicklungsstand eines Kindes treffen kann, aus der sich Anhaltspunkte für eine gezielte Förderung ableiten lassen.

Als problematisch erwies sich allerdings, dass Piagets Postulat einer alle kognitiven Bereiche umfassenden Entwicklungsstufe sich empirisch nicht hat bestätigen lassen. Ein Kind, egal ob lernbeeinträchtigt oder hochbegabt, kann sich in verschiedenen kognitiven Gegenstandsbereichen wie Sprache, räumliche Vorstellung, Zahlbegriff etc. durchaus auf unterschiedlichen Entwicklungsniveaus befinden – ein Umstand, der sich mit Piagets Postulat einer allgemeinen kognitiven Entwicklungsstufe nur schwer vereinbaren lässt. In der kognitionspsychologischen Forschung geht man heute daher von der „domain-specificity" von Erkenntnisprozessen aus (vgl. Karmiloff-Smith 1992) und beschäftigt sich kaum mehr mit dem Versuch, allgemeine, alle Gegenstandsbereiche umfassende kognitive Strukturen zu identifizieren.

Das von Piaget beschriebene Phänomen bleibt aber von dieser theoretischen Umorientierung unberührt: Die Konstruktion einer kognitiven Struktur wie die Mengeninvarianz stellt sich spontan ein und dieser Prozess ist von außen auch durch gezielte Instruktion nur begrenzt beeinflussbar. Allenfalls Kinder, die sich bereits in einem Übergangsstadium befinden (was sich dadurch bemerkbar macht, dass sie selbst bereits an der Triftigkeit ihrer Aussagen zu zweifeln beginnen), profitieren von gezielten Lehr-/Lernarrangements, so das Ergebnis vieler experimenteller Untersuchungen der 1970er Jahre (vgl. Inhelder u.a. 1974, Duckworth 1979).

Piagets Stufen, egal ob man sie als bereichsspezifisches oder als generelles Phänomen interpretiert, stellen mithin Beispiele für eine tief greifende Neuorganisation der jeweiligen kognitiven Struktur dar. Die Anforderung, bestehende Könnens- und Wissensbestände auf die Probe zu stellen und gegebenenfalls zu revidieren, stellt sich aber vermutlich nicht nur bei diesen großen Übergängen, sondern sie begleitet Lern- und Entwicklungsprozesse gleichsam auf Schritt und Tritt. Dies soll mit einem zweiten Beispiel illustriert werden.

Die Versuchsanordnung, die auf ein kognitionspsychologisches Experiment von Karmiloff-Smith (1992) zurückgeht, ist denkbar einfach. Man gibt Kindern im Alter zwischen 4½ und 9½ Jahren verschieden geformte Holzblöcke in die Hand und fordert sie auf, diese Holzblöcke so auf eine schmale Schiene zu setzen, dass sie nicht herunterfallen. Ein Teil der Holzblöcke ist symmetrisch, ein anderer Teil asymmetrisch geformt. Ein weiterer Block ist zwar symmetrisch geformt, enthält aber ein verborgenes Gewicht, das beim Hochheben allerdings deutlich spürbar ist.

Das Versuchsmaterial
Symmetrische Blöcke
Asymmetrische Blöcke
Block mit verborgenem Gewicht

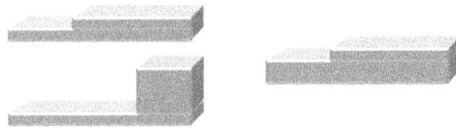

Die meisten Kinder finden relativ rasch eine einfache Lösungsstrategie: den Holzklotz an irgendeiner Stelle aufsetzen → beobachten, wo er herunterfällt → den Holzblock ein Stück in die Gegenrichtung verschieben → es erneut probieren.

Doch schon bald geben sich die Kinder nicht mehr damit zufrieden, nur die Aufgabe zu erfüllen. Sie beginnen statt dessen, die Holzblöcke systematisch zu untersuchen, um den dahinter liegenden Zusammenhang zu entdecken, auch wenn sie dies von der raschen Lösung der Aufgabe abhält. Und nach einer Weile beginnen dann auch fast alle Kinder damit, jeden Block zunächst in seiner geometrischen Mitte aufzusetzen. Dann wird sukzessive dessen Lage korrigiert, wobei häufig Korrekturen zurück zur geometrischen Mitte zu beobachten sind: ein erstes Indiz für eine Art impliziter handlungsleitender Theorie – einer „theory-in-action", wie Karmiloff-Smith es nennt. Die Kinder nehmen nun offensichtlich an, dass *alle* Gegenstände im Gleichgewicht bleiben, wenn man sie in ihrer geometrischen Mitte aufsetzt. Erstaunlich ist, dass die Kinder auf einmal mit den asymmetrisch geformten Blöcken die Aufgabe gar nicht mehr lösen können, obwohl ihnen dies in den vorhergegangen Sitzungen noch leicht gelungen ist. Sie wenden auch nicht mehr den anfänglichen Lösungsalgorithmus „Irgendwo aufsetzen → herunter fallen lassen → Verschieben in die Gegenrichtung → usw." an. Sie bezeichnen statt dessen diese Blöcke nun als „unmöglich zu balancieren" oder schlicht als „kaputt". Gegenstände balancieren eben in der Mitte!

Nun kann man die Kinder auffordern, bei ihren Versuchen die Augen zu schließen. So gelingt es ihnen wieder, die asymmetrischen Blöcke ins Gleichgewicht zu bringen. Auf diese Weise werden sie mit vielen Gegenbeispielen für ihre „Mittelpunkts-

Theorie" konfrontiert. Aber dies führt keineswegs dazu, dass sie diese Theorie gleich wieder aufgeben. Trotz der vielen Gegenbeispiele behalten sie die offensichtlich unzureichende Mittelpunkts-Theorie zunächst bei. Sie beginnen auch bei den asymmetrischen Blöcken nach wie vor damit, diese in der Mitte aufzusetzen und korrigieren diese Position dann nach und nach in Richtung des Schwerpunktes.

Erst in einem weiteren Schritt werden die Gegenbeispiele systematisch berücksichtigt. Nun versuchen die Kinder es bei den asymmetrischen Blöcken erst gar nicht mehr in der Mitte, sondern suchen gleich einen Punkt in der Nähe des geschätzten Schwerpunktes. Aufschlussreich ist jetzt ihr Umgang mit dem „Verborgenen-Gewicht-Block". Dieser Block, der äußerlich den symmetrischen Klötzen entspricht, aber eine deutlich spürbare asymmetrische Gewichtsverteilung hatte, bereitet den Kindern häufig erhebliches Kopfzerbrechen. Immer wieder versuchen sie erfolglos, ihn in der Mitte aufzusetzen. Dieses Verhalten zeigt, dass die Kinder ihre Mittelpunkt-Theorie noch immer nicht aufgegeben, sondern nur deren Geltungsbereich eingeschränkt haben: Diese Theorie beschreibt für sie den Normalfall – die asymmetrischen Blöcke werden mit einer anderen, parallelen Theorie, einer Theorie der Ausnahmen, behandelt. Es ist wiederum ein neuer Schritt, diese beiden koexistierenden Theorien des Normalfalls und der Ausnahmen zu einer konsistenten Gesamttheorie zu vereinigen, die dann dem physikalischen Konzept des Schwerpunktes entspricht.

Halten wir die einzelnen Schritte dieses Ablaufs noch einmal fest: (1) Entwicklung eines praktischen Handlungsschemas zur Lösung der Aufgabe; (2) Erforschung des Gegenstandes: Ziel ist nicht mehr der unmittelbare Handlungserfolg, sondern das Verständnis des Vorgangs; (3) Generalisierung einer impliziten Theorie aus relativ wenigen Beispielen; (4) Aufrechterhalten dieser ursprünglichen Theorie trotz vieler Gegenbeispiele; (5) Berücksichtigung der Gegenbeispiele führt nicht zum Aufgeben der ersten Theorie, sondern zur Generalisierung einer Theorie der Ausnahmen; (6) und in einem weiteren Schritt: Zusammenfassung der beiden Theorien zu einer konsistenten Gesamttheorie.

Dieser Ablauf, so Karmiloff-Smith (ebd.), lasse sich nun nicht nur bei diesem Experiment beobachten, sondern er charakterisiere sinngemäß alle Erkenntnisprozesse. Er treffe ebenso für individuelles Lernen in allen Altersstufen zu wie für den Gang der wissenschaftlichen Erkenntnis. Die Hypothesenbildung kann also als Grundprinzip des Lernens in dem Sinne beschrieben werden, dass Kinder sich nicht allein mit dem Erfolg zufrieden geben, sondern spontan zur Bildung und Überprüfung von Hypothesen tendieren. Dabei werden Hypothesen (theories-in-action) wie gesehen aus relativ wenigem empirischem Material gewonnen, generalisiert und lange auch gegen die empirische Evidenz aufrechterhalten.[5] Dieses Ignorieren von Gegenbeispielen ist insofern notwendig und rational, als wir gar nicht zur Entwicklung irgendeines, sei es noch so vorläufigen Konzeptes kämen, würden wir sofort alle Gegenbeispiele berücksichtigen.

Interessant bleibt das Schicksal der Ausgangshypothese. Sie wird nicht zwingend gleich revidiert oder aufgegeben, wenn die empirischen Gegebenheiten, die ihr widersprechen, schließlich doch berücksichtigt werden. Sie wird nur in ihrem Geltungsbereich eingeschränkt, und die Gegenbeispiele werden zu einer *Theorie der Ausnahmen* generalisiert.

Dieser Ablauf ist also durch eine Reihe von Übergängen charakterisiert:

— Von der Erfolgs- zur Verständnisorientierung: Entwicklung einer „handlungsleitenden Theorie"

— Von der Gewissheit zum Anerkennen der Ausnahmen: Generierung einer Theorie der Ausnahme

— Von der Koexistenz zur Integration: Entwicklung einer umfassenden Theorie

Karmiloff-Smith (1992) bezeichnet Übergänge dieser Art als *representational redescription* (ein Begriff, für den keine vernünftige deutsche Übersetzung vorliegt), ein Modell, das allgemein den Übergang von implizitem, prozeduralem Wissen (tacit knowledge oder knowing-how) zu explizitem, deklarativem Wissen (knowing-that) beschreibt. Allerdings versteht sie diesen Übergang nicht, wie ansonsten in der Kognitionspsychologie üblich, als einen einfachen, sondern als einen mehrstufigen Prozess. Auf die Details dieses Modells kann hier nicht weiter eingegangen werden (auch wenn dies für die Psychoanalyse, für das Verständnis des Verhältnisses zwischen bewussten und unbewussten Prozessen durchaus ertragreich sein könnte). Wichtig im vorliegenden Zusammenhang ist ihr empirisch gut begründeter Hinweis, dass der hier relevante erste Übergang von der Erfolgs- zur Verständnisorientierung daran geknüpft zu sein scheint, dass das Subjekt zuvor ein hinreichendes Maß der Handlungssicherheit gewonnen hat, das sie als „behavioral mastery" bezeichnet.

---

[5] Wenn man so will, ist die Theorie dabei in einer eigentümlichen Weise selbstreferentiell: Sie behauptet, dass das Lernen wesentlich darauf beruht, aus wenigen Erfahrungen generalisierte Theorien zu konstruieren. Und diese Theorie ist dann selbst wiederum auf der Basis einiger weniger Experimente entwickelt, behauptet aber universelle Gültigkeit!

Unsere eigenen Untersuchungen bei Kindern von Lernhilfeschulen deuten nun auf zwei Besonderheiten in der oben beschrieben experimentellen Situation hin: Zum einen tendieren diese Kinder dazu, schneller als ihre Altersgenossen zur Generierung einer handlungsleitenden Theorie zu gelangen. Das heißt, sie scheinen bereits eine Theorie zu entwickeln, ohne zu der besagten „behavorial mastery" zu gelangen. Danach sind sie allerdings kaum mehr bereit, diese handlungsleitende Theorie wieder in Frage zu stellen und die Gegenbeispiele zu berücksichtigen. Einmal etabliert, scheint die Theorie gegen jede Erfahrung resistent zu sein. Dieses Verhalten ist, wie oben ausführlich beschrieben, als Durchgangsstadium zwar völlig normal, scheint aber bei diesen Kindern so ausgeprägt zu sein, dass es jeden weiteren Lernschritt regelrecht blockiert. Einmal gewonnene Einsichten scheinen nicht mehr verflüssigt werden zu können.

In der Kognitionsforschung werden diese Übergänge unter dem Stichwort „conceptual change" untersucht (vgl. Schnotz u.a. 1999). Die emotionalen Aspekte dieses Prozesses werden bis heute weitgehend ignoriert (vgl. Stark 2003). Es scheint daher sinnvoll, einen Blick auf die besondere emotionale Belastung vieler Schülerinnen und Schüler der Schule für Lernhilfe zu werfen und sich dabei zu vergegenwärtigen, welche *emotionalen* Anforderungen sich bei Vorgängen der Reorganisation des Wissens und Könnens einstellen.

Emotionale Mangelerfahrungen

Es wurde oben bereits darauf hingewiesen, dass die Probleme vieler SchülerInnen der Schule für Lernhilfe im Bereich des Lernens mit Problemen im Bereich des Erlebens und Verhaltens einhergehen. Bei aller nötigen Vorsicht vor unzulässigen Verallgemeinerungen kann aus einer psychodynamischen Perspektive dennoch angenommen werden, dass die frühe Sozialisation vieler dieser Kinder und Jugendlichen durch gravierende emotionale Mangelerfahrungen geprägt ist. Dies führt zu einem Vorherrschen narzisstischer Problematiken. Mit anderen Worten: die Probleme der Kinder und Jugendlichen im Verhalten und Erleben werden weniger als Ausdruck eines inneren Konflikts, sondern eher als eingeschränkte Fähigkeit zur Affektregulation, insbesondere aber der Selbstwertregulation interpretiert. Rauchfleisch beschreibt ebenso eindrucksvoll wie anschaulich die zentralen Merkmale der narzisstischen Persönlichkeitsstruktur, bezogen auf Menschen, die als dissozial bezeichnet werden:

— Schwanken zwischen tief greifenden Insuffizienzgefühlen und kompensatorischen Omnipotenzphantasien:

„Ihre große narzisstische Kränkbarkeit und die daraus resultierende Frustrationsintoleranz lassen in ihnen eine extrem unangenehme Gefühlssituation entstehen, der sie sich durch impulsives Handeln und großspuriges Auftreten zu entziehen suchen. Da ein solches Ausweichen angesichts ihrer hohen Ich-Ideal-Forderungen jedoch inakzeptabel ist, bedarf es dann der nachträglichen, kompensatorischen Legitimierung durch Größenvorstellungen und Ansprüche, deren Erfüllung ihnen die Umwelt ihrer Meinung nach schuldig ist. Wo der depressive Mensch, der sich in einem ähnlichen narzisstischen Dilemma befindet, mit dem depressiven Affekt und dem Gefühl von Hilflosigkeit reagiert, sucht der dissoziale diesen Gefühlen durch Handeln auszuweichen. Größenphantasien müssen ihm dann helfen, sein narzisstisches Gleichgewicht wiederherzustellen" (Rauchfleisch 1999, 93)

— Extreme Abhängigkeit von narzisstischen Gratifikationen durch die Umwelt, dabei eine geringe Frustrationstoleranz, hohe Kränkbarkeit und unkontrollierbare Ausbrüche narzisstischer Wut:

„Neben den Insuffizienzgefühlen und Grandiositätsvorstellungen stellt die Abhängigkeit von narzisstischer Gratifikation durch die Umwelt ein weiteres zentrales Merkmal vieler dissozialer Menschen dar. In geradezu süchtiger Weise sind sie von der Zuwendung ihrer Umgebung abhängig. Selbst eine geringfügige Kritik oder auch nur eine vermeintliche Missachtung ihrer Person lösen bei ihnen schwere Selbstwertkrisen und zum Teil Ausbrüche massiver Aggressivität aus" (ebd., 99).

— Überfrachtung von Beziehungen mit Wünschen nach narzisstischer Bestätigung und passivem Versorgtwerden:

„Der Konflikt zwischen großen Fusionswünschen einerseits und der Angst vor dem dabei drohenden Verlust jeglicher Eigenständigkeit andererseits kennzeichnen die Partnerschaften vieler dissozialer Menschen. Immer wieder führen sie die gleiche Situation herbei: Mit überhöhten, oft völlig unrealistischen Erwartungen gehen sie Beziehungen zu Partnerinnen und Partnern ein, die gar nicht in der Lage sind, die Forderungen des Patienten zu erfüllen. Zutiefst enttäuscht und gekränkt ziehen sie sich daraufhin zurück, um sich oft ganz unvermittelt einem neuen Partner mit wieder den gleichen illusionären Ansprüchen zuzuwenden. So entsteht eine verhängnisvolle Spirale von Anklammerungsversuchen und Enttäuschungen, in der immer wieder von neuem die traumatische frühkindliche Situation agierend durchlebt wird" (ebd., 100).

Rauchfleisch bezeichnet es als die Tragik dieser Menschen, dass sie das, was sie sich am meisten ersehnen, nämlich eine enge Beziehung, gerade nicht zu ertragen vermögen.

Den hier vorrangig interessierenden Bezug zum Lernen stellt Rauchfleisch allenfalls implizit her, wenn er darauf verweist, dass die meisten seiner KlientInnen über ein niedriges Schulbildungsniveau verfügen. Pauline Kernberg hingegen bezeichnet schwere Lernstörungen bei Kindern als „ein häufiges und charakteristisches Symptom, das auf eine narzisstische Persönlichkeitsstörung" hindeutet (Kernberg, P. 1989, 196). Der hier benannte Zusammenhang zwischen Lernstörung und narzisstischer Störung wird allerdings von P. Kernberg nicht weiter systematisiert, wie auch sonst in der psychoanalytischen Literatur, von den oben bereits genannten Ausnahmen abgesehen, nur wenige Ansätze in dieser Richtung zu finden sind. Die bis hierhin angestellten Überlegungen können aber deutlich machen, dass dieser Zusammenhang zwischen labiler Selbstwertregulation und gestörter Lernfähigkeit struktureller Natur ist.

Der Zusammenhang zum Lernen und zur Lernstörung

Wenn es zutrifft, wie oben dargelegt wurde, dass Lernen nicht nur aus der Erweiterung von Wissens- und Könnensbeständen besteht, sondern eben auch aus der Reorganisation des bestehenden Wissens und Könnens, dann wird unmittelbar einleuchtend, worin die Probleme narzisstisch gestörter Kinder beim Lernen bestehen: Die Reorganisation des Wissens verlangt es, bestehende Gewissheiten auf die Probe zu stellen und, wenn notwendig, auch aufzugeben. Dies ist ohne einen zumindest temporären Kontrollverlust nicht zu machen. Und genau dieses für das Lernen an dieser Stelle unverzichtbare Erleben des Kontrollverlusts birgt hochgradig die Gefahr der Reaktivierung fundamentaler, biographisch tief verankerter Ohnmachtserfahrungen, die dann vor allem durch die Aktivierung von Grandiositätsphantasien abgewehrt werden müssen. Lernen wird für diese Kinder zu einem unkalkulierbaren Risiko, dem sie sich – aus subjektiv guten Gründen – nicht oder nur unter günstigen Bedingungen zu stellen vermögen.

Die strukturelle Lernstörung ist damit als Folge der eingeschränkten Fähigkeit zum Pendeln zwischen Konsolidierung und Verflüssigung einmal gewonnener Wissens- und Könnensbestände zu verstehen. Die Gründe hierfür liegen nicht in einem irgendwie gearteten Begabungsmangel, sondern sind biographisch hergestellt als Folge emotionaler Mangelerfahrungen und den damit einhergehenden narzisstischen Problematiken.

Rauchfleisch weist nun nachdrücklich darauf hin, dass diese Kinder und Jugendlichen äußerst negative Gegenübertragungsreaktionen auslösen können. Dies gilt für das therapeutische Setting, aber noch in viel höherem Maße für pädagogische Arrangements. Dies wiederum erklärt, warum die Lernbiographien dieser Kinder und Jugendlichen, trotz – oder gerade wegen – ihrer überhohen emotionalen Bedürftigkeit von häufigen Beziehungsabbrüchen gekennzeichnet sind.

Die verbreitete Überzeugung vieler Lehrerinnen und Lehrer, den Lernproblemen ihrer SchülerInnen vor allem auf der methodischen Ebene begegnen zu müssen, ist daher natürlich nicht falsch, greift aber eindeutig zu kurz. Mindestens genauso wichtig ist es, immer wieder neu darüber nachzudenken, wie ein möglichst angst- und beschämungsfreies Unterrichtsklima zu schaffen ist. In der klinischen Arbeit mit narzisstisch gestörten Kindern und Jugendlichen stellt sich, so Rauchfleisch, eine typische Übertragungs-Gegenübertragungs-Konstellation ein, in der

„Patient und Klient wechselweise die Rollen des sadistisch Kontrollierenden und Strafenden einerseits und des hilflos Ausgelieferten, vor Angst und Unsicherheit fast Erstarrten andererseits übernehmen und agieren" (1999, 156).

Ohne die sorgfältige Analyse ihrer Gegenübertragung werden sich auch Pädagoginnen und Pädagogen diesen brisanten Dynamiken nicht entziehen können. Rauchfleisch zeigt, wie leicht es dazu kommen kann,

„die uns zugewiesene Macht zur Legitimierung unserer Versuche, die Patienten sadistisch zu kontrollieren, [zu] missbrauchen und unser Vorgehen dann rationalisierend als ‚notwendige Strukturierung' oder ‚Grenzsetzung' [zu] legitimieren" (ebd., 155).

Damit wären in therapeutischen wie auch in pädagogischen und schulischen Kontexten den Kindern und Jugendlichen Lern- und Entwicklungsmöglichkeiten weitgehend verbaut.

Literatur

Becker, U. (1995): Trennung und Übergang. Repräsentanzen früher Objektbeziehungen. Tübingen
Bleidick, U. u.a. (1977): Einführung in die Behindertenpädagogik II. Blinden-, Gehörlosen-, Geistigbehinderten-, Körperbehinderten- und Lernbehindertenpädagogik. Stuttgart/Berlin/Köln, 1995
Bundschuh, K. (2003): Emotionalität, Lernen und Verhalten. Ein heilpädagogisches Lehrbuch. Bad Heilbrunn/Obb.
Ciompi, L. (1982): Affektlogik. Stuttgart
Ciompi, L. (1997): Die emotionalen Grundlagen des Denkens. Entwurf einer fraktalen Affektlogik. Göttingen, 1999

Damasio, A. (1994): Descartes' Irrtum. Fühlen, Denken und das menschliche Gehirn. München, 2004

Damasio, A. (1999): Ich fühle, also bin ich. Die Entschlüsselung des Bewusstseins. München, 2002

Dammasch, F.; Katzenbach, D. (Hrsg.) (2004): Lernen und Lernstörungen bei Kindern und Jugendlichen. Frankfurt a.M.

Deutsches PISA-Konsortium (Hrsg.) (2002): PISA 2000. Die Länder der Bundesrepublik Deutschland im Vergleich. Opladen: Leske und Budrich

Dohmen-Burk, R. (1992): Gestörte Interaktion und Behinderung von Lernen. Fallstudien zum Verhältnis affektiver und kognitiver Entwicklung bei früh traumatisierten Kindern. Heidelberg

Duckworth, E. (1979): Either we're too early and they can't learn it or we're too late and they know it already: The dilemma of "Applying Piaget". In: Harvard Educational Revue 49, 297-312

Eberwein, H. (Hrsg.) (1996): Handbuch Lernen und Lern-Behinderungen. Aneignungsprobleme. Neues Verständnis von Lernen. Integrationspädagogische Lösungsansätze. Weinheim/Basel

Fonagy, P.; Target, M. (2002): Ein interpersonales Verständnis des Säuglings. In: Hurry, A. (Hrsg.): Psychoanalyse und Entwicklungsförderung von Kindern. Frankfurt a.M.

Fonagy, P.; Gergely, G.; Jurist, E.; Target, M. (2002): Affektregulierung, Mentalisierung und die Entwicklung des Selbst. Stuttgart, 2004

Gasteiger-Klicpera, B.; Klicpera, C.; Hippler, K. (2001): Soziale Anpassungsschwierigkeiten bei lernbehinderten Schülern und Schülern mit speziellen Lernbeeinträchtigungen – Eine Literaturübersicht. In: Heilpädagogische Forschung, 27, 72-87 u. 124-134

Gomolla, M.; Radtke, F.-O. (2002): Institutionelle Diskriminierung. Die Herstellung ethnischer Differenz in der Schule. Opladen

Graf-Deserno, S. (1981): Gestörte Beziehungen – Gestörtes Lernen. Bensheim

Hildeschmidt, A.; Sander, A. (1996): Zur Effizienz der Beschulung sogenannter Lernbehinderter in Sonderschulen. In: Eberwein, H. (Hrsg.): Handbuch Lernen und Lern-Behinderungen. Aneignungsprobleme. Neues Verständnis von Lernen. Integrationspädagogische Lösungsansätze. Weinheim/Basel

Hinz, A.; Katzenbach, D.; Rauer, W.; Schuck, K.D.; Wocken, H.; Wudtke, H. (1998): Die Integrative Grundschule im sozialen Brennpunkt. Ergebnisse eines Hamburger Schulversuchs. Hamburg

HKM (Hessisches Kultusministerium) (Hrsg.) (1996): Richtlinien für Unterricht und Erziehung in der Schule für Lernhilfe. Frankfurt a.M.

Inhelder, B.; Sinclair, H.; Bovet, M. (1974): Apprentissage et structures de la connaissance. Paris

Izard, C. (1977): Die Emotionen des Menschen. Eine Einführung in die Grundlagen der Emotionspsychologie. Weinheim/Basel, 1981

Kaplan-Solms, K.; Solms, M. (2000): Neuro-Psychoanalyse. Stuttgart, 2003

Karmiloff-Smith, A. (1992): Beyond Modularity. Developmental Perspective on Cognitive Science. Cambridge/London, 1997

Katzenbach, D. (1999): Kognition, Angstregulation und die Entwicklung der Abwehrmechanismen. Ein Beitrag zum Verständnis behinderter Lernfähigkeit. In: Datler, W. (Hrsg.): Jahrbuch für Psychoanalytische Pädagogik, Bd. 10. Gießen

Kernberg, O. (1976): Objektbeziehungen und Praxis der Psychoanalyse. Stuttgart, 1981

Kernberg, P. (1989): Narzisstische Perönlichkeitsstörungen in der Kindheit. In: Kernberg, O. (Hrsg.): Narzißtische Persönlichkeitsstörungen. Stuttgart, 2001

KMK (Sekretariat der Ständigen Konferenz der Kultusminister) (Hrsg.) (1994): Empfehlungen zur sonderpädagogischen Förderung in den Schulen in der Bundesrepublik Deutschland. Bonn

KMK (Sekretariat der Ständigen Konferenz der Kultusminister) (Hrsg.) (2003): Sonderpädagogische Förderung in Schulen. 1993 bis 2002. Bonn

Krause, R. (1983): Zur Onto- und Phylogenese des Affektsystems und ihre Beziehungen zu psychischen Störungen. In: Psyche 38, 1016-1043

Kutzer, R. (1976): Zur Kritik gegenwärtiger Didaktik der Schule für Lernbehinderte – aufgezeigt an den Befunden empirischer Überprüfung rechendidaktischer Entscheidungen. Dissertation Universität Marburg

Leber, A. (1989): Der Zusammenhang zwischen emotionaler und kognitiver Entwicklung in der frühesten Kindheit. Jahrbuch der Kindheit. Weinheim

Leber, A. (1990): Der Konstruktivismus Jean Piagets in seiner Bedeutung für Theorie und Praxis der Psychoanalyse. In: Streeck, U.; Werthmann, H.-V. (Hrsg): Herausforderungen für die Psychoanalyse. München

Leber, A. (1995): Ein Schlüssel zum Verständnis menschlichen Verhaltens. Die Aktualität der Sorbonne-Vorlesung Jean Piagets für Theorie und Praxis.. In: Piaget, J. (1954): Intelligenz und Affektivität in der Entwicklung des Kindes. Frankfurt a.M., 1995

LeDoux (2002): Das Netz der Persönlichkeit. Wie unser Selbst entsteht. Düsseldorf/Zürich, 2003

Lichtenberg, J.D. (1983): Psychoanalyse und Säuglingsforschung. Berlin, Heidelberg, New York, 1991

106

Mand, J. (1996): Lernbehinderung als soziale Benachteiligung. In: Eberwein, H. (Hrsg.) (1996): Handbuch Lernen und Lern-Behinderungen. Aneignungsprobleme. Neues Verständnis von Lernen. Integrationspädagogische Lösungsansätze. Weinheim/Basel

Mand, J. (2004): Über den Zusammenhang von Lern- und Verhaltensproblemen. In: Zeitschrift für Heilpädagogik 55, 319-324

Niedecken, D. (1989): Namenlos. Geistig Behinderte verstehen. Neuwied, 1998

Petermann, F.; Wiedebusch, S. (2003): Emotionale Kompetenz bei Kindern. Göttingen/Bern/Toronto/Seattle

Rauchfleisch, U. (1999): Außenseiter der Gesellschaft. Psychodynamik und Möglichkeiten zur Psychotherapie Straffälliger. Göttingen

Saarni, C. (2002): Die Entwicklung sozialer Kompetenz in Beziehungen. In: Salisch, M. v. (Hrsg.): Emotionale Kompetenz entwickeln. Stuttgart

Schnotz, W.; Vosniadou, S.; Carretero, M. (eds.) (1999): New Perspectives on Conceptual Change. Oxford

Schore, A.N. (1994): Affect Regulation and the Origin of the Self. The Neurobiology of Emotional Development. Hillsdale/Hove

Schröder, U.; Wittrock, M. (Hrsg.) (2002): Lernbeeinträchtigung und Verhaltensstörung. Konvergenzen in Theorie und Praxis. Stuttgart

Stark, R. (2003): Conceptual Change: kognitiv oder situiert? In: Zeitschrift für Pädagogische Psychologie 17, 133-144

Stern, D. (1985): Die Lebenserfahrung des Säuglings. Stuttgart, 1992

Thelen, E.; Smith, L. (1994): A Dynamic Systems Approach to the Development of Cognition and Action. Cambridge, 1996

Weber, J.-C. (1988): Die Sprache des Abwesenden. Heidelberg

Wember, F. (1986): Piagets Bedeutung für die Lernbehindertenpädagogik. Untersuchungen zur kognitiven Entwicklung und zum schulischen Lernen bei Sonderschülern. Heidelberg

Werning, R.; Lütje-Klose, B. (2003): Einführung in die Lernbehindertenpädagogik. München

Wocken, H. (2000): Leistung, Intelligenz und Soziallage von Schülern mit Lernbehinderungen. In: Zeitschrift für Heilpädagogik 51, 492-503

Zeeman, E.C. (1977): Catastrophe theory: Selected papers, 1972-1977. Reading

Lernen findet nicht nur im Kopf statt

Über die wechselseitige Beeinflussung von kognitiven und emotionalen Prozessen in der kindlichen Entwicklung

Joachim Heilmann

> *„Ein Kind, dessen Mutter gestorben ist und das in seinem Aufgabenheft Vergangenheit, Gegenwart und Zukunft durcheinander wirft, braucht keinen Grammatikunterricht.“*
> (Sinason 2000, 39)

Die PISA-Studie scheint viele Eltern ebenso wie auch Erzieherinnen, Lehrerinnen und Lehrer verunsichert zu haben. Besonders die Eltern scheinen im Hinblick auf eine realistische Einschätzung der Fähigkeiten und Schwierigkeiten ihrer Kinder verstärkt zu extremen Positionen zu tendieren. Manchmal kann man den Eindruck gewinnen, als gebe es fast nur noch hyperaktive oder hochbegabte Kinder. Diese Extremvorstellungen dominieren jedenfalls oft die Elternphantasien. Immer häufiger zeigen sich Eltern entweder besorgt über die Verhaltensweisen ihrer Kinder und stufen sie schnell als hyperaktiv (das zurzeit bevorzugte Prädikat für *abweichendes Verhalten*) ein oder sie überschätzen und überhöhen die Fähigkeiten ihrer Kinder und verdächtigen sie als hochbegabt. Im einen Fall treibt sie die Suche nach dem geeigneten Medikament, im anderen befürchten sie, dass ihr Kind nicht ausreichend seinen außergewöhnlichen Talenten entsprechend gefördert werden würde. Diese Haltung wird zudem viel zu oft auch von professioneller Seite komplementär bedient. Auch auf die Kita- und Schulpolitik nehmen die Auswirkungen der PISA-Studie zuweilen groteske Züge an. Statt für eine bessere personelle Ausstattung sowie fachlich qualifiziertes Personal in Kindertagesstätten, Vor- und Grundschulen zu sorgen, werden von Politikern aller Couleur zuerst stark schulorientierte Maßnahmen gefordert und eingeführt. Der kognitive Bereich der kindlichen Entwicklung wird isoliert gesehen, überbetont und überbewertet, der emotional-affektive

Bereich dagegen eher unterschätzt, vernachlässigt oder gar ignoriert und ausgeklammert. Dahinter lassen sich leicht offensichtlich sehr tief sitzende Ängste vor unkontrollierbaren Emotionen erkennen, denen nun mit einer übertriebenen und letztendlich sinnlosen Aufregung begegnet wird. Etwas überspitzt formuliert könnte man sagen, dass wir als verantwortungsvolle (psychoanalytische) Pädagoginnen und Pädagogen darauf achten müssen, dass nicht auch noch versucht wird, die Pubertät in den Kindergarten vorzuverlegen, damit die mit dieser Entwicklungszeit einhergehenden Konflikte den Schulbetrieb nicht unnötig stören.

Was können wir als psychoanalytische Pädagoginnen und Pädagogen dazu beitragen, dass diese Missverhältnisse geändert werden können? Wie könnte diesen Tendenzen entgegengewirkt werden?

Zunächst einmal sollte versucht werden, dafür zu sorgen, dass die übliche Trennung und Unterteilung der verschiedenen Entwicklungsbereiche in kognitive, emotional-affektive, sensorische, sprachliche, motorische und soziale Entwicklung aufgehoben werden.

Es ist nur bedingt zulässig, die menschliche Entwicklung in kognitive Prozesse einerseits und in emotional-affektive Prozesse andererseits aufzuspalten. Insbesondere die Ergebnisse der Pränatalforschung zeigen auf, wie sehr sich diese beiden Bereiche bereits von der frühen Schwangerschaft an in gegenseitiger Wechselbeziehung entwickeln. Wenn wir über einzelne Aspekte der kindlichen Entwicklung sprechen wollen, müssen wir zwar so tun, als handle es sich um isolierte bzw. von einander abgrenzbare Bereiche – wir müssen dabei jedoch die jeweiligen anderen Bereiche immer gleichzeitig mitdenken.

Lerntheorien und Lernprozesse

Was ist Lernen – wie laufen Lernprozesse ab?

— Lernen umfasst die Aneignung von Informationen.

— Lernen ist eine Veränderung des Verhaltens oder der Wahrnehmung.

— Lernen umfasst alle Verhaltensänderungen, die aufgrund von Erfahrungen zustande kommen.

— Lerntheorien (oder auch Verhaltenstheorien) sind Versuche, die Kenntnisse über das Lernen zu systematisieren und zusammenzufassen

- Lerntheorien beschreiben Bedingungen, unter welchen sich Lernprozesse vollziehen können.

- Der Behaviorismus befasst sich z.B. mit den objektiven und beobachtbaren Komponenten des menschlichen Verhaltens, d.h. mit den Reiz- und Reaktionsvorgängen.

- Dabei wird zwischen respondenten und operanten Verhaltensweisen unterschieden.

- Soziales Lernen kann auf das Lernen von Verhaltensweisen bezogen werden, die einer bestimmten Kultur angemessen sind.

Piagets Lerntheorie kann mit folgenden Aussagen dargestellt werden:

- Der Erwerb des Wissens ist ein allmählicher Entwicklungsprozess, der durch die Interaktion des Kindes mit seiner Umwelt ermöglicht wird.

- Die Art, in der das Kind die Welt erlebt und darstellt, ist eine Funktion seines Entwicklungsstadiums. Dieses Stadium ist durch die zu diesem Zeitpunkt vorhandenen Denkstrukturen definiert.

- Reifung, Umwelt, Gleichgewichtsstreben (Equilibrierung) und Sozialisation sind die das Lernen formenden Kräfte.

Lernen aus psychoanalytischer Sicht:

- Abstimmungsprozesse zwischen Mutter und Kind bestimmen von Beginn an den Verlauf der frühkindlichen Entwicklung. Im frühen Dialog mit der Mutter erfährt der Säugling eine Regulation seiner Bedürfnisse, seiner Affekte und seiner Wünsche zur Kommunikation (vgl. Gerpsach 2001, 58).

- Diese interaktiven Austauschprozesse finden überwiegend unbewusst statt.

- Mit Hilfe einer „ausreichend guten Mutter" (Winnicott) entwickelt sich das Kind in einem Loslösungs- und Individuationsprozess (vgl. Mahler 1978) aus einem ursprünglich überwiegend symbiotischen Zustand über eine idealtypisch den jeweiligen Fähigkeiten und Bedürfnissen des Kindes angepassten Desillusionierung (Winnicott) hin zu einem Kleinkind, das auf der Basis von *ausreichend positiven symbiotischen Erfahrungen* genügend positive Selbst- und Objektrepräsentanzen entwickelt hat. „Psychisches Wachstum heißt, in einem dialektischen Austauschprozess emotionale Erfahrungen zu machen und diese in sich zu bewahren, um daraus lernen zu können" (Heinzmann 2003, 109).

- „Und psychisch zu wachsen bedeutet, dass im Selbst die verbindenden Prozesse gegenüber den trennenden überwiegen. Es müssen Verbindungen geschaffen werden zwischen Körper und Psychischem, zwischen Psychischem und Denken, zwischen innen und außen. Dazu bedarf es der Ausrichtung der Aufmerksamkeit auf die jeweiligen Prozesse" (Heinzmann 2003, 110).

- Wenn die Richtung der Aufmerksamkeit nach außen zu früh erzwungen wird, dann werden innere Integrationsprozesse gestört (Heinzmann 2003, 110).

- Dementsprechend folgt: „Ein isoliertes Üben von Einzelfunktionen reißt diese nicht nur aus dem Zusammenhang des netzförmigen Verarbeitungsgeschehens, sondern fördert auch nicht das komplexe Zusammenspiel, das notwendig ist, damit ein Mensch aus seinen vielschichtigen Alltagsbedingungen das herauslesen kann, was er zur Wahrnehmung und Deutung seines Welt- und Selbstbezugs benötigt" (Schäfer 1999, 42).

In den meisten Theorien zur kindlichen Entwicklung überwiegen lineare Beschreibungen – die kindliche Entwicklung wird in Phasen, Stadien, Stufen etc. zu erfassen versucht, meist verbunden mit zeitlichen Zuordnungen der jeweils postulierten Entwicklungsniveaus. Das mehr oder weniger gelungene Durchlaufen dieser überwiegend Phasen und Stadien genannten Entwicklungsabschnitte wird als Voraussetzung für die Bewältigung der jeweils folgenden Phasen oder Stadien verstanden.

- Freud unterscheidet die orale (1. Jahr), die anale (2. Jahr) und die phallisch-ödipale Phase (3.-6. Jahr).

- Mahler unterteilt den Loslösungs- und Individuationsprozess in die normale autistische und die normale symbiotische Phase und die darauf folgenden vier Subphasen (Differenzierung und Entwicklung des Körperschemas; das Üben – freie und aufrechte Fortbewegung; Wiederannäherung; Konsolidierung der Individualität und die Anfänge der emotionalen Objektkonstanz) (vgl. Mahler 1978).

— Bei Spitz folgt der objektlosen Stufe die Stufe der Objektvorläufer und die Stufe des eigentlichen libidinösen Objekts. Er beschreibt zudem die drei Organisatoren der Psyche (Lächelreaktion; Fremdeln; „Nein"), die ebenfalls zeitlich einander folgen und wichtige Entwicklungsstadien markieren (vgl. Spitz 1989).

— Bei Piaget beginnt das Leben mit der senso-motorischen Entwicklung des Kindes, die seiner Meinung nach in sechs unterscheidbaren Stadien verläuft. Eine wichtige Errungenschaft dieser frühen Entwicklungsstufe ist die *Objektpermanenz* und die *Symbolfunktion*. Die Fähigkeit zu symbolisieren ist auch besonders für die Entwicklung der Sprache von großer Bedeutung. Piaget unterteilt die kindliche Entwicklung des weiteren in die präoperative Phase (2-7 Jahre), welche nochmals unterteilt werden kann in präkonzeptuelles (vorbegriffliches) Denken (2-4 Jahre) und in die Periode des intuitiven (anschaulichen) Denkens (4-7 Jahre). Dann folgt die Phase der konkreten Operationen (7-11/12 Jahren) sowie als letztes Stadium der Entwicklung des menschlichen Denkens (11-15 Jahren) die Fähigkeit zu formalen Denkoperationen mit der Fähigkeit zur Bildung von Hypothesen (vgl. Buggle 1997, Ginsburg und Opper 1998).

— Stern unterscheidet vier Arten des Selbstempfindens, die ebenfalls in einer zeitlichen Abfolge beschrieben werden. Zuerst gibt es das Empfinden des auftauchenden Selbst, dann des Kernselbst, dann des subjektiven Selbst und schließlich zwischen dem 17. und 24. Monat das Empfinden eines verbalen Selbst (vgl. Stern 1992).

Diese Aufzählung ließe sich noch beliebig fortsetzen. In der motorischen Entwicklung wird z.B. darauf geachtet, ob ein Kind die Krabbelphase „durchlaufen" oder „übersprungen" hat, wie weit es in seiner grob- bzw. feinmotorischen Entwicklung „fortgeschritten" ist. Je nach Fachgebiet oder Interessenschwerpunkt des jeweiligen Autors wird auf bestimmte Entwicklungsbereiche bzw. Entwicklungsaspekte eine besondere Aufmerksamkeit gelegt. So hatte z.B. Piaget mehr die kognitive und Freud mehr die emotionale Entwicklung des Kindes im Auge. Es ist aber auch bekannt, dass sowohl Freud als auch Piaget nie den jeweils anderen Bereich aus den Augen verloren haben (vgl. Ciompi 1982, Leber 1995). Ciompi versucht z.B. diese beiden Bereiche zusammenzubringen, indem er den Begriff der „Affekt-Logik" eingeführt hat. Nach Ciompi gibt es weder eine Logik ohne affektive Beteiligung noch eine Emotion, die nicht auch nach einer inneren logischen Struktur verlaufen würde. Die Ergebnisse der Pränatalforschung (vgl.

Piontelli 1996) und der modernen Säuglingsbeobachtung (vgl. Dornes 1993) bestätigen zudem die Tatsache, dass die verschiedenen Entwicklungsbereiche in einer ständig sich wechselseitig beeinflussenden Weise ablaufen.

Lernen findet nicht nur im Kopf statt

Kinder erobern sich ihre Welt über Bewegung und Wahrnehmung und entwickeln dabei ihre Persönlichkeit. Die Motorik kann als „Motor" der gesamten körperlich-motorischen und geistig-seelischen kindlichen Entwicklung angesehen werden. Ein kleines Kind nimmt seine Umwelt weniger über Denken und Vorstellungen auf als vielmehr über seine Sinne, seinen Körper, seine unmittelbaren Handlungen. Diese Erfahrungen sind Grundlage für die geistige Entwicklung, da sie es dem Kind ermöglichen, Vorstellungen zu gewinnen, Ursache und Wirkung zu begreifen und zu abstrahieren. Kinder „be-greifen" im wahrsten Sinne des Wortes ihre Umwelt, lernen Eigenschaften und physikalische Gesetzmäßigkeiten von Dingen mit ihrem Körper und allen Sinnen kennen (vgl. Zimmer 2000).

Wenn wir über die kindliche Entwicklung sprechen, müssen wir also so tun, als würden wir über einzelne Teilbereiche sprechen. Tatsächlich sollten wir aber immer die jeweils anderen Bereiche mitdenken bzw. mit berücksichtigen. Von Lüpke fordert deshalb eine Revision der Entwicklungspsychologie des jungen Säuglings. Sie könne nicht mehr gesehen werden unter dem Aspekt eines Neubeginns, sondern unter dem einer Fortsetzung, eines ständigen Vergleichs zwischen bereits Bekanntem und neu Erlebten. Es ist demnach anzunehmen, dass in der Art der Wahrnehmung wie sie z.B. beim Schnuller-Experiment[1] zum Ausdruck kommt, eine besondere Bedeutung für Erinnerungen zukommt, vor allem bei Übergängen zwischen Phasen mit unterschiedlicher Umwelterfahrung. „So können offensichtlich

---

[1] Das Schnuller-Beispiel verdeutlicht, dass ein Säugling etwas nicht gesehen haben muss, um es trotzdem über das Sehen wieder erkennen zu können. „Gibt man 20 Tage alten Kindern einen Schnuller mit Noppen zum Saugen und zeigt ihnen hinterher die Bilder von zwei Schnullern – einen mit Noppen, einen ohne –, so blicken sie länger den genoppten Schnuller an. Sie stellen also anscheinend eine Verbindung her zwischen dem, was sie im Mund gefühlt haben, und dem, was sie sehen. Natürlich ist dabei sichergestellt, dass der Schnuller, an dem sie gesaugt haben, dabei nicht gesehen worden ist" (Mcltzoff und Borton 1979, zit. n. Dornes 1993, 43). Das bedeutet aber auch, dass frühere Wahrnehmungen auf einem Sinneskanal (auch vorgeburtliche!) eine Wirkung auf spätere Wahrnehmungen auf anderen Sinneskanälen haben können.

die kontinuierlichen Beziehungserfahrungen während der Schwangerschaft, vermittelt über hormonale, akustische, vestibuläre, olfaktorische und taktile Signale im Uterus später auch der bis dahin kaum aktivierten Sinnesmodalität des Sehens zugänglich werden" (Lüpke 2001, 21).

Wie „die sensorischen Möglichkeiten des Säuglings, seine primäre Ausstattung mit Affekten und seine kognitiven Fähigkeiten ineinandergreifend sein Verlangen nach Interaktion und Kommunikation unterstützen", wird von More beschrieben (vgl. More 1998, 228).

Die neurobiologische Forschung hat nachweisen können, wie sehr sich frühe traumatische Erfahrungen gerade auch auf die Hirnentwicklung auswirken können. Demnach kann das Gehirn als ein soziales Produkt angesehen werden, als ein Organ, welches durch soziale Beziehungen strukturiert wird. Der Zusammenhang von sicheren Bindungserfahrungen als Grundlage emotionaler Sicherheit, Wahrnehmungsfähigkeit, Motorik und die Fähigkeit und Motivation zu sozialen Beziehungen einschließlich der Fähigkeit zu Empathie und Introspektion wird dabei deutlich. Für Störungen der Hirnentwicklung sind deshalb auch Störungen des emotionalen Gleichgewichts verantwortlich (vgl. Hüther 2003).

Als Ausgangspunkt des *Loslösungs- und Individuationsprozesses* kann wohl nicht länger die von Mahler postulierte *normale autistische Phase* angesehen werden. Trotz aller „Kompetenzen" und differenzierter Wahrnehmungsmöglichkeiten befindet sich der Säugling aber unmittelbar nach der Geburt in einem überwiegend symbiotisch geprägten Verhältnis zu seiner Umwelt, d.h. er kann sich noch nicht als getrenntes Individuum erleben. Nach Winnicott lässt sich formulieren, dass es für die erste Zeit nach der Geburt für den Säugling und seine Entwicklung von Vorteil ist, wenn sich sowohl die Mutter als auch der Vater auf die symbiotischen Bedürfnisse des Säuglings einstellen können. Winnicott verweist zu Recht darauf, dass beide Elternteile idealtypisch vorübergehend in einen *psychoseähnlichen Zustand* verfallen müssen, um empathisch auf die Bedürfnisse des Säuglings eingehen zu können. Es sollte aber herausgestellt werden, dass die Prozesse, die mit dem Begriff der Symbiose erfasst werden sollen, dynamischer verstanden werden müssen, als wie Symbiose in ihrer ursprünglich biologischen Bedeutung bzw. Verwendung gemeint ist. Die Wechselseitigkeit, auf die Bettelheim (vgl. Bettelheim 1977) besonders hingewiesen hat in den Beziehungen zwischen dem Säugling und seinen primären Bezugspersonen/-objekten, erhält in diesen Prozessen eine herausragende Bedeutung. Zum anderen erfasst die Symbiose m.E. von Beginn an mehr als die dyadische Mutter-Kind-Beziehung, denn die Rolle des Vaters, sei es als Anwesender oder Abwesender, prägt die frühe Beziehungsdynamik zwischen Mutter und Säugling wesentlich mit. Eine wichtige Funktion des Vaters besteht, neben dem direkten persönlichen Kontakt zum Säugling selbst, darin, dass er durch die Unterstützung der Mutter deren Symbiosebereitschaft ermöglichen bzw. erleichtern kann.

Die Bedeutung von ausreichend positiven symbiotischen Erfahrungen für die Individuation und die Entwicklung der Symbolbildung

Solange sich der Säugling noch in einem frühen Zustand der symbiotischen Verschmelzung mit seiner Umwelt, und das heißt in erster Linie mit seiner Mutter, befindet, kann er noch nicht zwischen „Ich" und „Nicht-Ich" differenzieren. Erst im Laufe des nun langsam einsetzenden *Loslösungs- und Individuationsprozesses* (Mahler) beginnt der Säugling sich über den Vorgang der „Desillusionierung" (vgl. Winnicott 1969) aus der „halluzinatorisch-illusorischen, somatopsychisch-omnipotenten Fusion" (Mahler) mit der Mutter herauszuentwickeln. Dadurch, dass die Mutter in der Lage ist, sich ganz auf ihr Kind einzustellen, d.h. eine „ausreichend gute Mutter" (Winnicott) zu sein, gibt sie dem Kind die Illusion, dass das Objekt, z.B. die Brust, das seine Bedürfnisse befriedigt, zu seinem Selbst gehört. Damit befindet sich die Brust unter der magischer Kontrolle des Säuglings, er kann sich omnipotent fühlen und erleben. Die Mutter gibt mit ihrer Anpassung an die Bedürfnisse des Säuglings ihm somit auch die Illusion, dass es eine äußere Realität gibt, die mit seinen schöpferischen Fähigkeiten, die Brust für sich selbst zu erschaffen, korrespondiert (vgl. Winnicott 1976). Der Prozess der „Desillusionierung" wird dadurch ermöglicht, dass die Mutter durch „optimale Frustrierung" dem Säugling dabei behilflich ist, zunehmend besser zwischen innerer und äußerer Realität zu unterscheiden, d.h. die Fähigkeit zu entwickeln, ein Objekt als „Nicht-ICH" zu erkennen und sich selbst als getrennt von der Mutter zu erleben. Die Art und Weise der Bewältigung der Ängste des Säuglings, die während dieser Prozesse zwangsläufig entstehen und auftreten, ist für die Symbolbildung und damit verbunden für die Ichentwicklung von zentraler Bedeutung (vgl. Klein 1995). „Damit erhält die Symbolbildung eine äußerst wichtige Funktion, weil sie nicht nur die Kommunikation zwischen den Individuen ermöglicht, sondern die Psyche strukturiert und ihr die Möglichkeit gibt, eine Vorstellungs- und Phantasiewelt aufzubauen, die in ihrer Widersprüchlichkeit einen inneren Dialog zulässt und die die Durchlässigkeit vom unbewussten über das Vorbewusste zum bewussten Erleben garantiert; womit letztlich ein Zugang zum Unbewussten überhaupt erst möglich wird" (Stork 1995, 38). Je weniger der Säugling in der Lage ist bzw. *lernt*, Angst zu ertragen, um so stärker wird dies seine weitere Entwicklung hemmen oder gar wichtige frühe Entwicklungsschritte scheitern lassen. „Ein genügendes Ausmaß an Angst ist die Grundlage für eine reiche Symbolbildung und Phantasietätigkeit – eine genügende Fähigkeit des Ichs, Angst zu ertragen, ist die Vorbedingung für eine gelungene Verarbeitung dieser Angst, den günstigen Verlauf dieser grundlegenden Phase und das Gelingen der Ichentwicklung" (Klein 1995, 17). Winnicott betont den entwicklungsfördernden Aspekt von Versagungen, die natürlich stark mit den bereits vorhandenen Fähigkeiten des Säuglings, diese aushalten zu können, abgestimmt sein müssen.

Übergangsphänomene und Übergangsobjekte
Eine wichtige Funktion in diesem Prozess spielen so genannte *Übergangsphänomene* und *Übergangsobjekte* (vgl. Winnicott 1969). Sie treten in den Bereich der Illusion und schaffen einen neutralen Erfahrungsbereich, in dem kreatives Spiel beginnt. Aus den *Übergangsphänomenen* wie z.B. Streicheln des Gesichts, dem Lutschen und Saugen an Fingern und dem Zipfel der Bettdecke, gehen *Übergangsobjekte* hervor, die eine zum Teil lebenswichtige Bedeutung erlangen können; z.B. beim Einschlafen als Angstabwehr, vor allem aber gegen depressive Ängste. Überhaupt sind *Übergangsobjekte* Gegenstände, die zur Angstabwehr benutzt werden. Kurz vor dem Verlust des *Übergangsobjektes*, d.h. wenn das Kind begonnen hat, es nicht mehr nötig zu haben, wird dieses manchmal übertrieben gebraucht. Winnicott sieht in diesem Vorgang den Ausdruck der Verleugnung, dass es tatsächlich überflüssig zu werden droht[2].

Der Erlebnis- bzw. Erfahrungsbereich, der zwischen dem Daumenlutschen und der Liebe zum Teddybären liegt, d.h. zwischen oraler Autoerotik und echter Objektbeziehung, kennzeichnet den *intermediären Raum* (Winnicott). In den *intermediären Raum*, der zur Unterscheidung von subjektiver und objektiver Wahrnehmung beitragen hilft, gehören das Lallen des Säuglings ebenso wie die Verwendung von Objekten, die nicht Teil des kindlichen Körpers sind, jedoch noch nicht völlig als zur Außenwelt gehörig erkannt werden. Winnicott sieht in den

---

[2] Im Gegensatz zu der Funktion von *Übergangsobjekten* in der normalen kindlichen Entwicklung, die als vorübergehende Erscheinung langsam an Bedeutung verliert, haben so genannte *autistische Objekte* (Tustin) bei autistischen Kindern einen starren, ausschließlichen Fetischcharakter (vgl. Tustin 1989).

Übergangsobjekten die Wurzeln der Symbolbildung. Das Wesentliche an ihnen ist jedoch nicht so sehr der Symbolwert als vielmehr ihr tatsächlicher Wert.

Wenn man bedenkt, wie wichtig das Symbolspiel für Kinder bei Konfliktverarbeitungsprozessen ist, wird leicht nachvollziehbar, dass viele Schwierigkeiten bei verhaltensauffälligen oder entwicklungsgestörten Kindern in den Bereichen Kommunikation, Beziehung und Wahrnehmung so ausgeprägt sind. Freud sieht im Spiel des Kindes die Verbindung zwischen der äußeren Realität, der psychischen Realität und dem wunscherfüllenden Phantasieleben (vgl. Freud 1999, 214). Gelingt es dem Kind nicht, diese Verbindung herzustellen, entfällt eine, wenn nicht die wichtigste Möglichkeit, mit Konfliktsituationen angemessen fertig zu werden. Wie oben darzustellen versucht wurde, braucht das Kind in seinen frühen Entwicklungsstadien dafür zunächst die Hilfe der Mutter sowie weiterer konstanter Bezugspersonen, bis es über einen langen und schwierigen Entwicklungsprozess sowie *genügend positive symbiotische Erfahrungen* allmählich in die Lage kommt, durch symbolische Konfliktverarbeitung zunehmend besser alleine zurechtzukommen[3].

Einen interessanten Beitrag zum Verständnis für das Zusammenspiel emotionaler und kognitiver Prozesse liefert auch die „Theorie des Denkens" von Bion (vgl. Bion 1995). Bion zufolge existieren bereits Gedanken, bevor das Kind überhaupt in der Lage ist zu denken, d.h., bevor es einen entsprechenden Denkapparat entwickelt hätte. Demnach ist der Säugling mit „einer seelischen Anlage" ausgerüstet, mit der er schon geboren wird. Dazu gehören bestimmte Erwartungshaltungen, die Bion als Präkonzeptionen bezeichnet hat. Trifft auf eine solche Präkonzeption ein passendes „Realerlebnis", kommt es zur Ausbildung einer Konzeption. Wichtig ist die Fähigkeit, Versagungen in ausreichendem Maße ertragen und aushalten zu können. Bions Theorie nach ist dies der Grundstein, auf dem Denkprozesse entwickelt werden können. „Wenn die Fähigkeit, Versagung zu ertragen, ausreicht, dann wird die ‚abwesende Brust' im Innern zu einem Gedanken, und es entwickelt sich ein Apparat, um diesen Gedanken zu ‚denken'" (Bion 1995, 227).

---

[3] Entfällt aber diese symbolische Konfliktverarbeitungsmöglichkeit, wie z.B. im Extremfall beim autistischen Kind, so bleiben häufig die bekannten, überwiegend stereotyp gebrauchten Verarbeitungsmechanismen als einziger Ausweg: körperliche Abfuhrmöglichkeiten wie unstetes Hin- und Herlaufen; Schaukeln mit dem Oberkörper; Wedeln der Hände sowie selbstverletzende Verhaltensweisen wie z.B. in die Hand beißen, Kopfschlagen etc.

Was haben diese Erkenntnisse für Auswirkungen auf pädagogisches und therapeutisches Handeln?

Zuerst muss herausgestellt werden, dass Entwicklungen immer nur durch wechselseitige, interaktive Austauschprozesse zwischen dem Kind und seiner Umwelt stattfinden können. Das bedeutet, dass das Kind immer in hohem Maße aktiv an seiner Entwicklung beteiligt ist.

Welche Auswirkungen kann das auf behinderte oder von Behinderung bedrohte Kinder haben? Wissenschaftliche Untersuchungen konnten die Wirksamkeit von Frühfördermaßnahmen prinzipiell bestätigen. Es mussten aber viele Grundannahmen der Frühförderung revidiert werden. Es zeigte sich, dass das Kind nur solche heilpädagogisch-therapeutischen Förderungen in funktionelle Schritte umzusetzen vermag, die seiner Motivation und seinem Handlungsrepertoire entsprechen. Das Kind ist also immer der „Akteur seiner Entwicklung" (vgl. Kautter, Heckel und Sautter 1998).

Der Erwerb der Symbolfunktion ist ein (wenn nicht der) entscheidende Kristallisationspunkt in der kindlichen Entwicklung. Die Fähigkeit zur Symbolbildung ist für das Kind die Voraussetzung dafür, sich in spielerischer Weise der Wirklichkeit zu nähern und Konflikte zu bewältigen (vgl. Segal 1996, 136 ff.).

Gerspach formulierte in einem Radiointerview zum Thema „Bemerkungen zu Konsequenzen der PISA-Studie für den Kindergarten" (schriftliche Fassung des Radiobeitrages in „Unterwegs in Hessen"/HR 1 vom 10.09.2002) wesentliche Thesen zu den Konsequenzen für die Psychoanalytische Pädagogik – insbesondere im Vorschulbereich:

— Die Eigenaktivität des Kindes muss im Zentrum aller Überlegungen stehen.

— Das lernende Kind setzt sich selbstständig mit seiner Umwelt und ihren Widersprüchen und Widerständen auseinander und versucht, die Probleme, die sich daraus ergeben, zu lösen.

— Lernen bedeutet also, dass sich in diesem Prozess der Auseinandersetzung mit der Welt die Denkstrukturen im Kind aufbauen und verändern.

— Das Kind entwirft ein eigenes Bild von Welt – es konstruiert seine Wirklichkeit.

— Schließlich entsteht daraus ein Sinnganzes: Denken und Handeln können jetzt zum Problemlösen verwendet werden. Dies kann man getrost als Aufbau von Intelligenz begreifen.

— Der Vorgang der Intelligenzentwicklung ist ein sehr persönlicher, bezogen auf die ganz unterschiedlichen Lernvoraussetzungen und individuellen Eigenheiten eines Kindes.

— Lernen braucht Zeit, und dies gilt umso mehr, je jünger ein Kind ist.

— Das Kind muss Sicherheit finden, um sich neuen Herausforderungen zu stellen.

— Das Kind muss Sicherheit im denkenden und handelnden Umgang mit der Welt haben.

— Das heißt – und das wird kaum gesehen –, dass das Kind emotionale Stabilität braucht, um angemessen lernen zu können. Das gilt besonders für kleine Kinder.

— Sie benötigen stabile Beziehungen, um sich den Herausforderungen stellen zu können.

— Denn neue Herausforderungen schaffen Verunsicherungen, mit denen man sich nur konfrontiert, wenn man sich sicher fühlt, sein inneres Gleichgewicht auf einem jetzt höheren Niveau wiederzufinden.

— Die erste Aufgabe des Kindergartens ist es, diese Sicherheit zu vermitteln, damit ein Kind das oft quälende Wagnis auf sich nimmt, Neues lernen zu wollen.

— Ein Kind baut nur seine gedanklichen Strukturen auf, wenn es dies selbst will (und kann).

— Man kann es nicht antreiben.

— Solange Lernprogramme diese grundsätzlichen Zusammenhänge zwischen emotionaler und kognitiver Entwicklung übersehen, werden sie Lernunlust zementieren.

— Kinder sind dann, wenn sie sich emotional gehalten fühlen, neugierig auf die Welt.

— Förderung muss individuell ausgerichtet sein.

– Es gibt keine homogenen Gruppen in dem Sinne, dass in einer Lerngruppe alle auf dem gleichen Stand wären.

– Kinder bringen unterschiedliche Lernvoraussetzungen mit (individueller wie sozialer bzw. soziokultureller Art).

Emotionale Ursachen von Lernstörungen

Unter dem Begriff der Lernstörungen werden u.a. folgende Lern- und Denkprobleme gefasst: Konzentrations- und Aufmerksamkeitsstörungen, Lese-Rechtschreibschwäche, Rechenschwäche, partielle oder allgemeine Entwicklungsverzögerung sowie Sprach- und Lernbehinderung. Die Ursachen für diese Störungen werden heutzutage multifaktoriell beschrieben – es können unterschiedliche und teils auch mehrere Ursachen zugrunde liegen. Ungeachtet der möglichen Existenz von organischen, genetischen und sonstigen Ursachen gibt es fast immer auch eine seelische Komponente bei einer Lernstörung, die sich im Laufe des Lebens entfaltet und die in der Regel bis in die frühe Kindheit zurückzuverfolgen ist. Lernen findet immer in emotionalen Beziehungen statt.

„Wir alle kennen Menschen, die es in ihrer Dummheit zu einer großen Meisterschaft gebracht haben. Es hinzubekommen, dass man immer die schlechteste Wahl trifft, wenn eine freie Stelle zu besetzen ist, immer den schlechtesten Partner findet, immer die katastrophalste Art herausfindet, mit Gebrauchsanweisungen umzugehen, das verlangt Wissen. Man muss etwas gut kennen, um etwas in einen akkuraten Fehler umwandeln zu können" (Sinason 2000, 34 f.).

Sinason schreibt mit Hilfe vieler Beispiele vom Sinn des „Dummseins". Sinason macht die wichtige Unterscheidung zwischen primären und sekundären Behinderungen. Die Art und Weise, wie nicht mit dem Anderssein umgegangen wird, stellt nach Sinason die sekundäre Behinderung dar. Die sekundäre Behinderung kann sowohl vom Betroffenen selbst als auch von anderen ausgehen. Sie kann verwirrender sein als eine Behinderung, die durch einen primären Mangel verursacht wird. Dies ist z.B. dann der Fall, wenn die sekundäre Behinderung im Dienste der Abwehr dafür eingesetzt wird, die primäre, d.h. ursprüngliche (genetisch oder organisch begründete) Behinderung zu kompensieren. Sinason unterscheidet drei Hauptbereiche, in denen sekundäre Behinderungen eine Rolle bei den Schwierigkeiten des Einzelnen spielen können:

1. Leichte sekundäre Behinderung: Die betroffene Person übertreibt willfährig, damit die Außenwelt weiter mit ihr zufrieden ist.
2. Opportunistische Behinderung: Zusätzlich zur ursprünglichen Behinderung kommt eine schwere, mit der Behinderung verknüpfte Fehlentwicklung der Persönlichkeit.
3. Eine Behinderung als Abwehr gegen ein Trauma: Hier handelt es sich nach Sinason darum, dass eine Behinderung im Dienste des Selbst benutzt wird, um es vor der unerträglichen Erinnerung an ein Trauma, an einen Zusammenbruch des Schutzschildes zu bewahren. Ein Trauma kann die Behinderung verursachen oder verstärken. Die Behinderung selbst kann aber auch vom betroffenen Einzelnen und/oder seinen Bezugspersonen als traumatisch erlebt werden (vgl. Sinason 2000, 27f.).

So gesehen kann Dummheit auch als eine Form von Tarnung verstanden werden, wie es auch bereits von Mahler (vgl. Mahler 1992) mit dem Begriff Pseudo-Debilität bzw. Pseudoimbezillität treffend beschrieben worden ist.

Beispiele aus der pädagogisch-therapeutischen Arbeit

Lernen und familiäre Hypothek

Buxbaum unterscheidet zwischen *allumfassenden Lernschwierigkeiten* und *symptomatischen Lernschwierigkeiten*. Allumfassende „sind ähnlich wie die primären Verhaltensstörungen das Resultat eines fortgesetzten, unaufgelösten Konfliktes mit der Mutter" (Buxbaum 1966, 77). „Symptomatische Lernstörungen sind bis zu einem gewissen Grade das Resultat verinnerlichter Konflikte, obwohl man hinzufügen muss, dass in diesen Fällen, wie in anderen Kindheitsneurosen, der Kampf mit der Umwelt weitergeht und auch weiter seinen Anteil am Verhalten des Kindes hat" (Buxbaum 1966, 77).

Das folgende Beispiel hat nichts von seiner Aussagekraft verloren, obwohl es auf eine Veröffentlichung aus dem Jahre 1966 zurückgeht. Buxbaum stellt in dieser Veröffentlichung u. a. die Behandlung eines 9-jährigen Jungen dar, der wegen einer allumfassenden Lernstörung zu ihr gekommen war. Der Junge wird als scheu, still und unfähig, die Schularbeiten zu leisten, geschildert. Er hatte keine Freunde und spielte auch nie mit anderen Kindern. „Er sah jünger aus, als er war, und benahm sich auch wie ein jüngeres Kind. Beide Eltern waren in psychoanalytischer Behandlung, und beide verleugneten, solange sie konnten, dass der Junge Hilfe brauchte. Er war geschickt im Zeichnen, erfinderisch mit Papier, Holz, Plastilin und Tinker-toys, einem Spielzeug, das aus zugeschnittenen Hölzern und Rädern besteht, die man zusammensetzen kann. Psychologische Tests zeigten, dass Henry zumindest von durchschnittlicher Intelligenz war. Er konnte weder lesen noch schreiben noch rechnen. Er wusste nicht, wie alt er war, wann sein Geburtstag oder was seine Adresse war, er kannte auch seine Telefonnummer nicht. Er sagte und demonstrierte, dass er sich nichts merken und sich an nichts erinnern könne. Die Mutter brachte ihn zur Klinik und holte ihn ab. Der älteste Sohn der Familie war im Alter von 5 Jahren ertrunken, bevor Henry geboren war. Henry war das jüngste von drei überlebenden Kindern. Angeblich wusste er nichts vom Tod des ältesten Bruders" (Buxbaum 1966, 82). Im Verlauf der Analyse wurde deutlich, dass Henry nicht nur über den Tod des Bruders bestens Bescheid wusste, sondern auch in hohem Maße mit ihm identifiziert war. Als Folge dieser Identifikation mit dem fünfjährigen verstorbenen Bruder, weigerte sich Henry in die Schule zu gehen, um nicht älter zu werden, „um mit Hilfe dieser Magie ewig fünf Jahre alt zu bleiben und in seinen Phantasien das Leben des toten Bruders zu leben" (Buxbaum 1966, 83). Aus Angst, auch Henry verlieren zu können, wurde Henry von seinen Eltern in seiner Selbstständigkeit stark eingeschränkt. Henry wurde von seiner Mutter überbehütet und von seinem Vater mit Geschenken *verwöhnt* und gleichzeitig aber auch kleingehalten und in seinen Aktivitäten massiv behindert und eingeschränkt. Henry erhielt z.B. kein Taschengeld, weil sein Vater dies für „unnötig" hielt, „da er ihm jederzeit soviel Geld, wie er wollte, gebe" (Buxbaum 1966, 85). Eine Folge davon war, dass Henry nicht mit Geld umzugehen gelernt hatte. Buxbaum zeigt mit diesem Beispiel in anschaulicher Weise, wie sehr ein Kind von seinen Eltern benutzt, um nicht zu sagen missbraucht werden kann, um deren Ängste und unbewusste Konflikte abzuwehren. In diesem Fall führte das erlebte Trauma der Eltern durch den Unfalltod des ersten Sohnes dazu, dass die Sorge bzw. Angst, dass sich etwas Ähnliches auch mit dem später geborenen Sohn wiederholen könnte, zu dessen Entwicklungs- und Lernstörung. Erst als im Verlauf der psychoanalytischen Behandlung von Henry und der begleitenden Elternarbeit sowie der Therapie der Eltern diese Phänomene bearbeitet werden konnten, konnte Henry zunehmend in eigenem Namen aktiv werden und neue Erfahrungen machen. So durfte er unter anderem schwimmen und den Umgang mit Geld lernen.

Lernen unter erschwerten Bedingungen

Grundsätzlich gelten für das behinderte bzw. für das von Behinderung bedrohte Kind zumindest ähnliche Voraussetzungen wie für ein gesundes, nicht behindertes Kind. Im Einzelfall muss/kann geklärt werden, inwieweit die Beeinträchtigungen bzw. organischen Schäden das Zusammenspiel der verschiedenen Entwicklungsbereiche stören oder beeinträchtigen. Aber auch hier wird deutlich, dass Lernen nicht nur ein intellektueller Vorgang ist. Gerade auch diese Kinder sind auf spezifische psycho-emotionale Rahmenbedingungen angewiesen, damit die durch organische Schäden verursachten intellektuellen Beeinträchtigungen nicht noch zusätzlich durch weitere emotionale Belastungen verstärkt werden und damit zu sekundären Behinderungen führen (s.o.).

Lernen und Autismus

Abschließend soll am Beispiel des frühkindlichen Autismus verdeutlicht werden, welche verheerenden Auswirkungen früheste Beeinträchtigungen in der Wahrnehmung und die daraus resultierenden Störungen im psycho-emotionalen Bereich auf die kindliche Entwicklung im Allgemeinen und die Lernfähigkeit im Besonderen haben können. Entgegen früheren Annahmen wird Autismus nicht auf eine einzige Ursache zurückgeführt. Vielmehr wird inzwischen davon ausgegangen, dass auch der frühkindliche Autismus multifaktoriell verursacht wird. Das bedeutet, weder eine genetische Prädisposition oder organische Schädigungen noch psychogenetische Faktoren führen alleine zu einer autistischen Störung. Vieles spricht dafür, dass zumindest bei einer bestimmten Gruppe von autistischen Kindern eine psychosomatische Verursachung für deren Schwierigkeiten verantwortlich sein könnte (vgl. Perner 1998). Grundsätzliche Einigkeit besteht auch darüber, dass autistische Kinder sehr große Probleme in der Wahrnehmung und in der Informationsverarbeitung haben, die in den meisten Fällen bereits auf prä- oder perinatale Schädigungen zurückzuführen sind. Dies relativiert etwas den Einfluss des Betreuungs- und Versorgungsverhaltens der frühen Bezugspersonen, vermindert aber keineswegs die Bedeutung, die psycho-emotionale Faktoren gerade auch für diese Kinder haben.

Hobson weist darauf hin, dass „beim Autismus erhebliche Defizite im Denken mit einem stark eingeengten Bewusstsein von der eigenen Person einhergehen" (Hobson 2003, 197). Er fasst eine Reihe von Studien aus der jüngsten Vergangenheit über autistische Kinder dahingehend zusammen, „... dass autistische Kinder eine sehr vage oder unvollständige Vorstellung davon haben, was in anderen Menschen vorgeht und wie ihr Bewusstsein beschaffen ist" (Hobson 2003, 179). Hobson betont die Bedeutung, die *emotionale Erfahrungen* für die kindliche Entwicklung haben und wie sehr die Entwicklung der Intelligenz von zwischenmenschlichen Beziehungen abhängt. Neben organischen Störungen beschreibt er besonders die psychischen Defizite, die dem Autismus zugrunde liegen können. Demnach sieht er bei autistischen Kindern einen Zusammenhang zwischen ihren Schwierigkeiten im Denken und den grundlegenden Einschränkungen, sich auf andere Menschen beziehen zu können. „Die typischen kognitiven und sprachlichen Behinderungen von autistischen Kindern sind zum größten Teil Folgeerscheinungen des weitest gehenden Unvermögens, sich auf die Ich-Du-Bezogenheit mit anderen Menschen einzulassen. Das Unvermögen zieht Schwierigkeiten in verschiedenen Aspekten nach sich: im Verstehen der subjektiven Ausrichtungen und inneren Zustände von anderen Menschen und im Identifizieren damit; im Erkennen von Wesen und Form zwischenmenschlicher Austausch- und Kommunikationsvorgänge; im Wahrnehmen des Spektrums an koreferentiellen Haltungen, die jemand gegenüber einer gemeinsamen Realität einnehmen kann. Dies bezieht sich nicht nur auf die Phänomene, die Autisten mit den pragmatischen Aspekten der Sprache haben (das heißt mit dem Abstimmen von Äußerungen auf die jeweilige Situation), oder auf ihre unflexiblen, eingleisigen Denkmuster, sondern auch auf das spärliche Fließen genau der Quellen, aus denen sich höhere kognitive Funktionen speisen – der Fähigkeiten zum schöpferischen Symbolgebrauch, zum „Als-ob"-Denken und zum selbst-reflexiven Denken" (Hobson 2003, 177).

Zugang zum Thema Lernstörung im Rahmen von Kita-Fachberatung

Ein dreieinhalbjähriger Junge zeigte Auffälligkeiten in der Kita: eine allgemeine Entwicklungsstörung, keine Sprachentwicklung sowie autistische Rückzugstendenzen. Seine Mutter war an einem unheilbaren Hirntumor erkrankt. Diese Diagnose hatte sie während der Schwangerschaft mit dem Jungen erfahren. Angesichts dieser schrecklichen Realität herrschte in der Familie eine große Sprachlosigkeit. Weder Vater noch Mutter konnten mit ihren Kindern über den bevorstehenden Tod der Mutter sprechen. Das Leben der Familie war durch das Managen der Tagesabläufe total dominiert.

Bei den Erzieherinnen herrschte zunächst eine große Skepsis gegen meinen Hinweis, dass möglicherweise ein Zusammenhang zwischen der familiären Sprachlosigkeit und der Sprachentwicklungsstörung des Jungen bestehen könnte. Diese

Skepsis wandelte sich erst, als eine der Erzieherinnen von ihren eigenen Erfahrungen (sie hatte ebenfalls in sehr frühem Alter ihre Mutter durch deren tödliche Erkrankung verloren) berichtete. Wesentlich und für sie auch jetzt noch belastend war es für sie damals gewesen, dass niemand mit ihr darüber gesprochen hatte. Durch diesen Bericht konnten die Erzieherinnen beginnen, einen möglichen Zusammenhang zwischen der Sprachlosigkeit des Jungen und der Parallelität der Sprachlosigkeit in seiner Familie herzustellen. Im weiteren Verlauf der Fachberatung gelang es den Erzieherinnen, einen verstehenden Zugang zu den autistischen Rückzugstendenzen des Jungen zu bekommen.

Dieses Beispiel soll nicht den sicherlich falschen Eindruck erwecken, dass die Sprachentwicklungsstörung des Jungen mit der traumatischen Erfahrung allein erklärt und verstanden werden könnte. Der Junge wäre sicher auch ohne diese zusätzliche Traumatisierung, auf Grund seiner zu vermutenden Prädisposition, auf besondere Ansprache und emotionale Unterstützung angewiesen gewesen. Durch die erweiterte Sicht und die Einbeziehung auch der aktuellen psychodynamischen Aspekte musste (und konnte) jedoch besonders die zusätzliche Auffälligkeit, die sich im autistischen Rückzug darstellte, noch einmal in einem ganz anderen Licht gesehen werden. Bezüglich der Sprachentwicklungsstörung wurde darüber hinaus deutlich, dass alle noch so ausgeklügelten Sprachanbahnungsversuche letztlich vergeblich bleiben würden, solange dem Jungen auch weiterhin eine emotionale Auseinandersetzung mit dem bevorstehenden Tod seiner Mutter vorenthalten würde.

Literatur

Bettelheim, B. (1977): Die Geburt des Selbst. München

Bion, W. (1995): Eine Theorie des Denkens. In: Bott Spillius, E. (Hrsg.): Melanie Klein heute, Bd. 1. Stuttgart

Buggle, F. (1997): Die Entwicklungspsychologie Jean Piagets. Stuttgart/ Berlin/ Köln

Buxbaum, E. (1966): Die Rolle der Eltern in der Ätiologie der Lernstörungen. In: Psyche 20, 161-187

Ciompi, L. (1982): Über Affektlogik. Auf der Grundlage von Psychoanalyse und genetischer Epistemologie. In: Psyche 36, 226-266

Dornes, M. (1993): Der kompetente Säugling – Die präverbale Entwicklung des Menschen. Frankfurt a.M.

Freud, S. (1999): Gesammelte Werke, Band VII. Frankfurt a.M.

Gerspach, M. (2001): Hyperaktivität aus der Sicht der Psychoanalytischen Pädagogik. In: Passolt, M. (Hrsg.): Hyperaktivität zwischen Psychoanalyse, Neurobiologie und Systemtheorie. München, 50-79

Ginsburg, H.G.; Opper, S. (1998): Piagets Theorie der geistigen Entwicklung. Stuttgart

Heinzmann, B. (2003): Psychotische Angst zwischen Auflösung und Abdichtung – von der Verhinderung psychischer Wachstumsprozesse. In: Kinderanalyse 11, 107-132

Hobson, P. (2003): Wie wir denken lernen. Gehirnentwicklung und die Rolle der Gefühle. Düsseldorf/Zürich

Hüther, G. (2003): Die Auswirkungen traumatischer Erfahrungen im Kindesalter auf die Hirnentwicklung. In: Koch-Kneidl, L.; Wiesse, J. (Hrsg.): Entwicklung nach früher Traumatisierung. Göttingen, 25-38

Kautter, H.; Heckel, H.; Sautter, H. (1998): Das Kind als Akteur seiner Entwicklung. Heidelberg

Klein, M. (1995): Die Bedeutung der Symbolbildung für die Ichentwicklung. In: Kinderanalyse 3, 15-30

Leber, A. (Hrsg.) (1995): Jean Piaget: Intelligenz und Affektivität in der Entwicklung des Kindes. Frankfurt a.M.

Lüpke, H. v. (2001): Der neue Blick auf frühe Kindheit und dessen gesellschaftspolitische Bedeutung – Eine andere Entwicklungspsychologie als Konsequenz aus der Kontinuität von prä- und postnataler Entwicklung. In: Autismus-Therapieinstitut Langen (Hrsg.): Die Bedeutung von Beziehungsaspekten in der pädagogischen und therapeutischen Arbeit mit autistischen Menschen. Langen, 19-26

Mahler, M. (1978): Die psychische Geburt des Menschen. Symbiose und Individuation. Frankfurt a.M.

Mahler, M. (1992): Studien über die drei ersten Lebensjahre. Frankfurt a.M.

More, A. (1998): Die Integration sensorischer, affektiver und kognitiver Fähigkeiten beim Säugling. In: Kinderanalyse 6, 228-247

Perner, A. (1998): Psychosomatik des Autismus. In: Arbeitshefte Kinderpsychoanalyse, 26, 23-69

Piontelli, A. (1996): Vom Fetus zum Kind. Die Ursprünge des psychischen Lebens. Eine psychoanalytische Betrachtungsstudie. Stuttgart

Schäfer, G.E. (1999): Bildung beginnt mit der Geburt. In: Datler, W.; Finger-Trescher, U.; Büttner, C. (Hrsg.): Jahrbuch für Psychoanalytische Pädagogik 10. Themenschwerpunkt: Die Frühe Kindheit. Gießen, 37-47

Segal, H. (1996): Traum, Phantasie und Kunst. Stuttgart

Sinason, V. (2000): Geistige Behinderung und die Grundlagen menschlichen Seins. Neuwied/Kriftel/Berlin

Spitz, R. (1989): Vom Säugling zum Kleinkind. Naturgeschichte der Mutter-Kind-Beziehungen im ersten Lebensjahr. Stuttgart

Stern, D.N. (1992): Die Lebenserfahrung des Säuglings. Stuttgart

Stork, J. (1995): Kommentar zur Arbeit von Melanie Klein: Die Bedeutung der Symbolbildung für die Ichentwicklung. In: Kinderanalyse 3, 31-40

Tustin, F. (1989): Autistische Zustände bei Kindern. Stuttgart

Winnicott, D.W. (1969): Übergangsobjekte und Übergangsphänomene. In: Psyche 23, 666-682

Winnicott, D.W. (1976): Reifungsprozesse und fördernde Umwelt. München

Zimmer, R. (2000): Handbuch der Psychomotorik. Theorie und Praxis der psychomotorischen Förderung von Kindern. Freiburg i.B.

Wenn Hänschen Hans im Wege steht – Biographie als Risiko und Chance

Annelinde Eggert-Schmid Noerr

1. Lernen zwischen gesellschaftlicher Anforderung und biographischen Bedingungen

„Was Hänschen nicht lernt, lernt Hans nimmermehr", heißt es im Sprichwort. Damit ist ein temporaler Aspekt des Lernens angesprochen: Was in der Kindheit versäumt wurde, kann später nicht mehr nachgeholt werden. Das Sprichwort fungiert aber nicht nur als rückblickende *Erklärung* eines Sachverhalts, sondern auch als vorausschauende *Drohung*: Wer als Kind oder Jugendlicher nicht gut lernt, wer nicht auf unmittelbare Befriedigungen verzichten kann, um Kompetenzen zu erwerben, die sich erst langfristig auszahlen werden, der bringt sich um die Chance eines erfolgreichen Lebens, der hat schon verloren. Schließlich kann man das Sprichwort aber auch, pädagogisch freundlicher, als *Versprechen* einsetzen: Wer bei Zeiten lernt, der ist vor den Unwägbarkeiten des Lebens gut geschützt, dem steht vieles offen.

Lebensgeschichten, Lebensläufe stehen in einer unauflöslichen Verbindung mit Erziehung. Eltern, Lehrer und andere Pädagogen haben mehr oder weniger klare Vorstellungen von dem, was die Kinder und Jugendlichen in der Zukunft an Fertigkeiten brauchen werden, und versuchen, dementsprechend zu erziehen. Auf diese Vorstellungen beziehen sich auch ihre sei es drohenden, sei es ermutigenden Voraussagen darüber, was aus denen wird, die sich weiterhin so verhalten wie bisher. Umgekehrt gilt aber auch: Ob Erziehung erfolgreich ist oder nicht, erweist sich erst in dem, was die Erzogenen in ihrem weiteren Lebenslauf aus der Erziehung machen, die sie erfahren haben.

In der Zeit, aus der die Sprichworte wie das vom nicht lernenden Hänschen auf uns gekommen sind, war das Lernen im Wesentlichen auf die Lebensphasen der Kindheit und Jugend beschränkt. Was damals gelernt wurde, musste und konnte für ein ganzes Arbeitsleben ausreichen. Dem entsprechend war auch der Begriff der Person bzw. des Charakters einigermaßen fest umrissen. Was Sozialpsychologie und Sozialisationstheorie später „Ich-Identität" genannt haben, war dem entsprechend die Fähigkeit, sich in wechselnden Lebenslagen, auch in Krisen, als ein mit sich identisches Subjekt des Handelns zu begreifen und durchzuhalten.

Dagegen scheinen sich die Persönlichkeitsstrukturen heute, in der mobilen Gesellschaft, zunehmend zu verflüssigen. Die Postmoderne – wenn wir dieser Bezeichnung der siebziger und achtziger Jahre noch folgen wollen – ist durch die gesteigerte Pluralität von Lebensformen und -optionen gekennzeichnet. Ohne damit besonders aufzufallen, können (und sollen) die Individuen verschiedene Lebensstile in sich vereinen und nebeneinander her praktizieren. Individualisierung bedeutet nicht nur die gesellschaftliche Pluralisierung von Lebenskonzepten, die die Individuen für sich auswählen können und müssen (welcher Ausbildung unterzieht man sich, welchen Beruf strebt man an, welchen Lebensstil pflegt man, welche religiöse Heilsbotschaft sagt einem zu? usw.), sondern auch diese Pluralisierung innerhalb eines einzigen Individuums (wie stellt man sich am Arbeitsplatz dar, welchen Lebensstil wählt man in der Freizeit? usw.). Ausbildung, Heirat, Kinderwunsch und Elternschaft sind nicht mehr Stadien einer kulturell üblichen Entwicklung, sondern beliebig auswählbare und kombinierbare Elemente des Lebens.

Die Individualisierung der Lebensformen ist die Folge von veränderten Produktionsverhältnissen, die von den Einzelnen weitreichende und andauernde Flexibilität erfordern. Dem entsprechend wird die gesellschaftliche Anforderung zu lernen heute auch nicht mehr auf Kindheit und Jugend beschränkt. Das Schlagwort des „lebenslangen Lernens" ist in erster Linie als Forderung an die Einzelnen gemeint, wenn man so will, in Analogie zum Hänschen-Sprichwort: als Drohung. Auch Erwachsene müssen noch lernen, und zwar bis ins hohe Alter hinein, sonst fallen sie erst aus dem Beruf heraus, dann aus der sozialen Gemeinschaft und vielleicht sogar aus der Sinnhaftigkeit des Lebens. Sie müssen flexibel sein und ihre Sichtweisen durch neue Erfahrungen umstrukturieren können. Wer aber lernen *soll*, der muss auch lernen *können*. Hier setzen Psychologie und Pädagogik ein, die das Lernen zur Dauerbeschäftigung des Menschen erklären und auch zum *Versprechen* machen: Wer nicht nachlässt zu lernen, dessen Leben wird bis ins Alter hinein erfüllt sein.

Die Psychoanalyse ist durch die postmoderne Konstellation von Lernen und Gesellschaft in besonderer Weise herausgefordert. Ganz im Sinn der klassischen Moderne sah Freud die Persönlichkeitsstruktur als weitgehend fest gefügt an. Er leitete diese Persönlichkeitsstruktur aus Formen der Bewältigung phasenspezifischer psychosozialer Krisen ab. Die grundlegenden Krisen und deren Lösungen sind, in dieser Sicht, durch die frühe Beziehung des Kindes zu den Eltern geprägt. Hier, in der Familie, werden Verarbeitungsmuster ausgebildet, die noch das Verhalten des Erwachsenen entscheidend prägen. Die Klammer zwischen frühkindlichem und späterem Verhalten sind einsozialisierte und ins unverfügbare Unbewusste abgesunkene Bewältigungsformen. Sie wirken zugleich als Sinnstrukturen, das heißt sie bestimmen, welche Mittel-Zweck-Reihen von den Subjekten in ihren

Handlungen gewählt werden und welche Zwecke als wertvoll und erstrebenswert angesehen werden.

Die unbewussten Sinnstrukturen bilden den roten Faden einer Biographie. Das Wort „Biographie" ist doppelsinnig, es bedeutet einerseits die Beschreibung einer Lebensgeschichte, andererseits diese Lebensgeschichte selbst. Die Lebensgeschichte speist sich in hohem Maße aus jenem Reservoir unbewusster Interaktionsformen bzw. Sinnstrukturen, die teils als Erweiterung, teils als Einschränkungen von Handlungsmöglichkeiten wirken. Das ist die *deterministische* Seite der Psychoanalyse. Demnach gibt es lebensgeschichtlich wirksame „Themen", die durch Kindheitserlebnisse und Beziehungserfahrungen vor allem mit den Eltern ins Leben gerufen wurden, um im späteren Leben immer wieder reinszeniert, variiert und reformuliert zu werden. Komplementär dazu hat die Psychoanalyse aber auch eine *indeterministische* Seite. Diese besteht im Übergang von der Lebensgeschichte zur erzählten, und zwar selbst erzählten und angeeigneten Lebensgeschichte, in der Hoffnung auf den Effekt jener biographischen Selbstreflexion, die uns wenigsten ein kleines Stück an Macht über die Faktoren einräumen soll, die uns im Innersten bestimmen, indem sie uns an unsere Lebensgeschichte binden.

Ausdrücke wie „Biographie", „Lebensgeschichte", „Lebenslauf", „Bildungsgang" haben in den beiden vergangenen Jahrzehnten ein starkes Interesse in Psychologie und Pädagogik erfahren. Dementsprechend hat man versucht, sie als Fachtermini gegeneinander abzugrenzen. So unterschied Theodor Schulze (1979) in einem einflussreichen Aufsatz „Lebensgeschichte" und „Lebenslauf": Unter „Lebensgeschichte" verstand er den eigentlichen Inhalt einer Autobiographie, das Medium zur Bildung personaler Identität. Demgegenüber nannte er „Lebenslauf" gesellschaftlich vorgezeichnete Entwicklungsstufen oder Karrieren. Diese Unterscheidung ist zwar in sprachlicher Hinsicht willkürlich, aber doch von Nutzen, um das Spannungsverhältnis von psychischen und institutionellen Strukturen in der Biographie, von Individualbiographie und Normalbiographie, zu erfassen. Biographien lassen sich verstehen als eine Kette von individuellen „Antworten" auf die von äußeren und inneren Bedingungen gestellten „Fragen". Welche „Antworten" die einzelnen finden können, hängt ab von der Struktur ihrer Identität. Biographien sind also keine bloß individuellen Konstrukte, sondern haben eine starke gesellschaftlich-institutionelle Komponente. Das gilt auch für Erfahrungen mit pädagogischen Institutionen, die man als Kind oder Jugendlicher macht, das gilt auch für die spätere Wahl dieser Institutionen als Ort des eigenen Berufs.

Auch in der psychoanalytisch-therapeutischen Selbstreflexion geht es um die Biographie. Aber diese Form der biographischen Rekonstruktion kann offensichtlich nicht ein Modell für die Bearbeitung von Lernhindernissen im Rahmen von schul- und sozialpädagogischen Institutionen abgeben, ist es doch bezüglich der in Anspruch genommenen persönlichen, zeitlichen und materiellen Ressourcen allzu voraussetzungsvoll und aufwendig. Und doch lässt sich die psychoanalytische Einsicht in biographie- und persönlichkeitsbedingte Hindernisse des Lernens durch bloße Lerndekrete nicht außer Kraft setzen. Dass Hans nicht lernt, hat in der Tat auch damit zu tun, dass ihm Hänschen im Wege steht, das heißt mit biographisch bedingten Wiederholungszwängen. So bleibt die Frage bestehen, welche anderen Möglichkeiten die Pädagogik hat, den biographischen Bedingungen des Lernens gerecht zu werden.

2. Entwicklungsrisiken und Resilienzfaktoren

Bevor wir jedoch nach Perspektiven für die pädagogische Praxis Ausschau halten, ist nicht nur die Behauptung von den biographie- und persönlichkeitsbedingten Lernhindernissen zu präzisieren, sondern auch nach denjenigen Kräften in der Persönlichkeitsentwicklung Ausschau zu halten, die für die Überwindung solcher Hindernisse maßgeblich sind. Dabei beziehe ich mich auf neuere Ergebnisse der empirisch-pädagogischen Forschung zur Wirkungsweise von Risikofaktoren in der Entwicklung von der Kindheit zum Erwachsenenalter. Die Frage, die diesen Forschungen zugrunde liegt, ist die folgende. Während die Risikofaktoren, die eine optimale Entwicklung beeinträchtigen, weitgehend bekannt sind, lassen sich doch eindeutige Kausalbeziehungen kaum aufklären. Immer lassen sich auch Fälle finden, in denen sich trotz des Vorhandenseins von Risikofaktoren keine psychischen Beeinträchtigungen entwickeln.

Dies gilt, wie entsprechende Längsschnittstudien gezeigt haben, auch für die Kumulation von Risikofaktoren. Die Resultate der Kauai-Studie (Werner/Smith 1982 [Untersuchungen an 698 Kindern, die 1955 auf der Hawaiianischen Insel Kauai geboren wurden über bislang 40 Jahre hinweg]) zeigten zwar, dass die Mehrzahl der erfassten Kinder, die von Beginn ihres Lebens an vier oder mehr signifikanten Risikofaktoren ausgesetzt waren (z.B. chronische Armut, niedriger mütterlicher Ausbildungsstand, instabile familiäre Situationen) auch unterschiedliche Lern- und Verhaltensprobleme entwickelten.

„Überraschend war jedoch das Ergebnis, dass sich ungefähr ein Drittel dieser ‚Risikokinder' im Alter von zehn und achtzehn Jahren zu erfolgreichen Jugendlichen entwickelt hatten, was bei einer Überprüfung im Alter von 30 Jahren bestätigt werden konnte (Werner/Smith 1992). Obwohl alle Kinder in dieser Studie erheblichem Stress, wenn auch in unterschiedlichen Formen, ausgesetzt waren, gelang es den resilienten Kindern, sich in ihren belasteten Lebenswelten zu behaupten" (Opp/Fingerle/Freytag 1999, 15).

Die Ergebnisse dieser Studie zeigten, dass selbst eine kumulative Erfassung signifikanter Entwicklungsrisiken eine lineare Prognose für Entwicklungsauffälligkeiten nicht zulässt. Dies führte zur Annahme der Existenz so genannter protektiver Faktoren in der Person und/oder Umwelt eines Kindes, welche die Wirkung von Risikofaktoren moderieren und so die Wahrscheinlichkeit für die Herausbildung von Störungen senken können. Für dieses Phänomen bürgerte sich im englischen Sprachgebrauch der Begriff ,resiliency' ein, im Deutschen spricht man in diesem Zusammenhang von ,psychischer Widerstandsfähigkeit' oder neuerdings auch von Resilienz. Zu beachten ist allerdings der relative Charakter von Resilienz. Resilienz bedeutet nicht völlige Abwesenheit von psychischen Beeinträchtigungen. Es ist durchaus möglich, dass z.B. kurzfristig Symptome auftreten. „Protektive Faktoren" sind psychologische Merkmale oder Bedingungen der sozialen Umwelt, die die Auftretenswahrscheinlichkeit psychischer Störungen herabsetzen. Als solche gelten z.B. Temperamentsmerkmale, Intelligenz oder eine positive Einschätzung der eigenen Fähigkeiten.

In einer 25 Jahre umfassenden, in Rostock seit den 60er und 70er Jahren durchgeführten Längsschnittstudie wurden anfänglich 294 Kinder, zuletzt noch 212 junge Erwachsene hinsichtlich biologischer, psychologischer und sozialer Aspekte der Persönlichkeitsentwicklung fortlaufend untersucht (je zur Hälfte Risikokinder und Kontrollkinder). Nach der deutschen Vereinigung kam es dabei zu einer engen Zusammenarbeit mit parallel laufenden Forschungen der Mannheimer „Kurpfalzstudie". Die Schlussfolgerungen, die aus diesen beiden Studien gezogen werden können, „stellen die zentrale Bedeutung der Bindungs- und Interaktionserfahrungen für die Persönlichkeitsentwicklung heraus". Unverkennbar ist, „dass das Familienklima vom frühen Kindesalter [...] bis ins junge Erwachsenenalter [...] die Persönlichkeitsentwicklung signifikant beeinflusst" (Meyer-Probst/Reis 2000, 116).

Negativ wie positiv besonders bedeutsam, so zeigen die Rostocker und Mannheimer Studien, ist die emotionale Komponente der Persönlichkeitsentwicklung.

„Emotionale Entbehrungen, chronische Konflikte in der Familie, unrealistische Leistungserwartungen der Eltern und Unzufriedenheit mit den Kindern sind Entwicklungsrisiken, die einen gravierenden negativen Einfluss auf Heranwachsende ausüben und vor allem aggressive Erlebnisverarbeitung und Handlungsbereitschaft wecken" (ebd., 116 f.).

Dies bestätigt die in der Forschung schon seit längerem verbreitete Auffassung, dass einzelne Risikofaktoren keine befriedigende Erklärung für abweichendes Verhalten darstellen, sondern erst kumulativ und indirekt, in Abhängigkeit von anderen Faktoren wirken. Emotionale Störungen erfüllen diese Katalysatoren-funktion dadurch, dass sie alle im Mangel an Selbstwertgefühl kulminieren.

Umgekehrt gilt positives Selbstwertgefühl als wichtigste Bedingung von Gesundheit auch unter Stressbedingungen. Insgesamt zeigt sich, dass die Qualität bedeutsamer Beziehungen sich wesentlich auf die Verarbeitungsmöglichkeiten von deprivierten Lebensformen und auch traumatisierenden Ereignissen auswirkt.

> „Ob Risikofaktoren auch Risikofolgen hervorrufen, hängt [also] nicht allein von den Eigenschaften des Risikos ab [...], sondern von der Risikobewältigung, d.h. von den Ressourcen einer Person und ihrer Vulnerabilität. Das isolierte Einzelrisiko ist ebenso eine Fiktion wie die Annahme einer geradlinigen Risikowirkung, denn Risikofaktoren existieren nur vernetzt" (ebd., 117).

Während die Rostocker Studie eher die Risikofaktoren und ihre Wirkungsbedingungen ins Zentrum rückte, konzentriert sich die eigentliche Resilienzforschung auf die dem gegenüber widerständigen Ressourcen. Diese stimmen aber im wesentlichen mit der positiven Version der in der Rostocker Studie genannten Risikokatalysatoren überein, also mit dem emotional befriedigenden Familienklima. So resümiert Emmy Werner die von der bereits erwähnten Kauai-Studie herausgearbeiteten protektiven Faktoren folgendermaßen: Resiliente Kinder hatten, trotz vielfacher Belastungen, in der *Familie* eine enge Bindung mit mindestens einer kompetenten und stabilen Person, die auf ihre Bedürfnisse einging. So konnten sie in ihrer Entwicklung auf ein grundlegendes Vertrauensverhältnis aufbauen.

Dabei gibt es bei den protektiven Faktoren geschlechtsspezifische Unterschiede. Für Jungen spielen offenbar klare Strukturen und Regeln sowie ein männliches, emotional zugängliches und hinreichend artikulationsfähiges Identifikationsmodell, sei es Vater, Großvater, älterer Bruder oder Onkel, eine große Rolle. Mädchen kommen oft aus Haushalten, in denen sich die Betonung von Unabhängigkeit mit der zuverlässigen Unterstützung einer weiblichen Fürsorgeperson (Mutter, Großmutter, ältere Schwester oder Tante) verbindet.

Auch religiöse Überzeugungen gelten als Schutzfaktoren im Leben von Risikokindern, sind sie doch dazu geeignet, dem Leben Sinn und Bedeutung zu verleihen und dadurch das Selbstwertgefühl zu stabilisieren. Andere Schutzfaktoren mit analoger Funktion entstehen aus Bindungen an Verwandte, Freunde, Nachbarn, Lehrer und andere „Ersatzeltern". Die Ergebnisse von Längsschnittstudien wie der über die Kauai-Kinder verweisen auf die selbstkorrigierenden Tendenzen, mit denen sich manche Kinder vor ungünstigen Lebensumständen schützen können.

Seither sind eine ganze Reihe entsprechender Untersuchungen in unterschiedlichen Kulturen durchgeführt worden, die sich auf verschiedene Risikogruppen beziehen, so u.a. auf Kinder mit psychisch gestörten Eltern, Kinder aus Scheidungsfamilien, aus Familien mit einem gravierenden sozialen Abstieg, auf misshandelte und vernachlässigte Familien, auf Kinder in der Heimerziehung, aus Kriegsgebieten oder Flüchtlingsfamilien. Dabei zeigten sich große Unterschiede z.B. hinsichtlich der Störungsformen und Kriterien für Resilienz oder Alter und Geschlecht der untersuchten Personen. Dennoch kann in allen diesen unterschiedlichen Problemfeldern offenbar ein relativ breit wirksamer Kernbereich von protektiven Faktoren angenommen werden, die traumatische Erlebnisse abpuffern.

Dazu sind zu zählen:

1. eine stabile emotionale Beziehung zu mindestens einem Elternteil oder einer anderen Bezugsperson;

2. ein emotional positives, unterstützendes und strukturgebendes Erziehungsklima;

3. Rollenvorbilder für ein konstruktives Bewältigungsverhalten bei Belastungen;

4. soziale Unterstützung durch Personen außerhalb der Familie;

5. dosierte soziale Verantwortlichkeiten;

6. Temperamentsmerkmale wie Flexibilität, Annäherungstendenz, Soziabilität;

7. kognitive Kompetenzen wie z.B. eine zumindest durchschnittliche Intelligenz;

8. Erfahrungen der Selbstwirksamkeit und ein positives Selbstkonzept;

9. ein aktives und nicht nur reaktives oder vermeidendes Bewältigungsverhalten bei Belastungen;

10. Erfahrungen der Sinnhaftigkeit und Struktur in der eigenen Entwicklung (Lösel/Bender 1999, 37).

Diese breite Palette so genannter „Faktoren" lässt sich in zwei Hauptbereiche aufgliedern. Genannt werden zum einen *Qualitäten von Interaktionsfiguren* zwischen Heranwachsenden und die Bindung mitgestaltenden Erwachsenen wie unterstützendes Erziehungsklima, Vorhandensein von Rollenvorbildern, soziale Verantwortlichkeiten, zum anderen innere Haltstrukturen bzw. *psychische Kom-*

petenzen der Heranwachsenden wie Annäherungstendenz, Intelligenz, positives Selbstkonzept. Woher diese Kompetenzen kommen, bleibt allerdings offen. Dass die genetische Ausstattung und insgesamt die physiologischen Bedingungen eine wichtige initiale Rolle in der Persönlichkeitsentwicklung haben, ist anzunehmen. Deren konkrete Ausgestaltung hängt dann aber offenbar von der Wechselwirkung zwischen Interaktionsfiguren und Kompetenzen ab: Kinder mit Annäherungstendenz haben damit eine gute Voraussetzung, soziale Unterstützung außerhalb der Familie zu finden, was wiederum das konstruktive Bewältigungsverhalten beeinflusst und in einem sich selbst verstärkenden Kreislauf wirksam wird.

3. Folgerungen (1): Moralische Erziehung

Welche pädagogischen Konsequenzen ergeben sich aus der Resilienz-Forschung? Eine Brücke zwischen empirischer Forschung und pädagogischem Handeln besteht zunächst darin, dass sich die Resilienz-Forschung ausdrücklich auf die protektiven Faktoren der Persönlichkeitsentwicklung bezieht. Sie ist betont optimistisch orientiert und verspricht dadurch, die Ressourcen-Orientierung der Pädagogik zu stützen. Mit Resilienz-Phänomenen haben es ja auch nicht nur die Heilpädagogik und die präventive Frühförderung zu tun, deren Klientel hier vor allem beforscht wurde, sondern jegliche Erziehung. Die Resilienzforschung liefert Argumente, sich von linear-kausalen Vorstellungen über die Persönlichkeitsentwicklung zu verabschieden. Sie stellt die psychischen Kräfte der Heranwachsenden zur Selbststabilisierung heraus und verweist zugleich darauf, dass die Entwicklung solcher Kräfte von entsprechenden erzieherischen Bedingungen mit abhängt.

Allerdings ist die Resilienzforschung im Wesentlichen deskriptiv-erklärend und lässt sich damit nicht unmittelbar auf die Erziehungspraxis übertragen. Die protektiven Faktoren sind abstrakte Forschungs-Konstrukte, die zur statistischen Erfassung und Aufgliederung lebendigen biographischen Materials dienen. Aus einigen von ihnen lassen sich wohl pädagogische Grundlinien und allgemeine Ziele ableiten, diese sind aber nicht unmittelbar umsetzbar. Die Grundlinien der pädagogischen *Mittel* lassen sich auf die Qualitäten von Interaktionsfiguren beziehen, während die allgemeinen und letzten *Ziele* durch die protektiven psychischen Kompetenzen definiert werden. Beispielsweise ist der zuvor genannte protektive Faktor Nr. 10 „Erfahrungen der Sinnhaftigkeit und Struktur in der eigenen Entwicklung" offensichtlich auch ein vernünftiges Erziehungsziel. Aber wie dieses Ziel, abgesehen von den generellen Erziehungsmitteln wie emotionale Zuwendung und

Strukturgebung, zu erreichen wäre, wird zur eigentlich pädagogischen Frage in der lebendigen Wirklichkeit und im konflikthaften Alltag.

Der Heilpädagoge Otto Speck (1999) hat in diesem Sinne eine pädagogische Zwischenbewertung der Resilienzforschung vorgenommen, wobei er, bei aller Anerkennung ihrer Befunde der Selbststabilisierungskräfte, doch zu einem skeptischen Ergebnis hinsichtlich der pädagogischen Konsequenzen kommt. Speck sieht die Gründe dafür nicht zuletzt im psychologisch-statistischen Ansatz der Resilienzforschung, die die komplexe Wirklichkeit in punktuelle Faktoren zerlegt. Die Risiken werden dabei weitgehend auf die Gestalt der Eltern reduziert, die gesellschaftlichen und institutionellen Hintergründe sowohl der makrosozialen Risiken als auch der Resilienz-Phänomene selbst werden ausgeblendet.

Während die Resilienzforschung die individuelle Selbstregulierung, die Autonomie des Einzelnen in den Blick nimmt, arbeitet die Pädagogik, so Speck, zugleich auch an der Gestaltung von schützenden Lebenswelten und sozialen Netzwerken, am Mitsein und an der gegenseitigen Akzeptanz. Deshalb betont er bei seiner Kritik immer wieder die normative Aufgabe der Pädagogik, die letztlich in der Herstellung moralischer Verbindlichkeit besteht. „Widerständigkeit [=Resilienz] wäre noch kein Wert an sich. Auch brutale Schläger leisten Widerstand. Die Widerständigkeit muss sich also auf allgemeinverbindliche, haltgebende Inhalte beziehen können" (Speck 1999, 359). Bei der Bewältigung negativer Einflüsse wie Armut, Arbeitslosigkeit oder familialer Konflikte kommt es in hohem Maße auf die Verfügbarkeit psychischer Kontrollinstanzen an, die wiederum durch äußere Kontrollen gestützt werden.

> „Es ist also wohl so, dass Resilienz an sich nicht das Entscheidende ist. Widerständigkeit erhält ihren Inhalt und Sinn erst aus dem Erleben sinngebender und haltgebender normativer Inhalte, an denen sich das eigene Verhalten orientiert, und von dem aus Resilienz durch positive Rückkopplungen entwickelt und stabilisiert wird" (ebd., 360).

Speck sieht als wichtigsten Bereich einer protektiven Erziehung die nach wie vor um pädagogische Anerkennung ringende moralische Erziehung an. Eine Anknüpfungsmöglichkeit dafür bietet vor allem der erwähnte Befund der Resilienzforschung, dass die „Erfahrungen der Sinnhaftigkeit und Struktur in der eigenen Entwicklung" Halt und Schutz für die Bewältigung von Lebensrisiken bildet. Ich möchte hier ebenfalls genau an diesen Befund anknüpfen, allerdings nicht moralpädagogische Konsequenzen erörtern, sondern nach der Bedeutung des biographischen Lernens fragen. Denn Sinnhaftigkeit und Struktur der eigenen

Entwicklung sind ja in erster Linie, noch vor aller moralischen Qualität, Grundelemente des biographischen Selbstbezugs.

4. Folgerungen (2): Biographisches Lernen

Wenn Resilienz entscheidend von der Erfahrung von Sinnhaftigkeit und Struktur der eigenen Entwicklung abhängt, dann gehört die Biographie bzw. das Verhältnis von Ich-Identität und Biographie zu den entscheidenden Bedingungen des Lernens. Als sinnvoll erleben wir eine Handlung entweder dann, wenn ihr Vollzug selbst befriedigend ist (z.B. als Spiel), oder dann, wenn sie ein geeignetes Mittel darstellt, um einen Zweck zu realisieren, und wenn zugleich dieser Zweck selbst wertvoll erscheint (insbesondere als Arbeit). Die Sinnhaftigkeit einer Lebensentwicklung hängt dann ab von der Ordnung von Mittel-Zweck-Reihen, wobei jeder Zweck wiederum zum Mittel für einen weiteren, als wertvoll erachteten Zweck werden kann. Auf diese Weise kann offenbar auch ein hohes Maß an beeinträchtigenden Erfahrungen und ungünstigen Umständen überbrückt werden. Diese werden durch die Erwartung besserer Zeiten in Schach gehalten. Andererseits kann verloren gegangene Sinnhaftigkeit dadurch wiederhergestellt werden, dass Mittel oder Zwecke revidiert werden, beispielsweise wenn eine Ausbildungs- oder Berufswahl sich als ungeeignetes Mittel zu Befriedigung und Erfolg erweist.

In solchen Fällen geht es um biographische Lernprozesse. Man kann in diesem Sinn die gesamte Lebensgeschichte als Lerngeschichte verstehen.

„Ein Kind, das eine Erziehung erfährt, in der es lernt, früh selbständig zu werden, die Freizeitgestaltung selbst zu planen und Muster des Verhandelns zu praktizieren, wird im späteren Leben auf Personen treffen, die sich im Verhalten von dem der Eltern unterscheiden. Hier besteht nicht nur die Möglichkeit, sondern auch die Notwendigkeit, dass das nun herangewachsene Kind sich mit diesen Interaktionsformen auseinandersetzt und neue Interaktionsmuster erlernt. Werden die Erfahrungen für das Selbstkonzept relevant, setzen biographische Lernprozesse ein" (Ecarius 1999, 97).

Schon das kleine Kind ist durchaus in der Lage, in Auseinandersetzung mit anderen soziale Strukturen zu gestalten und auf andere Einfluss zu nehmen.

Erziehung ist keine „Einbahnstraße", sondern eine Wechselbeziehung von Lernfähigkeiten und Lernaufgaben. Dabei weist jede Lebensphase typische Lernsituationen auf, die das Individuum zu bewältigen hat. Nach Werner Loch

„entstehen im lernen wollenden oder müssenden Individuum immer dann Lernhemmungen, wenn die Lernaufgaben seine Lernfähigkeiten überfordern oder seine Lernfähigkeiten die Lernaufgaben übersteigen. Hieraus ergeben sich im Lebenslauf[1] Konflikte, die langwierig sein und die Persönlichkeitsentwicklung beeinträchtigen können. [...] Sie gehören zu den aufreibenden, nicht selten traumatischen Grunderfahrungen der Erzieher wie der Zu-Erziehenden. Leider hat die Allgemeine Pädagogik das Phänomen der Lernhemmung in die Bereiche der Sonderpädagogik, Therapie und Beratung verdrängt und es versäumt, es auf einen Begriff zu bringen, der es als systematisch notwendigen Aspekt der Erziehungstheorie fasslich macht" (Loch, 1999, 77). Pädagogisches Handeln muss also aus systemischen Gründen mit Lernhemmungen rechnen, an ihnen ansetzen und sich dort selbst überflüssig machen, wo der Lernvorgang des Heranwachsenden wieder sich selbst überlassen werden kann.

Lernhemmungen in dem von Loch gemeinten sehr weiten Sinn betreffen nicht nur kognitive Lerninhalte in der Schule, sondern jede Form von lebensgeschichtlichen Erfahrungen, in denen Anforderungen und Bereitschaften miteinander in Konflikt geraten. Auch die Weigerung, etwas sozial Schädliches zu lernen, weil es den eigenen Moralprinzipien widerspricht, ist in diesem Sinn eine Lernhemmung. Es gibt also nicht nur negative Lernhemmungen, die pädagogisch behoben werden müssen, sondern auch positive Lernhemmungen, die zu bestärken sind. Ich möchte hier ein Beispiel für solche Lernhemmungen und einen entsprechenden pädagogischen Ansatz zu ihrer Auflösung anführen. Ich entnehme das Beispiel einer Sammlung biographischer Berichte jugendlicher Strafgefangener, die im Rahmen eines Medienforschungsprojekts der Universität Kassel von Reinhard Nolle veröffentlicht wurden:

Mario B.s Mutter und Schwester waren, als er drei Jahre alt war, durch einen Autounfall gestorben, sein Vater verschwand, er selbst wuchs in einer Pflegefamilie auf, zu der er keine emotionale Bindung fand und in der er oft geprügelt wurde, er lebte seit seinem 15. Lebensjahr in mehreren Heimen. In seinem Lebensbericht mit dem Titel *Zu wem gehöre ich? – Wer gehört zu mir?* heißt es:

„Ich hatte in dieser Pflegefamilie immer das Gefühl, nicht dazu zu gehören. Mit ca. 8 Jahren nahm ich ihren Familiennamen an, dachte, vielleicht könnte ich so ein Familienmitglied werden wie meine beiden älteren Brüder. Ich fragte sie: ‚Darf

---

[1]   Loch verwendet den Ausdruck „Lebenslauf" nicht im erwähnten Sinne Schulzes, sondern als „anthropologischen Grundbegriff", der jede mögliche Art von (adressatenabhängiger) Darstellung umfasst.

ich Mama und Papa zu euch sagen?' ‚Nein, wir sind Tanke und Onkel, bleiben wir dabei.'

Es bestärkte mich in meinem Gefühl. Meine beiden älteren Pflegebrüder gingen beide aufs Gymnasium, machten Abi. Machten freiwillig Hausarbeiten, ‚ihr' Vater war damit zufrieden. Er wollte mich mit ihnen gleich sehen, ich sollte das auch schaffen. Aber ich gehört ja nicht dazu. Fühlte mich immer ungerecht behandelt durch mehr Hausarbeit und die Prügel, die ich mir wohl aus dieser von mir herbeigerufenen Trotzreaktion selbst bescherte. Oftmals.

[...]

Es kam ein Typ in unsere Klasse, er war sitzen geblieben, älter als ich. Er war cool, zu ihm konnte ich aufsehen. Er tat alles, was er wollte [...]. Seine Eltern verboten ihm nichts oder er ließ sich nichts sagen. Er besaß Dinge, Messer z.B., die ich nicht haben durfte. Er rauchte, hatte eine sehr nationale Einstellung, das imponierte mir.

[...] In dem Dorf, in dem ich lebte, fingen wir zusammen an, in Neubauten zu randalieren. Wir schlugen alles kurz und klein. [...] es war ein gutes Ventil.

Ich lehnte mich gegen meinen Ziehvater auf. Was nur noch mehr Schmerzen zur Folge hatte, aber die waren mir wenigstens vertraut. Ich genoss es manchmal, mir selbst mit der Rasierklinge ins Fleisch zu schneiden, mich selbst zu bestrafen, zu fühlen, dass noch Gefühle in mir sind. Vielleicht sieht es jemand? Oft saß ich am Grab meiner Mutter und weinte Tränen auf sie und klagte ihr meinen Schmerz, wünschte mir, ich wäre im Auto mitgefahren.

[...]

Mit der Zeit im Heim begann auch mein kriminelles Interesse zu steigen. Ich wollte meine Grenzen erfahren, war ich wirklich frei – vogelfrei?

Es ging [so] weit, bis ich 1997 in Kassel in U-Haft saß. Ein kleiner Rückschlag. Ich bekam drei Jahre Bewährung und meine eigene Wohnung. Bei Arbeitsstunden lernte ich meinen heutigen Mittäter kennen, wir verstanden uns auf Anhieb. Eine neue Welt erwartete mich – Drogen. In dieser Welt gab es keine Grenzen. Ich fühlte mich wohl. Der Freundeskreis, den ich kennen lernte, wurde für mich [zur] Familie. Wir teilten alles und im Rausch waren Gespräche tagelang. Völlige Vertrautheit und zum ersten Mal Zugehörigkeit. Das alles gab mir so viel und ich tat alles dafür, um das nicht zu verlieren. So oft zuvor war ich enttäuscht worden, hatte so vieles und manche Menschen verloren. Meine Oma war auch ein Jahr vorher gestorben und es gab für mich keinen Halt mehr und auch kein Halten.

Ich lebte, in dieser Welt gab es keine Gesetze. Also fingen wir alle an [einzu]brechen. Die Zugehörigkeit und Freundschaft bekam uneingeschränkte Solidarität.

Wir taten alles für uns. Dieses Gefühl war neu, einfach phantastisch zu wissen, mich kann nichts mehr enttäuschen. Das alles löste Selbstlosigkeit in mir aus. Ich war arbeitslos, suchte Anerkennung in der Kriminalität und die fand ich.

Die Zeit verging, mit reichlich Alkohol und Drogen. [...]
Durch einen Zufall erfuhr ich, dass meine sauberen Pflegeeltern auf Weih-
nachtseinkäufe nach Amerika geflogen waren. Auf so einen Moment hatte ich
gewartet. Zu der Zeit nahm ich viele Drogen, hatte enorme Schulden, brauchte also Geld, aber das war nicht der einzige Grund. Es war für mich ein wirklicher Ra-
chefeldzug. Ich wollte in das Haus meiner Pflegeeltern einbrechen. Ich wusste,
was ihnen – ihm vor allem – lieb war und wie wertvoll manches war. Da konnte
ich ihn treffen, dachte ich, für alles, was er mir angetan hatte. Die vielen Prügel,
die Verbote, meine Einsamkeit. Ich lastete ihm so vieles an.
Also fuhr ich nachts zu dem Haus meiner Kindheit, schlug eine Scheibe ein und
stahl alles, was mir teuer erschien, aus dem Haus und fuhr es mit dem geklauten
Auto nach Kassel. Das Auto brannte noch in der Nacht nieder. Ich fühlte mich
komisch, auf der einen Seite erleichtert, ihn geschädigt zu haben, irgendwie befriedigt, andererseits etwas merkwürdig. Durch den Drogenkopf war ein Gefühl in
mir aufgekommen, wie ein schlechtes Gewissen. Das Haus meiner Pflegeeltern,
wie werden sie sich fühlen? Die nächsten Drogen vertrieben den Gedanken sofort" (Nolle 2002, 16 ff.).

Ausschnittsweise geschildert wird hier, wie auch in den anderen Berichten der
Sammlung, eine kriminelle Karriere, die Normalbiographie eines Straftäters und
ihre individualbiographische Motivlage. Mario B. hat in der Schule gravierende
Lernhemmungen, weil er nicht wirklich zur Familie gehört und im schulischen
Lernen keine emotionale Anerkennung erfährt. Indem nun Lernen zum Zwang
wird, der mit Strafen durchgesetzt wird, beginnt der übliche Teufelskreis von
Demotivation und Versagen. Sodann lernt Mario B. noch etwas anderes, nämlich
seiner Verzweiflung und seinem Hass durch provokatives Verhalten wie Randalieren, Gewalttätigkeiten, Ritzen der eigenen Haut ein Ventil zu geben. Das stabi-
lisierte zwar sein Selbstwertgefühl, trieb ihn aber auch immer mehr ins Abseits.
    Kriminalität ist zwar einerseits ein extremer Ausdruck mangelnder Resilienz,
lässt sich andererseits aber auch als ein Stück problematischer Resilienz auffassen,
nämlich als Widerstand gegen die in der Kindheit und Jugend erlittenen Verluste
und Kränkungen. Noch der Einbruch im Haus der Pflegeeltern geschieht hauptsächlich in biographischer Absicht, nämlich um das langfristig beschädigte Selbstwertgefühl zu stärken. Die emotionale Bindung, den Familienersatz kann Mario B.
erst im Schläger- und Drogenmilieu aufbauen. Allerdings trifft hier auch Specks
Argument zu, dass Resilienz kein Wert an sich ist, da sie sich nicht auf allgemeinverbindliche Inhalte bezieht. Drogen und Kriminalität erhöhen kurzfristige Resilienz, um langfristige Resilienz umso nachhaltiger zu zerstören.
    Der durch das sozialpädagogische Projekt veranlasste Bericht selbst ist nun ein
Beispiel für eigentliches biographisches Lernen bzw. der Versuch einer nachholen-

den Verbesserung der biographischen Bedingungen des Lernens. Die Jugendlichen konstruieren sich ihre eigene Biographie und machen sich dadurch die Motive ihres Handelns verfügbar. Nachholend können sie dazu Stellung nehmen und lernen Schritt für Schritt auch die berechtigten Interessen anderer anzuerkennen (Specks moralische Erziehung). Der einzelne kann erzählen, welche Erfahrungen ihn geprägt haben. Eingeflochten in diese Erfahrungen sind die sozialen Milieus ebenso wie die eigenen Bewältigungsversuche. Das Erzählen des eigenen Werdens konstituiert partiell auch eine Veränderung des Selbst des Erzählers. Er gewinnt im Erzählsinn zugleich Lebenssinn, Sinn, der die Erfüllung eigener Bedürfnisse auch überschreitet. Dadurch können Verletzungen eher heilen.

In diesem Sinn beginnt Marc D., ein anderer jugendlicher Straftäter, seinen Bericht mit den Worten:

„Ich werde versuchen zu erklären, wie es dazu kam, dass ich im Gefängnis gelandet bin, und versuchen, Ihnen meine Geschichte näher zu bringen. Hinter jeder Tat steht eine Lebensgeschichte. Wenn auch nur ein Leser durch meine Geschichte ein paar Vorurteile gegenüber jugendlichen Straftätern weniger hat, habe ich mein Ziel erreicht. Gleichzeitig möchte ich durch meine Geschichte versuchen, andere Jugendliche davor zu bewahren, dieselben Fehler zu machen wie ich."

Man könnte einwenden, dass es sich bei dieser Geste des „Wenn nur ein einziger etwas daraus lernt, war mein Leiden nicht umsonst" nur um ein kulturelles Bekenntnis-Klischee handelt. Aber mit dem sich selbst zugeschriebenen übergreifenden Sinn seines Erzählens stärkt der Erzähler vor allem seinen Selbstwert. Pädagogisch kann man erwarten, dass die moralische Sinnzuschreibung unter weiteren günstigen Bedingungen dann auch zur Stärkung moralischer Gefühle und prosozialer Einstellungen beiträgt. Das Subjekt erzählt, welche Erfahrungen und Lernprozesse zu diesem und keinem anderen Lebensweg geführt haben, um damit zugleich einen alternativen Lebensweg zu eröffnen. Paradox könnte man sagen: Die Biographie befreit den Erzähler *von* seiner Biographie, um ihn zugleich *zu* seiner Biographie zu befreien. Das soll heißen: Die *erzählbar gewordene und selbst erzählte Biographie* kann ihn vom *Zwang der gelebten Biographie* befreien, indem sie ihm diese allererst zugänglich macht und ihm die Freiheit gibt, aus gelebter und erzählter Biographie die *eigene biographische Zukunft zu entwerfen*.

Literatur

Bourdieu, P. (1990): Die biographische Illusion. BIOS H1, 75-78

Ecarius, J. (1999): Biographieforschung und Lernen. In: Krüger, H.-H.; Marotzki, W. (Hg.): Handbuch Erziehungswissenschaftliche Biographieforschung. Opladen

Laucht, M.; Esser, G.; Schmidt, M. (1997): Wovor schützen Schutzfaktoren? Anmerkungen zu einem populären Konzept der modernen Gesundheitsforschung. Zeitschrift für Entwicklungspsychologie und Pädagogische Psychologie, 29 260-270

Loch, W. (1998): Der Lebenslauf als anthropologischer Grundbegriff einer biographischen Bildungstheorie. In: Krüger, H.-H.; Marotzki, W. (Hg.): Handbuch Erziehungswissenschaftliche Biographieforschung. Opladen

Lösel, F.; Bender, D. (1996): Risiko- und Schutzfaktoren in der Entwicklungspsychopathologie. Zur Kontroverse um patho- und salutogenetische Modelle. In: H. Mandl (Hg.): Bericht über den 40. Kongreß der Deutschen Gesellschaft für Psychologie in München 1996. Göttingen, 302-309

Lösel, F.; Bender, D. (1999): Von generellen Schutzfaktoren zu differentiellen protektiven Prozessen. Ergebnisse und Probleme der Resilienzforschung. In: Opp, G. (Hg.): Was Kinder stärkt. Erziehung zwischen Risiko und Resilienz. München

Lorenzer, A. (1995): Sprachzerstörung und Rekonstruktion. Frankfurt, 4. Aufl.

Meyer-Probst, B.; Reis, O. (2000): Risikofaktoren und Risikobewältigung im Kontext – Schlussfolgerungen aus der Rostocker Längsschnittstudie nach 25 Jahren. In: Frühförderung interdisziplinär, 19, 109-118

Reis, O. (1997): Risiken und Ressourcen der Persönlichkeitsentwicklung im Übergang zum Erwachsenenalter. Weinheim

Nolle, R. (2002): Wir sagen aus. Biographische Geschichten und Gedichte jugendlicher Gefangener. Kassel

Opp, G.; Fingerle, M.; Freytag, A. (1999): Erziehung zwischen Risiko und Resilienz. Neue Perspektiven heilpädagogischer Forschung und Praxis. In: Opp, G. (Hg.) (1999): Was Kinder stärkt. Erziehung zwischen Risiko und Resilienz. München

Scheithauer, H.; Petermann, F. (1999): Zur Wirkungsweise von Risko- und Schutzfaktoren in der Entwicklung von Kindern und Jugendlichen. Kindheit und Entwicklung, 8, 3-14

Schulze, Th. (1993): Lebenslauf und Lebensgeschichte. Zwei unterschiedliche Sichtweisen und Gestaltungsprinzipien biographischer Prozesse. In: Baacke,

D.; Schulze, Th. (Hg.): Aus Geschichten lernen. Zur Einübung pädagogischen Verstehens. Weinheim

Speck, O. (1999): Risiko und Resilienz in der Erziehung – Pädagogische Reflexionen. In: Opp, G. (Hg.) (1999): Was Kinder stärkt. Erziehung zwischen Risiko und Resilienz. München

Werner, E. (1999): Entwicklung zwischen Risiko und Resilienz. In: Opp, G. (Hg.) (1999):: Was Kinder stärkt. Erziehung zwischen Risiko und Resilienz. München

Winkler Metzke, C.; Steinhausen, H.-C. (1999): Risiko-, Protektions- und Vulnerabilitätsfaktoren für seelischen Gesundheit und psychische Störungen im Jugendalter. Die Bedeutung von elterlichem Erziehungsverhalten, schulischer Umwelt und sozialem Netzwerk. Zeitschrift für Klinische Psychologie 28, 95-104

Nicht-Wissen, Ent-Fremdung und Sinn-Konstruktion in der psychoanalytisch-pädagogischen Beratung traumatisierter Menschen

Urte Finger-Trescher

Psychoanalytisch-pädagogische Beratung und die Haltung des Nicht-Wissens

Psychoanalytische Pädagogik ist ein Wissenschaftsgebiet oder eine wissenschaftliche Disziplin, die sich dadurch auszeichnet, dass sie gleichzeitig eine Profession und Dienstleistungen begründet. Eine solche stellt die psychoanalytisch-pädagogische Beratung dar. Dabei zeichnet die psychoanalytisch-pädagogische Arbeit und ganz speziell die psychoanalytisch-pädagogische Beratungsarbeit einige Besonderheiten aus:

— Sie generiert ihre Erkenntnisse nicht nur im wissenschaftlichen Diskurs, sondern wesentlich aus dem psychoanalytisch-pädagogischen Dialog zwischen Beraterin oder Berater und der oder dem Ratsuchenden.

— Sie nähert sich nicht-wissend dem Un-Gewussten, dem Un-Genannten und Fremden, das der Ratsuchende mitbringt und vorstellt, etwa wenn er fragt: Warum tun meine Kinder nicht, was ich von ihnen erwarte?

— Sie beforscht nicht die Rat suchenden Personen und deren Probleme, sondern das Interaktionsfeld: ratsuchende Person und Beraterin oder Berater im Kontext der Institution, in der die Beratung angeboten und abgerufen wird.

Psychoanalytisch-pädagogische Beratung setzt also bewusst und aktiv einen Prozess der Ent-Fremdung in Gang, indem sie beispielsweise auf die Frage „Warum tun meine Kinder nicht, was ich von ihnen erwarte?" nicht vorgibt, eine Antwort zu wissen – die sie gar nicht hat und nicht haben kann –, sondern die Frage selbst befragt. So könnte die Beraterin z.B. fragen: Warum ist Ihnen das, was Ihre Kinder tun, so wichtig, dass Sie einen halben Tag Urlaub genommen

144

haben und hierher in die Beratungsstelle gekommen sind? Sie würde die Frage niemals in dieser Form stellen, aber eine hinter der Frage stehende Haltung vermitteln, die den Ratsuchenden gleichsam dazu einladen soll, das ihn bedrängende Problem gemeinsam mit der Beraterin wie etwas Fremdes anzuschauen, vielleicht sogar zu bestaunen, um sich ihm mit Interesse und Neugier, auf jeden Fall aus einem anderen, einem unerwarteten Blickwinkel heraus zu nähern. So kann es fruchtbar sein, die geschiedene Mutter, die verzweifelt gegen die Umgangsregelung mit dem Vater ihres Kindes kämpft, zu fragen, warum dieser Umgang sie verzweifeln lässt, und umgekehrt kann es genauso fruchtbar sein, den geschiedenen Vater, der verzweifelt *für* ein Umgangrecht mit seinem Kind kämpft, zu fragen, warum er eigentlich sein Kind so dringend zu sehen wünscht.

Ich spreche also von einer Grundhaltung des „Nicht-Wissens" (vgl. Obholzer 1994; Finger-Trescher 1999), die die Voraussetzung bildet für einen gemeinsamen Prozess des Forschens, auf den Berater und Ratsuchende sich einlassen müssen, wenn sie das Problem und seine Ursachen verstehen und lösen wollen. Beratung, auch nicht-psychoanalytische Beratung, ist ja immer nur als gemeinsamer Prozess von Ratsuchenden und Berater denkbar, als das, was Müller und Hörster „koproduktive Erschließung von blockierten Entwicklungschancen" genannt haben (Hörster; Müller 1996).

Koproduktive Erschließung von Entwicklungschancen kann nun auf sehr unterschiedliche Weise erfolgen. Bezogen auf psychoanalytisch-pädagogische Beratung ist dabei das Erforschen und Verstehen bisher nicht gewusster Konfliktlagen, Motive und Bedeutungen ebenso wichtig wie der Prozess der gemeinsamen Konstruktion von Sinn- und Bedeutungszusammenhängen und die Ermöglichung von neuen, von anderen affektiven und kognitiven Erfahrungen, die sich in der Folgezeit strukturell verankern können. Dass dies nicht bloße Spekulation oder pädagogischer Optimismus ist, hat die neuere Hirnforschung eindrucksvoll belegt. Sie hat gezeigt, dass das menschliche Gehirn

„[...] bis ins Alter hinein [...] in hohem Maß strukturell formbar [ist]". Dabei ist „der beim Menschen wichtigste und für die Nutzung der im Gehirn angelegten neuronalen Netzwerke und Nervenzellverschaltungen am nachhaltigsten wirksame Einfluss [...] am zutreffendsten mit dem Begriff Erfahrung" (Hüther 2001, 11) zu umschreiben.

Erfahrung aber entsteht aus Ent-Täuschung; die Ent-Täuschung einer Erwartung ist im Sinne Gadamers die conditio sine qua non jeder Erfahrung (vgl. Gadamer 1960). Wenn wir also Entwicklungschancen nicht nur erschließen, sonder neue Erfahrungen ermöglichen wollen, dann müssen wir uns und muss auch unsere

Klientel sich auf einen schwierigen Balance-Akt einlassen, der Erwartungen enttäuscht und dies in einer Art und Weise, dass Beratung wirksam sein kann.

Beratung bleibt wirkungslos, wenn zwischen den formal akzeptierten Erziehungskonzepten und den täglichen Erziehungspraktiken, wie so oft, eine Kluft besteht, „die sich aus der Diskrepanz zwischen intellektueller Einsicht und emotionaler Reaktion erklärt" (Nissen 2002, 429). Und Beratung bleibt auch dann wirkungslos, wenn sie im Gegensatz steht zu emotional hoch besetzten Wünschen, Werten und Vorstellungen der Ratsuchenden (vgl. Figdor 1999).

Hierzu ein Beispiel:

Eine afghanische Mutter kommt mit ihrem siebzehnjährigen Sohn auf Druck der Schule zur Beratung. Der Junge zeige im Gymnasium erhebliche Leistungsrückstände. Besonders die mündlichen Leistungen seien katastrophal. Die Familie lebt seit acht Jahren in Deutschland, die Mutter spricht gut deutsch. Der Vater kann oder will wegen Arbeitsbelastung nicht zur Beratung kommen. Der Siebzehnjährige hat noch fünf jüngere Geschwister, die Familie lebt also mit acht Personen in einer Dreizimmer-Wohnung. Im ersten Beratungsgespräch habe ich Mühe, den Jugendlichen auch nur zu einem zusammenhängenden Satz zu bewegen. Er wirkt schüchtern und gehemmt, kann mir nicht ins Gesicht schauen und ist sichtlich bemüht, nichts Falsches zu sagen und sich ordentlich zu verhalten. Auffallend ist, dass er in erheblichem Maße stottert. Der Siebzehnjährige macht auf mich einen unglücklichen Eindruck. Ich frage nach der Schulsituation, nach Hobbys, Freunden, Freizeitgestaltung, um ihn aus der Reserve zu locken. Er erzählt „brav" ein wenig von seinem Tagesablauf und seinen Aktivitäten und stellt alles so dar, als gebe es keine Probleme: Der Kontakt zu Lehrern sei gut, der Klassenlehrer sei nett, der Kontakt zu Mitschülern sei unproblematisch etc. Nach einer Weile frage ich nochmals nach seiner Freizeitgestaltung, nach Hobbys und ob er auch schon mal abends in die Disco gehe mit Freunden. Hierauf sieht er mich sichtlich verstört an und seine Mutter sagt in festem Ton an mich gewandt: „Wir sind Muslime!"

Damit war diese Beratung am Ende. Die Familie ist zum nächsten Termin nicht mehr erschienen. Was war geschehen? Im Nachhinein kann man feststellen, dass mir gleich mehrere Schnitzer unterlaufen sind:

1. Ich hatte die oben erwähnte grundlegende Tatsache, dass Beratung wirkungslos bleibt, wenn sie im Gegensatz steht zu emotional hoch besetzten Wünschen, Werten und Vorstellungen der Ratsuchenden, nicht beachtet.

Diese afghanische Mutter hat meine Frage nach dem Diskobesuch ganz offensichtlich als eine Missachtung ihrer kulturellen und religiösen Werte empfunden.

2. Auf der interpersonalen, emotionalen Ebene hat sich von vornherein unbewusst bzw. unbemerkt eine Störung eingestellt, insofern sich hier unvermutet zwei Frauen gegenüber saßen, die zumindest auf den ersten Blick kaum verschiedener sein können: die stolze Muslimin in traditioneller Kleidung mit dazugehörigem Kopftuch – und die westeuropäische Frau im kurzen Sommerkleid und mit offenem Haar. Rückblickend erinnere ich mich genau an einen Ausdruck von Missbilligung und Misstrauen in den Augen der Klientin schon in den ersten Sekunden des Kennenlernens und meine eigene emotionale Reaktion darauf entsprach diesen Gefühlen ziemlich genau.

Die Grundhaltung des Nicht-Wissens und damit einhergehend des Verstehen-Lernens ist in diesem Fall misslungen, eine Einigung zwischen Klientin und Beraterin dahingehend, dass beide – und natürlich auch der Sohn – die Problemstellung als solche befragen und sie sich somit gleichsam davon ent-fremden, konnte ebenfalls nicht erreicht werden. Hieraus resultierend konnte natürlich von produktiver Beratung im Sinne der schon erwähnten gemeinsamen Erschließung von Entwicklungschancen und Ermöglichung neuer Erfahrung keine Rede sein. Eine produktive Ent-Täuschung hat nicht stattgefunden, Erwartungen wurden nicht durchkreuzt, sondern bestätigt: Diese muslimische Mutter hatte, so kann man ihren missbilligenden Gesichtsausdruck in den ersten Sekunden des Kennenlernens interpretieren, die Erwartung, in dieser Beratungsstelle bzw. von dieser Beraterin keine ihr angemessene und akzeptable Hilfe zu erhalten. Und sie wurde darin bestätigt.

Wie hätte dieser kurze misslungene Beratungsprozess besser verlaufen können?

Die Haltung des Nicht-Wissens und Verstehen-Lernens hätte vorausgesetzt, dass die Beraterin die in den ersten Sekunden des Kennenlernens gemachte Beobachtung der Missbilligung und des Misstrauens nicht ignoriert, sondern im Gegenteil als wichtige Information ernst genommen hätte. Dann hätte sie zumindest sich selbst, vielleicht aber auch die Klientin direkt fragen können, ob sie sich denn überhaupt vorstellen könne, sich mit ihren Problemen einer Person und Institution anzuvertrauen, die kulturell so verschieden von der eigenen ist. Wie auch immer die Antwort ausgefallen wäre: die Klientin hätte sich zumindest in ihrem Verschieden-Sein wahrgenommen und respektiert gefühlt. Nehmen wir einmal an, genau dieses wäre gelungen und die Klientin hätte aufgrund der Erfahrung, in ihrer Verschiedenheit wahrgenommen und respektiert zu werden, ein wenig Vertrauen gefasst, wie hätte der Beratungsprozess weiter gestaltet werden können?

Sicherlich wäre es sinnvoll gewesen, die Klientin zunächst einmal ganz einfach zu fragen, ob sie die Angebote und Leistungen dieser Beratungsstelle tatsächlich wünscht und ob sie hierin tatsächlich eine angemessene Form der Hilfe sehen kann und wenn ja, wie sie sich eine solche Beratung vorstellt. Eine solche Frage – auf der Grundhaltung des Nicht-Wissens basierend – hätte den Prozess möglicherweise produktiv vorangebracht oder aber zur Vermittlung einer für diese Klienten angemesseneren Hilfe führen können.

Nicht-Wissen und Sinn-Konstruktion

Nun könnte man fragen, ob eine solche Haltung des Nicht-Wissens wirklich sinnvoll und gut ist. Ob sie nicht zu zusätzlicher Erziehungsunsicherheit beiträgt und den Erwartungen, die beispielsweise Eltern an Erziehungsberatung haben, widerspricht. Meine These besagt:

Gerade weil sie bzw. gerade wenn sie bestimmte Erwartungen ent-täuscht, kann sie dem Anspruch auf wirksame Beratung im Sinne der Ermöglichung neuer Erfahrung gerecht werden.

Psychoanalytisch-pädagogische Beratung zeichnet sich also nicht in erster Linie dadurch aus, dass sie mit schnellen Antworten und Lösungen imponiert, was ihr nicht selten zur Last gelegt wird.

Doch hat sie dafür gute Gründe:

Eine Mutter, Frau X., beklagt sich bei der Betreuerin ihrer acht Jahre alten Tochter Marie im Hort darüber, dass das Kind seit mehreren Wochen nachts wieder einnässt. Sie möchte von der Sozialpädagogin fachlichen Rat. Die Sozialpädagogin diagnostiziert, dass es sich bei diesem Einnässen um ein abweichendes oder fehlangepasstes Verhalten handelt und verweist die Mutter völlig zu Recht an eine Erziehungsberatungsstelle. Auch dort wird die Diagnose, dass es sich beim Einnässen des Kindes um ein fehlangepasstes Verhalten handelt, bestätigt. Frau X. wird geraten, die Tochter zunächst dem Kinderarzt vorzustellen, um eine organische Ursache ausschließen zu können. Es ist der Wunsch der Mutter, ein Instrument an die Hand zu bekommen, mit dessen Hilfe sie das Mädchen zum regelmäßigen Besuch der Toilette bewegen kann, wodurch dann, ihrer Ansicht zufolge, auch der familiäre Frieden wiederhergestellt wäre.

Nun könnte man sagen, dass es doch gleichgültig sei, warum das Kind wieder einnässt. Entscheidend sei doch, dass nach Ausschluss organischer Ursachen durch eine medizinische Untersuchung das Einnässen bei einem achtjährigen Kind eindeutig als abweichendes und fehlangepasstes Verhalten oder auch als Symptom eingestuft werden kann und die Eltern nach KJHG Anspruch haben auf kompetente Hilfe bei der Bewältigung des Problems. Welche Hilfeart hier angemessen wäre, ist indes eine noch offene Frage

Bezogen auf die vorgestellte Fallvignette ergibt sich folgendes Bild:

1. Die von allen Beteiligten akzeptierte Norm, an der das abweichende Verhalten gemessen wurde, besagt, dass Kinder im Alter von acht Jahren in der Lage sind, auch nachts die Toilette aufzusuchen, und hieran ist in der Regel auch nicht zu zweifeln. Allerdings könnte man einwenden, dass hier das fehlangepasste Verhalten lediglich an Hand eines auffälligen Merkmals festgestellt wurde, nicht jedoch im Gesamtkontext des Entwicklungsverlaufs.

2. Die Klassifizierung der Abweichung erfolgte hier zunächst durch die Mutter, die im Einnässen eine sinnlose und überflüssige Verhaltensweise sah. Ihr handlungsleitendes Interesse war es – oberflächlich betrachtet – verständlicherweise, die hierdurch verursachte Belastung abzustellen. Die Klassifizierung als abweichendes Verhalten erfolgte dann durch die Betreuerin im Hort, die völlig zu recht das Einnässen der Achtjährigen als statistisch unnormal ansah und darin den Ausdruck eines familiären oder Erziehungsproblems vermutete, weshalb sie die Mutter an eine Erziehungsberatungsstelle verwies. Ihr handlungsleitendes Interesse war es, im Rahmen ihrer Profession eine möglichst kompetente Hilfestellung bei der Bewältigung dieses Problems zu vermitteln.

Die Erziehungsberatungsstelle schließlich bestätigte ebenso wie auch der Kinderarzt die Fehlanpassung. Dabei ging es beiden einmal um eine fachlich korrekte Diagnose, zum anderen aber auch um die Klärung der Zuständigkeit und damit auch um die Frage der Kosten. Diese spielen auch bei der Wahl der angewandten Methode eine nicht unwichtige Rolle.

3. Die Erziehungsberatungsstelle schließlich, zu der das Kind zurückverwiesen wurde, entschied, dass ambulante Hilfe zur Erziehung nach §28 KJHG[1] angemessen sei. Sie erhob einige standardisierte anamnestische

---

[1] Erläuterung: KJHG: Kinder- und Jugendhilfe-Gesetz § 28: *Erziehungsberatung*: Erziehungsberatungsstellen und andere Beratungsdienste und -einrichtungen sollen Kinder, Jugendliche, Eltern und andere Erziehungsberechtigte bei der Klärung und Bewältigung individueller und familienbezogener Probleme und der zugrunde lie-

Daten durch Befragen der Mutter. Mit dem Kind selbst wurde nicht alleine gesprochen, sondern fünf Mal im Beisein beider Eltern. Das erfreuliche Ergebnis war, dass das Einnässen innerhalb kurzer Zeit aufhörte.

Aber:
Könnte es nicht sein, dass das Einnässen viel mehr als eine lästige Angewohnheit, viel mehr als nur eine unerwünschte Verhaltensweise ist? Könnte es nicht sein, dass das Einnässen möglicherweise nicht einmal Symptom, sondern eine Copingstrategie und damit gewissermaßen Therapie für das Kind ist? Ihm diese Therapie umstandslos wegzunehmen, könnte es dann in unbewältigbare Konflikte und Ängste stürzen. Welche könnten das sein?

Ich lernte Marie Jahre später kennen, als sie knapp sechzehn Jahre alt war. Sie kam in Begleitung einer Mitschülerin in unsere Ambulanz. Diese hatte mit Entsetzen beobachtet, wie Marie sich in der Toilette mit einem Messer die Arme aufschnitt, und sie gedrängt, die Beratungsstelle aufzusuchen. Marie zeigte Anzeichen einer sich entwickelnden Magersucht, sie konnte oft nicht schlafen und litt an Konzentrationsstörungen, was natürlich auch erhebliche Leistungsschwierigkeiten zur Folge hatte. Tagsüber fühlte sie sich ihren eigenen Angaben zufolge oftmals wie betäubt.

Da ich Marie nicht kannte und sie im Gespräch sehr an oberflächlichen Gegebenheiten festhielt, dauerte es lange, bis ich erahnen konnte, was Marie so sehr belastete. Sie brauchte lange, bis sie Vertrauen zu mir fassen und über ihre Kindheitserfahrungen berichten konnte. Aus ihren Kindertagebüchern, die sie mir nach und nach anvertraute, erfuhr ich u.a., dass sie mit Mama und Papa bei einem Sprechdoktor war. Der wollte wissen, warum sie manchmal nachts Pipi ins Bett machte. „Ich hab aber nichts gesagt", stand da in ungelenker Kinderschrift. Aber an anderer Stelle des Kindertagebuchs fand ich folgenden Eintrag: „Ich hab gestern abend Pipi ins Bett gemacht. Ich hab gedacht, dann geht der Papa wieder weg, weil er das nicht mag. Aber er hat geschimpft und dann war es ihm egal".

Obwohl die Misshandlung durch den Vater und die Mutter, die davon wusste und sie duldete, über Jahre hinweg anhielt, war Marie auch später nicht bereit, irgendetwas gegen ihre Eltern zu unternehmen. Dies war nicht nur auf Scham oder Angst zurückzuführen. Die pathologische Bindung an die traumatisierende Person war so stark, dass sie ihr gesamtes Leben beherrschte.

---

genden Faktoren, bei der Lösung von Erziehungsfragen sowie bei Trennung und Scheidung unterstützen. Dabei sollen Fachkräfte verschiedener Fachrichtungen zusammenwirken, die mit unterschiedlichen methodischen Ansätzen vertraut sind.

Was wäre gewesen, wenn damals, als Marie in der Erziehungsberatungsstelle vorgestellt wurde, wenigstens eine der beteiligten Institutionen in der Lage und bereit gewesen wäre, das Einnässen nicht einfach und gleichsam selbstverständlich als Anpassungsstörung zu klassifizieren, als Symptom, das schnell beseitigt werden sollte, sondern die Frage gestellt hätte, ob es sich nicht auch um eine Anpassungsleistung an eine zerstörerische Lebensrealität handeln könnte.

Im Falle von Marie wurde aufgrund von sozialpädagogischem Handlungswissen, aufgrund einer möglicherweise defizitären medizinischen Ausschluss-Diagnostik und aufgrund eines naiven erziehungsberaterischen Professionsverständnisses nicht nur eine falsche, sondern eine fatale Hilfe gewährt. Ein Grundverständnis, das nicht ausschließlich das fehlangepasste Verhalten oder Symptom, sondern den gesamten Entwicklungsverlauf des Kindes in die Diagnosestellung und in die Erörterung einer geeigneten Hilfe einbezogen hätte, hätte hier doch mit hoher Wahrscheinlichkeit zu einem anderen Ergebnis geführt.

Dies aber hätte nicht nur eine Grundhaltung des Nicht-Wissens a priori impliziert, sondern auch das Bewusstsein darüber, dass das, was wir gemeinsam mit dem Klienten zu verstehen suchen, gleichzeitig ein gemeinsamer Prozess des Sinn-Herstellens ist. D.h. die Bedeutung, die Sinnhaftigkeit eines bestimmten Verhaltens oder bestimmter Handlungen und Haltungen des Klienten ist nicht etwas, das es einfach aufzuspüren, zu entdecken oder vorzufinden gilt, sondern wird von Berater und Klient gemeinsam konstruiert bzw. konstituiert. Wilfried Datler spricht in diesem Kontext von szenischer Konstruktion (vgl. Datler 1995).

Dabei kann es selbstverständlich nicht um die Herstellung oder Konstruktion scheinbar richtiger oder objektiver Sinnzusammenhänge gehen. Es kann auch nicht um die Herstellung oder Konstruktion gefälliger Sinnzusammenhänge gehen. Und es kann schon gar nicht darum gehen, Sinnzusammenhänge im Stile eines Kompromisses zwischen der Sichtweise des Beraters und der Sichtweise des Klienten zu „koproduzieren" oder einfach Unbewusstes bewusst zu machen. Das Unbewusste ist nun einmal – wie der Begriff ja deutlich macht – nicht bewusst, es entzieht sich dem Bewusst-Sein .

Der Begriff Sinn-Konstruktion bezeichnet einen Prozess, an dem Berater und Ratsuchende gemeinsam arbeiten und in dessen Verlauf wesentliche psychodynamisch bedeutungsvolle Sichtweisen des Ratsuchenden über sich selbst und über die Bedeutung seiner Problemlagen möglicherweise entschlüsselt, möglicherweise aber auch erstmals oder neu und anders ver-schlüsselt, in jedem Falle aber hergestellt und entwickelt werden. Insbesondere in der Beratung traumatisierter Menschen gewinnt der Aspekt des Verschlüsselns eine besondere Bedeutung. Es geht hierbei häufig darum, innere Regionen, innere und u.U. auch reale äußere Orte zu schaffen, die vor der Intrusion unerträglicher Affekte und Erinnerungen schützen. Es gilt ebenfalls häufig, innere und reale Aus-Wege, Flucht-Wege zu bahnen, die der in innerer Notlage befindliche Ratsuchende nutzen kann.

Regression und Symbolisierung in der psychoanalytisch-pädagogischen Beratung traumatisierter Menschen

Frau Z. sucht Beratung wegen ihres Sohnes. Bei Amir, neun Jahre alt, handele es sich um ein ADS-Kind, der Kinderarzt habe eine Behandlung mit Ritalin vorgeschlagen, Frau Z. solle Amir aber auch in der Erziehungsberatungsstelle vorstellen. Amir besucht die dritte Klasse der Grundschule. Er fiel bereits im Vorschulalter und in den ersten Grundschulklassen durch sein unruhiges Verhalten auf, das sich aber im Alter von neun Jahren noch verschärft hat. In der Klasse hat er wenig Kontakt und bis auf einen türkischen Jungen praktisch keinen Freund. Er wird zunehmend aggressiv, schlägt Mitschüler, zerstört Gegenstände, beschimpft die Lehrerin. Seine Leistungen sind bei guter Intelligenz schwankend und phasenweise sogar ungenügend. Immer wieder gibt es Phasen, in denen Amir wie apathisch wirkt, mit starrem Gesichtsausdruck aus dem Fenster schaut und nicht ansprechbar ist

Obwohl sich die Lehrerin große Mühe gibt, Amir besser in die Klasse zu integrieren, misslingt dies. Sie denkt an eine Sonderschulüberprüfung.

Auch zu Hause sei er schwierig, berichtet die Mutter. Insbesondere müsse sie jeden Abend darum kämpfen, dass er ins Bett geht. Er schlafe praktisch nie vor Mitternacht ein, sondern werkele stundenlang in seinem Zimmer herum. Am Morgen sei er dann infolge dessen müde und wolle nicht aufstehen.

Sie selbst habe bereits daran gedacht, Amir in ein Heim oder ein Internat zu geben, denn sie müsse arbeiten und habe keine Kraft mehr. Sie arbeitet in der Altenpflege im Schichtdienst. Tatsächlich wirkt Frau Z. blass, erschöpft und beinahe teilnahmslos.

Frau Z. lebt seit zehn Jahren in Deutschland. Sie kam im Alter von achtzehn Jahren als Flüchtling aus Bosnien hierher und heiratete nach kurzer Zeit einen mehr als dreißig Jahre älteren Mann mit deutscher Staatsangehörigkeit, Amirs Vater, von dem sie seit drei Jahren getrennt ist. In ihrer bosnischen Heimat ist sie nie wieder gewesen, sie hat ihre Familie im Krieg verloren. Sie leidet noch heute unter Alpträumen und psychosomatischen Symptomen, aber sie will über ihre grauenvollen Erlebnisse nicht sprechen, sie will vergessen.

So weit die Informationen aus dem ersten Gespräch mit der Mutter, in welchem ich die wie ein Schutzschild vorgetragene Diagnose ADS erst einmal behandelte, als ob ich sie nicht verstünde, um so gemeinsam mit der Mutter eine Chance zu eröffnen für ein Verstehen des Kindes – und nicht der Diagnose.

In der zweiten Sitzung lerne ich Amir kennen: Amir will sich nicht auf einen eigenen Stuhl setzen, er sitzt auf dem Schoß der Mutter. Er vermeidet zunächst jeden Blickkontakt mit mir. Während die Mutter redet, zieht er an ihrer Jacke herum, bis diese ärgerlich wird und ihn von ihrem Schoß drängt. Jetzt steht er hilflos im Zimmer. Ich biete ihm Spielsachen an, die er ignoriert. Dann frage ich ihn, ob er etwas malen wolle, und zeige ihm die schon bereit gelegten Malsachen. Das Angebot nimmt er an, besteht aber darauf, dass seine Mutter und ich neben ihm sitzen. Er beginnt, ein Monster zu malen, und wackelt dabei ständig auf dem Stuhl herum. Nach wenigen Minuten hält er es nicht mehr aus und steht auf, geht zur Tür, dann wieder zurück und bleibt mitten im Raum stehen. Auf meine Frage, was er denn jetzt am liebsten tun würde, antwortet er nicht, ich habe den Eindruck, er hat mich nicht gehört. Seine Mutter wirkt indes bereits gestresst und wütend. Ich schlage vor, dass sie ein wenig spazieren geht und ich mit Amir alleine rede oder etwas spiele. Damit ist sie einverstanden, sie verlässt fast fluchtartig den Raum. Doch sobald die Mutter das Zimmer verlassen hat, wird Amir noch hektischer, er geht an den Spielzeugschrank, räumt wahllos alle Spielsachen aus und wirft sie mit ziemlicher Anspannung auf den Boden. Ich frage ihn, was er denn suche oder ob er etwas Bestimmtes wolle, denn ich hatte bereits von Anfang an den Eindruck, dass dieses Kind etwas verloren haben könnte oder innerlich auf der Suche nach etwas sei. Er sagt, er will ein Schwert und damit will er allen Monstern den Kopf abschlagen. Wir holen gemeinsam zwei Schwerter und kämpfen. Dabei gerät Amir in unglaubliche Erregung, sein Gesicht ist verzerrt, er kann offenbar nicht mehr realisieren, dass dies ein Spiel ist, so dass ich den Schwerterkampf abbrechen muss. Amir will das nicht akzeptieren, und als ich ihm sein Schwert wegnehme, bricht er in verzweifeltes Weinen aus. Er ruft nach seiner Mutter wie ein ganz kleines Kind und ist untröstlich. Als diese etwa zehn Minuten später wiederkommt, erstarrt er, bleibt auf dem Boden liegen und ist nicht ansprechbar. Vergeblich versucht die Mutter, auf ihn einzureden. Mit Hilfe eines großen weichen Stoffbären gelingt es mir schließlich, ihn aus seiner Erstarrung zu lösen und zum Aufstehen zu bewegen. Den Stoffbär hält er fest umklammert und möchte ihn am liebsten mitnehmen.

Am Ende dieser Sitzung fühle ich mich erschöpft und bin froh über eine Pause, in der ich etwas innere Distanz finden kann. Dieses Gefühl der Erschöpfung fasse ich in Worte, indem ich zu ihm sage: „Jetzt bin ich aber k.o. Jetzt brauch ich eine Pause. Diese Monster, die sind ja grauenhaft gefährlich und stark. Das hab ich vorher gar nicht geahnt. Beim nächsten Mal sperren wir sie in diese Kiste und den Schlüssel für die Kiste bekommst du. Daraufhin entspannt sich Amir sichtlich. Er verabschiedet sich von mir mit dem Hinweis: „Da musst du doch jetzt keine Angst mehr haben."

Amir zeigt natürlich ein sehr auffallendes Verhalten: Unkonzentriertheit, Schwanken zwischen kleinkindhaftem Klammern und massiver Aggression, Hypermotorik, Übererregbarkeit, Desorientierung.

Verwunderlich ist es also nicht, dass die Mutter nicht weiter weiß und die Lehrerin ebenfalls nicht.

Amirs Reaktionen weisen aber auch Merkmale auf, die für eine posttraumatische Belastungsstörung charakteristisch sind:

Merkmale der PTBS (Posttraumatische Belastungsstörung):

— Intrusion/Überschwemmtwerden mit schmerzlichen Affekten

— Vegetative Übererregbarkeit

— Betäubung der Reaktionsfähigkeit

— Intensive emotionale Reaktionen

— Lernschwierigkeiten

— Gedächtnisstörungen und Dissoziation

— Aggression gegen sich und andere

— Psychosomatische Reaktionen

(vgl. van der Kolk; McFarlane; van der Hart 2000)

Es ist daher aus professioneller Sicht sinnvoll, der Frage nachzugehen, ob Amir traumatische Erfahrungen erlitten hat und wenn ja, welche.

Warum gehe ich dieser Spur eher nach als der angebotenen Diagnose ADS?

Aus der Perspektive psychoanalytisch-pädagogischer Beratung steht das Verstehen-Lernen des Kindes in seinem Lebenskontext im Sinne eines gemeinsamen Entwicklungsprozesses im Vordergrund. Von daher ist das, was sich im unmittelbaren Kontakt mit dem Kind an Szenarien entfaltet und den Berater oder die Beraterin affektiv involviert, keineswegs als Ausagieren unbewusster Konflikte des Kindes zu werten, sondern als eine Symbolisierung, die zwar noch auf das Engste verwoben ist mit unverarbeiteten Affekten, aber dennoch eine sinnvolle Mitteilung enthält über seine Befindlichkeit und seine innere Welt. Der erbitterte, ja verzweifelte Kampf der Monster, mit den Monstern oder gegen die Monster hat nicht nur Amir physisch und affektiv erschöpft, sondern auch mich und hat mich an die Grenzen meiner beraterischen und kindertherapeutischen Kompetenzen gebracht: Wäre Amir etwas größer und kräftiger gewesen, hätte ich entweder rohe Gewalt anwenden müssen, um ihm das Schwert zu entwenden oder ich hätte mir selbst einige Blessuren zugezogen. Die unmittelbare Erfahrung der Begrenztheit eigener Professionalität, die Amir mir vermittelt hat, das starke affektive Involviertsein sind Hinweise darauf, dass Amirs innere Welt so bedrohlich ist, dass die Grenze seiner Belastbarkeit erreicht, wenn nicht gar überschritten ist.

Nun ist ein Trauma kein objektives Ereignis, sondern, wie Fischer und Riedesser es formuliert haben, ein

> „vitales Diskrepanzerleben zwischen äußeren Belastungsfaktoren und individuellen Bewältigungsmöglichkeiten, das mit Gefühlen von Ohnmacht und schutzloser Preisgabe einhergeht und eine dauerhafte Erschütterung von Selbst- und Weltverständnis bewirkt" (Fischer; Riedesser 1999, 79).

Regressive Prozesse bis hin zum so genannten Entwicklungsstillstand spielen bei der traumatischen Reaktion eine entscheidende Rolle. Dabei ist diese Regression nicht nur sinnvoll, sondern hat eine unabdingbar notwendige Schutzfunktion. Sie stellt quasi eine Notfallreaktion dar und steht im Dienste der Selbst-Erhaltung und zwar sowohl physiologisch als auch psychologisch. Aus bindungstheoretischer Perspektive werden in der traumatischen Situation sehr frühe, archaische Bindungsmuster reaktiviert, die das Überleben des Säuglings in Gefahrensituationen gewährleisten sollen. Das traumatisierte Kind reaktiviert also die innere Repräsentanz oder Phantasie einer Schutz und Hilfe gewährenden primären Bezugsperson, die das Überleben des hilflosen und ohnmächtigen Ich auch jetzt, in der traumatischen Situation sicherstellen könnte. Fatalerweise wird jedoch gerade die traumatisierende Person im Zuge dessen zum Träger dieser Repräsentanz. Das heißt, das Erleben der traumatisierenden Person und die Phantasie der Hilfe gewährenden Person vermischen sich. Hierdurch wird die Wahrnehmung der Realität diffus. Das Kind kann das Unfassbare, das Unerträgliche, den Schmerz, die Angst, die Scham- und Wutgefühle, von denen es überwältigt wurde, auch nach der traumatisierenden Situation nicht benennen und nicht begreifen. Es zweifelt an sich selbst und seiner Wahrnehmung. Auch dieser Zweifel ist Teil der für das psychische Überleben notwendigen Abwehr der unerträglichen Intrusion: „Es kann doch nicht wahr sein, dass meine Mutter/mein Vater mir wirklich etwas so Schlimmes angetan haben, es kann doch nicht wahr sein, dass meine Eltern in dieser Notsituation nicht da waren, mich nicht schützen konnten – vielleicht war es in Wirklichkeit doch anders – vielleicht habe ich etwas verwechselt – vielleicht war ich derjenige, der ganz böse war/der etwas ganz Schlimmes getan hat?"

Das Kind introjiziert schließlich die durch die traumatisierende Person definierte Beziehungssituation (vgl. Ehlert; Lorke 1988, Finger-Trescher 1987, 1991), denn durch die Verinnerlichung (Introjektion) schwindet der äußere „Angreifer", wird „intrapsychisch statt extra" (Ferenczi 1933, 308). Es handelt sich also streng genommen um eine Coping-Strategie oder Anpassungsleistung.

Zur Erläuterung dieses Zusammenhanges möchte ich auf das als „paradoxe Dankbarkeit" oder Stockholmsyndrom bekannt gewordene Phänomen verweisen. Ich zitiere aus einem Interview von zwei der befreiten österreichischen Geiseln nach monatelanger Entführung in der Sahara in den Jahren 2002 und 2003: „Ich möchte auch unseren Entführern danken" ... „Es war „ein ganz großartiges und sensationelles Erlebnis, das man jedem wünschen kann" (Spiegel Online, 19. Mai 2003).

Der Literaturwissenschaftler Jan Phillip Reemtsma hat dieses Phänomen eindrucksvoll beschrieben. Er war 33 Tage lang von seinen Entführern angekettet in einem Keller versteckt worden, ohne zu wissen, ob er diesen Keller jemals lebend verlassen würde:

„Am nächsten Tag fand er [Reemtsma spricht hier von sich in der dritten Person] nach dem Klopfen, Hereinkommen und wieder Gehen eine Tüte (Karstadt oder Kaufhof) vor, darin die ‚Chronik des 20.Jahrhunderts' und einen Bildband ‚Die Gemälde des Prado'. Zugleich wurde die Deckenlampe funktionsfähig gemacht, so dass er sie selbst ein- und ausschalten konnte. Ihm kamen Tränen und er fühlte sich unendlich dankbar" (Reemtsma 1998, 87). „Es waren die Gespräche als solche, die Erleichterung brachten [...] In diesen 33 Tagen hat er insgesamt vielleicht eine Stunde mit dem Engländer (der Entführer) gesprochen [...] Ich übertreibe nicht, wenn ich von Wohltat spreche. Er mochte diese Stimme, er fand sie sympathisch. Er mochte, dass die Stimme Englisch sprach. Er musste manchmal nach Wörtern suchen und das verlängerte die Gesprächsdauer [...] Einmal hatte er die Phantasie, der Entführer solle ihn trösten, ihn berühren, die Hand auf seine Schultern legen [...] ihm fiel es nicht leicht, sich diesen Wunsch einzugestehen [...] Es war ja schon bei der Stimme nicht ganz einfach so. Bei dem Wunsch nach körperlicher Berührung aber ist die Grenze zur Unterwerfung überschritten. Das Machtverhältnis ist eindeutig [...] ein krasses Nebeneinander von Allmacht und Ohnmacht, und der Ohnmächtige, der Übermächtigte, wünscht die körperliche Zuwendung des Machthabers. Da ist auch eine phantasierte Hand auf der Schulter extrem" (ebd., 177ff.).

Reemtsma hat hier in literarischer Form beschrieben, wie sich die grauenhafte Realität auf der einen Seite und die Wunschphantasien auf der anderen Seite in der von ihm erlittenen traumatischen Entführung und Gefangenschaft in seiner Wahrnehmung vermischen. Und er hat auch die Beschämung verdeutlicht, die dies unausweichlich für die traumatisierte Person bedeutet.

Auch Kinder versuchen, traumatische Erfahrungen zu symbolisieren und damit zu verarbeiten, jedoch ist die Fähigkeit zur Einschätzung von Realität und zur Verarbeitung traumatischer Erfahrungen beim Kind noch weitaus weniger ausgeprägt als bei einem Erwachsenen.

Infolge der Introjektion der traumatisierenden Person erlebt sich das Kind ganz so, wie es von dieser gesehen und real behandelt wurde. „Dies führt dazu, dass traumatisierte Individuen sich in einem fortlaufenden Zustand von In-Gefahr-Sein befinden ..." (Kirsch 1999, 49), selbst wenn realiter keine Gefahr besteht. Das traumatisierte Kind hält sich ja nun selbst für schlecht, böse, schmutzig, unwürdig, verachtenswert. Es glaubt, zu Recht misshandelt, missbraucht, missachtet, bedroht und verlassen zu werden, und lebt in der ständigen Erwartung, dass die traumatogene Situation „zu Recht" sich wiederholen wird.

Amir und die Monster

In der dritten Sitzung erfuhr ich, dass Amir seinen Vater gelegentlich besucht. Er hänge an seinem Vater, sagt Frau Z., obwohl dieser sadistisch und grausam sowohl mit ihr als auch mit Amir umgegangen sei. Frau Z. sagt, sie selbst sei mit den Nerven am Ende. Die Ehejahre waren gekennzeichnet durch heftige Streitigkeiten. Mehrfach ist Herr Z. seiner Frau gegenüber gewalttätig geworden, wenn er nachts betrunken nach Hause kam. Nachdem sie eine Berufstätigkeit in der Altenpflege aufgenommen hatte und nicht mehr ganztägig zu Hause war, ist er zunehmend eifersüchtig geworden und hat sie mit Unterstellungen und Drohungen verfolgt. Immer wieder hat er versucht, Amir auf seine Seite zu ziehen und gegen die Mutter aufzubringen, indem er beispielsweise sagte, seine Mama würde sich gar nicht für ihn interessieren, ihre Arbeit sei ihr viel wichtiger. Stundenlang, so Frau Z., sei er am Wochenende durch die Wohnung gelaufen und habe ihr lauthals unterstellt, sie hätte einen andern Mann, sie gehe nur aus dem Haus, um andere Männer zu treffen, sie sei eine Jugo-Hure, eine schlechte Mutter. Und er steigerte sich in Drohungen, er werde dafür sorgen, dass sie ihre Arbeit verliert, dass sie zurück nach Bosnien müsse, er werde ihr das Kind wegnehmen, er werde sie ruinieren, und wenn er sie je mit einem anderen Mann erwischen sollte, werde er sich vergessen und sie umbringen. Er steigerte sich in die Beschimpfungen und Drohungen hinein, bis der völlig verstörte Amir weinend aus seinem Zimmer gelaufen kam, um nachzuschauen, wo seine Mutter sei.

Frau Z., die bei dem soviel älteren Ehemann Schutz und Sicherheit zu finden gehofft hatte, erlebte mit ihm stattdessen Terror und Unterdrückung. Dies erinnerte sie in fataler Weise an die kriegsbedingten Erlebnisse in ihrer Heimat, denen sie ebenfalls schutzlos ausgeliefert war. Sie verließ Amirs Vater schließlich. Dieser hat zwar seine Drohung, er werde sie umbringen, nicht wahr gemacht, aber er terrorisiere sie nach wie vor und nutze jede Gelegenheit, ihr zu schaden.

Amir ist also aufgewachsen in einem Umfeld, in dem Gewalt und Terror an der Tagesordnung waren. Bindungssicherheit konnte er weder beim Vater noch bei der ja selbst bedrohten Mutter erfahren. Das Erleben eigenen hilflosen Ausgeliefertseins und das hilflose Mitansehen-Müssen der Gewalttaten gegen seine Mutter hat ihn in erheblicher Weise geprägt, insofern weder er in der Lage war, seine wesentliche Bindungsperson zu schützen noch umgekehrt. Die Erfahrungen seiner Mutter, der Terror des Krieges, die Tötung ihrer Eltern und Geschwister, der Verlust des Heimatdorfes, die Flucht etc. konnten von dieser in keiner Weise verarbeitet werden. Obwohl sie alles tun möchte, um Amir eine sichere, vor Leid geschützte Kindheit zu gewährleisten, gelingt ihr das nicht, da sie selbst nicht über die psychischen Ressourcen verfügt, die hierfür erforderlich wären. Aus der Arbeit mit Flüchtlingskindern und aus den Analysen von Holocaust-Überlebenden der zweiten und dritten Generation ist bekannt, wie sensibel diese Kinder das von den Eltern verschwiegene Grauen aufspüren, wie sie mit allen möglichen Mitteln versuchen, dieses gespürte, aber sprachlose Grauen, das unfassbare Entsetzen der Eltern konkreter zu erfassen, nicht zuletzt, indem sie durch eigene Verhaltensweisen in ihrem Umfeld eine Konkretisierung dieses elterlichen Schreckens herzustellen suchen (vgl. Walter 2002). Amir hat somit nicht nur die eigene konkrete Erfahrung mit der Gewalt des Vaters, er trägt darüber hinaus an der Last der entsetzlichen Erfahrungen seiner Mutter aus deren Vergangenheit und aus der Gegenwart. Und obwohl Amir versucht, die Mutter zu schützen, zu stützen, zu trösten, erfährt er sich hierin als ohnmächtig und hilflos, eine sehr beschämende Erfahrung. Er spürt mehr als dass er weiß, dass die psychischen Ressourcen der Mutter verbraucht sind, dass sie kaum noch Kraft hat, sich selbst psychisch am Leben zu erhalten, geschweige denn ihn, den neunjährigen Jungen. Amir „weiß", dass die Mutter ihn nicht halten kann. Umso entlasteter wirken er und Frau Z. nach einer kleinen Bemerkung meinerseits, mit der ich darauf hinweise, wie sehr seine Mutter sich um ihn sorgt, so sehr, dass sie manchmal daran gedacht habe, für ihn einen guten und sicheren Orte zu finden, an dem er geborgen und geschützt aufwachsen könne. Frau Z. bricht hieraufhin in Tränen aus und nimmt Amir zärtlich und traurig zugleich in den Arm.

Amir ist allerdings nicht in der Lage, sein Erleben zu verbalisieren, er kann es nur averbal im Spiel oder in anderen Handlungen zum Ausdruck bringen, die seiner Umwelt unverständlich und sinnlos erscheinen mögen, die aber das symbolisch zum Ausdruck bringen sollen, was seine innere Welt belastet.

Ich möchte daher an dieser Stelle Rut zitieren, die über die jahrelange traumatische Erfahrung sexueller Gewalt in ihrer Kindheit künstlerisches Zeugnis abgelegt hat:

„Der Schrei nach meinem Ich.
Ich trage seit meiner frühesten Kindheit eine Wunde in mir, die so tief ist, dass sie
mich durchlöchert.
Durch diese Löcher entweicht mein Ich, wenn mir der Schmerz zu groß ist.
Ich leide sehr, wenn mein Ich auf einem weit entlegenen grauen Planeten sich
befindet. –
Meinen Schrei hört niemand. –
Auf meiner Stirne brennt mein Missbrauchsmal. –
Zwei unendliche Tränen fließen aus meinen Augen. –
Beinahe drei Monate sind vergangen. Noch immer strecke ich die goldene Schale
– mein Ich empfangend – himmelwärts"

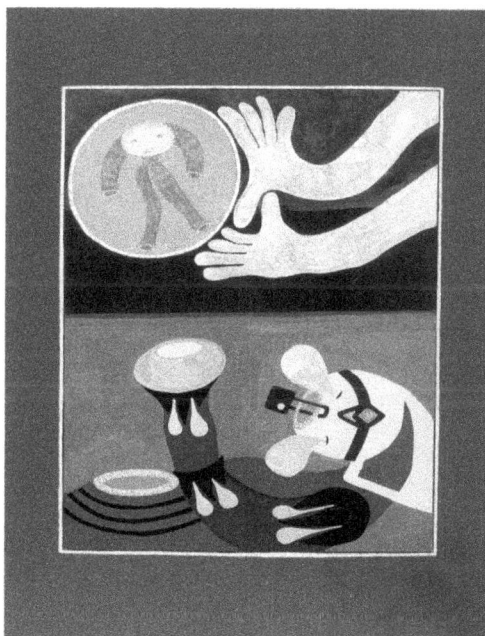

(© Rut Benedetti, Waser 2004, 34)

159

Was Reemtsma literarisch, Rut künstlerisch und literarisch geleistet haben, die Symbolisierung oder Mentalisierung der traumatischen Erfahrung nämlich, ist das, was im Prozess psychoanalytisch-pädagogischer Beratung gemeinsam zu leisten ist von Berater und Ratsuchenden. Kinder symbolisieren ihre Erfahrungen im Spiel, allerdings – und das unterscheidet ihr Spiel von der bewussteren künstlerischen Gestaltung – sind sie sich dessen, was sie symbolisch zum Ausdruck bringen, nicht bewusst. Die Symbolisierungsfähigkeit des Kindes ist zudem dann unvollständig und gestört, wenn allzu schmerzliche Affekte das Ich überschwemmen, was eine psychischer Notfallreaktion zur Folge hat, wie sie von Rut so eindrücklich beschrieben wurde: Das Ich „entweicht", es bringt sich in Sicherheit „auf einem weit entlegenen grauen Planeten" (ebd.).

Auf misslingende Versuche der Symbolisierung zuzugehen wie auf etwas Fremdes, etwas ganz Fernes, dem mit Neugier, Achtung und Interesse zu begegnen ist, gleicht einem Prozess entlastender Ent-Fremdung und De-Stabilisierung auf der einen und des gemeinsamen Kennen- und Verstehen-Lernens auf der anderen Seite. Auf dieser Basis kann es gelingen, aus unzusammenhängenden Sinnfragmenten ein zusammenhängendes Sinngefüge zu schaffen und unverständlich erschienenen Erlebnis- und Reaktionsweisen Bedeutung zu verleihen, die gleichsam entgiftend wirkt. Und es können innere Orte gestaltet werden, die vor der Intrusion unerträglicher Erinnerungen und Affekte gesichert werden und in denen potentiell andere, neue Erfahrungen gemacht werden können.

Literatur

Datler, W. (1995): Bilden und Heilen. Mainz

Ehlert, M.; Lorke, B. (1998): Zur Psychodynamik der traumatischen Reaktion. In: Psyche 1988, 502-532

Ferenczi, S. (1933): Sprachverwirrung zwischen den Erwachsenen und dem Kind. In: Ferenczi, S.: Schriften zur Psychoanalyse II. Frankfurt 1972

Figdor, H. (1999): Aufklärung, verantwortete Schuld und die Wiederentdeckung der Freude am Kind. In: Datler, W.; Figdor, H.; Gstach, J.: Die Wiederentdeckung der Freude am Kind. Gießen

Finger-Trescher, U. (1987): Trauma, Wiederholungszwang und Projektive Identifizierung. In: Reiser, H.; Trescher, H.-G. (Hrsg.): Wer braucht Erziehung? Mainz 1992

Finger-Trescher, U. (1991): Wirkfaktoren der Einzel- und Gruppenanalyse. Stuttgart-Bad Cannstatt

Finger-Trescher, U. (1999): Psychoanalytisch-pädagogische Strukturmerkmale von Erziehungsberatung in der Institution. In: Datler, W.; Figdor, H.; Gstach, J.: Die Wiederentdeckung der Freude am Kind. Gießen

Finger-Trescher, U. (2000): Trauma und Re-Inszenierung in professionellen Erziehungsverhältnissen. In: Finger-Trescher, U.; Krebs, H. (Hg.): Misshandlung, Vernachlässigung und sexuelle Gewalt in Erziehungsverhältnissen. Gießen

Fischer, G.; Riedesser, P. (1999): Lehrbuch der Psychotraumatologie. München, Basel

Gadamer, H.-G. (1960): Wahrheit und Methode. Tübingen

Hörster, R.; Müller, B. (1996): Zur Struktur sozialpädagogischer Kompetenz. In: Combe, A.; Helsper, W. (Hg.): Pädagogische Professionalität. Frankfurt

Hüther, G. (2001): Bedienungsanleitung für ein menschliches Gehirn. Göttingen

Kirsch, A. (1999): Trauma und Wirklichkeits(re)konstruktion: Theoretische Überlegungen zu dem Phänomen wiederauftauchender Erinnerungen. In: PTT, 1999, 45-54

Nissen, G. (2002): Seelische Störungen bei Kindern und Jugendlichen. Stuttgart

Obholzer, A. (1994): Afterword. In: Obholzer, A.; Zaiger, R. (Hg.): The Unconscious at Work. New York

Reemtsma, J. Ph. (1997): Im Keller. Reinbek 1998

Rut; Benedetti, G.; Waser, G. (2004): Trauma und Kunst. Sexueller Missbrauch und Depression. Basel

Spiegel online, 19. Mai 2003

van der Kolk, B.; McFarlane, A.; van der Hart, O. (2000): Ein allgemeiner Ansatz zur Behandlung der posttraumatischen Belastungsstörung. In: van der Kolk, B.; McFarlane, A.; Weisaeth, L.: Traumatic Stress. Grundlagen und Behandlungsansätze. Paderborn

Walter, J. (2002): Psychotherapeutische Arbeit mit Flüchtlingskindern und ihren Familien. In: Enders, M.; Biermann, G.: Traumatisierung in Kindheit und Jugend. München

Sinn – Ein kostbares Interaktionsresultat in Prozessen der Biographisierung

Winfried Marotzki

Es hat sich in der Biographieforschung eingebürgert, die Rekonstruktion des Prozesses der Erfahrungsverarbeitung durch den einzelnen Menschen als *Biographisierung* zu bezeichnen. In Biographisierungsprozessen legen Menschen ihr Verhältnis zu sich, zur sozialen und „natürlichen" Umwelt aus. Es ist ein Selbstverständigungsprozess, der in dem Maße virulenter wird, in dem die Notwendigkeit besteht, sein Selbst- und Weltverhältnis zu überprüfen; ob es also den neuen Situationen, mit denen der einzelne konfrontiert ist, standhalten kann oder ob es verändert werden muss. Dass dieses kein dezisionistischer Akt, sondern ein Prozess ist, darf unterstellt werden. Biographisierung ist die Reflexion auf den Prozess der biographischen Arbeit, durch den Erfahrungen verarbeitet worden sind. Biographisierungsprozesse dieser Art bilden einen integralen Bestandteil unseres Lebens. Es gibt aber auch Situationen, in denen sie – aus welchen Gründen auch immer – nicht stattfinden, in denen sie blockiert sind oder verhindert werden. Manchmal führt die Art und Weise der Biographisierung, wie Menschen sich also „die Dinge zurechtlegen", zu Konflikten mit ihrer Umwelt. In einigen Fällen wird deshalb auch professionelle Hilfe in Anspruch genommen, beispielsweise eines der vielen Beratungsangebote, um solche Prozesse zu gestalten. Auch wenn konkrete Handlungs- und/oder Verhaltensprobleme Menschen dazu bewegen, eine professionelle Beratung in Anspruch zu nehmen, spielt die Art und Weise, wie sie sich und die Welt „rahmen", in der Regel eine zentrale Rolle. Professionelle beratungsorientierte Hilfe muss deshalb zu diesen grundlegenden Selbst- und Welthaltungen „vordringen", sie muss sie verstehen, um Hilfe wirksam gestalten zu können. Urte Finger-Trescher hat in ihrem Beitrag in diesem Band den zentralen Gedanken expliziert, dass die Erarbeitung eines solchen Verständnisses ein gemeinsamer Prozess der Herstellung von Sinn- und Bedeutungszusammenhängen darstellt; gemeinsam heißt: er wird von BeraterIn und KlientIn geleistet. Ziel ist es, neue Erfahrungen zu ermöglichen und sich dadurch neue Handlungsspielräume zu erarbeiten. Diesen Gedanken möchte ich im Folgenden etwas weiter in seiner grundlegenden Bedeutung ausarbeiten und diskutieren.

Zunächst wende ich mich der Verstehensproblematik grundlegend zu, indem ich kurz an das Grundproblem des Verstehens erinnere, wie es Friedrich Schleiermacher ausgearbeitet hat. Den für Urte Finger-Trescher zentralen Aspekt der Ko-

Konstruktion von Sinnzusammenhängen arbeite ich dann in meinem *zweiten Schritt* aus, indem ich die zentralen Argumente von Wilhelm Dilthey vergegenwärtigen werde. Im *dritten* und abschließenden Schritt diskutiere ich in Bezug auf Wilhelm von Humboldt einige zentrale Aspekte des Verhältnisses, das wir zu Selbst- und Welthaltungen anderer Menschen eingehen können. Insgesamt verfolgt der Beitrag den Zweck, die Überlegungen und Argumentationen, die Finger-Trescher in ihrem Beitrag entwickelt, in einen grundlagentheoretischen Zusammenhang zu stellen und zu diskutieren.

1. Das Grundproblem des Verstehens: Friedrich Schleiermacher

Friedrich Schleiermacher (1838) hat in seiner *Hermeneutik* den grundsätzlichen Gedanken ausgearbeitet, dass für das Verstehen die Begriffe des Fremden und des Vertrauten konstitutiv sind. Damit ist für ihn eine fundamentale Grundparadoxie gegeben: Wenn an dem zu Verstehenden nichts Vertrautes besteht, *kann* nicht verstanden werden, ist an ihm nichts Fremdes, *braucht* nicht verstanden zu werden. Denn Verstehen ist das Überführen von dem Fremden in das Vertraute. Ich will an dieser Stelle nicht auf die Kritik eingehen, die in der Folge an dieser Position dessen, was verstehen bedeutet, geübt worden ist, nämlich dass Verstehen also gleichsam kolonialistisch als Aneignung und als Tilgung dessen verstanden wird, was als Fremdes gilt, so dass das Fremde als Fremdes aufgehoben und nicht anerkannt wird (vgl. Müller und Otto 1984).

Das Verdienst Schleiermachers besteht aber auf jeden Fall darin, dieses Muster des Verstehens nicht nur auf die Auslegung von literarischen und künstlerischen Werken beschränkt zu haben, wie Ast und Wolf, mit denen er sich auseinandersetzt, es tun, sondern diese hermeneutische Grundfigur auch für alltägliche Kommunikationsverhältnisse als zentral angesehen zu haben. Des Weiteren lehnt er es ab, den Ort des Fremden nur in einer anderen Sprache oder Kultur zu sehen, sondern räumt dieses auch innerhalb einer Sprache bzw. innerhalb der eigenen Lebenswelt ein (vgl. Schleiermacher 1838, 315), eben in alltäglichen Situationen, in denen Selbst- und Weltverhältnisse zur Disposition stehen. Verstehen hat also, das sei zusammenfassend gesagt, bei Schleiermacher bereits eine grundlegende interaktive Kontur des Abgleichs von Fremdheit und Vertrautheit. Aus meiner Sicht folgt daraus nicht zwingend, dass mein Vertrautheitshorizont zum Maßstab für die „Bearbeitung" des Fremden wird, wie später Hans-Georg Gadamer (1975) mit seinem Begriff der „Horizontverschmelzung" zum Ausdruck gebracht hat. Ich werde am Schluss dieses Aufsatzes auf diesen Aspekt noch mal zurückkommen.

Wenden wir uns nun dem für Finger-Trescher zentralen Gedanken zu, dass Verstehen der Selbst- und Weltbezüge (des Klienten) im Wesentlichen eine Ko-Konstruktion von Sinnzusammenhängen darstellt

2. Sinnkonstitution: Wilhelm Dilthey

Zunächst seien einige Anmerkungen zur Lage der gegenwärtigen Diltheyforschung gemacht. Fritjof Rodi skizziert 1983 in seinem knappen Forschungsbericht, dass innerhalb der Dilthey-Forschung seit dem Ende der sechziger Jahre neue Impulse wirksam geworden seien. Er begründet dies hauptsächlich damit, dass die Herausgabe der Gesammelten Schriften Diltheys fortgeführt und auf diese Weise neue Materialien der Öffentlichkeit zugänglich gemacht wurden. Neben diesen eher werkimmanenten Impulsen lässt sich nun aber auch beobachten, dass zwei Jahrzehnte später in relativ jungen Forschungsgebieten Bezüge zu Dilthey neu hergestellt wurden bzw. hergestellt werden können. Ich beziehe mich auf die sozialwissenschaftlich inspirierte Biographieforschung, die sich in den letzten zwanzig Jahren etabliert und breite Anerkennung gefunden hat (vgl. Krüger und Marotzki 1999, Flick u.a. 2003). Bei dieser Richtung handelt es sich zunächst um ein Sammelbecken jener Forschungsgebiete, die sich im Unterschied zur rein quantitativen Forschung als qualitative Forschung verstehen. Im engeren Sinne handelt es sich jedoch, vereinfacht gesagt, um eine Disziplin, die aus dem Umkreis phänomenologisch orientierter Soziologie hervorgegangen ist. Explizite Bezüge auf Dilthey finden sich etwa in der Arbeit von Albrecht Lehman (1983). Er sieht in Diltheys Überlegungen im Kern alle wesentlichen Annahmen enthalten, mit denen moderne Biographieforschung arbeitet. Man wird dieser Einschätzung in einzelnen Punkten sicherlich skeptisch gegenübertreten können. Richtig ist aber daran auf jeden Fall, dass wir bei vielen Vertretern dieses neuen Forschungsparadigmas der Sache nach Gemeinsamkeiten mit Diltheys Auffassungen des menschlichen Lebenslaufs finden, wenn sie selbst diese Bezüge auch nicht immer explizit aufnehmen.

Ich möchte in dieser Arbeit nicht die Anschlüsse moderner Biographieforschung an Dilthey diskutieren, sondern nur darauf verweisen, dass eine Bezugnahme aus mehreren Gründen plausibel ist. Biographien in der Moderne zeichnen sich durch ein hohes Maß an Fragilität aus, d.h. es gelingt immer weniger Menschen, vor allem Heranwachsenden, ihre Biographien so zu „organisieren", dass eine gewisse Kontinuität und Stabilität ihres Lebens erreicht wird. Biographien in der Moderne werden offensichtlich immer stärker strapaziert und gesteigerten Belastungen ausgesetzt, so dass für viele eine Sinnkrise immer manifester wird. Es scheint so zu sein, dass die Anforderungen an den einzelnen, sein Leben sinnhaft zu gestalten, immer weniger dadurch bewältigt werden kann, dass man auf externe Sinnressourcen (wie z.B. Kirche oder Staat) zurückgreift und diese Orientierungspotentiale nutzt. Vielmehr kommt es vermehrt darauf an, dass der Einzelne immer stärker aus sich heraus Sinn erzeugen muss. Die Frage, was Sinnkonstitution bedeutet, führt direkt zu Wilhelm Dilthey.

Wilhelm Dilthey hat mit seiner Grundlegung der Geisteswissenschaften ein basales Verständnis des menschlichen Lebenslaufs und der Biographie eröffnet. Er opponiert gegen mechanistische, technokratische und reduktionistische Auffassungen vom Menschen und entwirft, ausgehend von der bekannt gewordenen Parole „Die Natur erklären wir, den Menschen verstehen wir" ein Verstehenskonzept, das es erlauben soll, den Menschen mit, durch und in seinen Manifestationen zu verstehen. Unter menschlichen Manifestationen versteht er sowohl künstlerische Produktionen als auch jegliche Art ordnenden Tuns und Verhaltens in sozialen Kontexten. Für ein solches Verstehenskonzept sieht er den methodischen Ansatzpunkt in der inneren Erfahrung, in der uns die Realität gegeben ist. Pointiert kann man durchaus sagen, dass er unter Geisteswissenschaft die Wissenschaft der inneren Erfahrung versteht: „So hat es die Naturerkenntnis nur mit Erscheinungen für das Bewusstsein zu tun. Der Gegenstand der Geisteswissenschaften dagegen ist die in der inneren Erfahrung gegebene Realität der Erlebnisse selber" (Dilthey V, 363). Die Grundlage bildet für ihn die Hermeneutik, also jene Tradition, die sich mit der Auslegung von Texten und Kommunikationssituationen beschäftigt. Herwig Blankertz macht zu Recht darauf aufmerksam, dass für Dilthey – methodisch gesehen – menschliche Objektivationen und Manifestationen im weitesten Sinne zu einem „Text" werden (vgl. Blankertz 1982, 219), den es dann im Verstehensprozess auszulegen gelte. Um diesen Verstehensprozess geht es mir im Folgenden in zweierlei Hinsicht: Zum einen bedeutet Verstehen: andere und anderes verstehen; zum anderen bedeutet es aber auch: sich selbst verstehen. Verstehen ist der elementare Vorgang, in dem der Mensch zu einem Welt- und Selbstverhältnis findet.

Für Dilthey besteht die Aufgabe der Geisteswissenschaften darin, gesellschaftlich aufeinander bezogene individuelle „Lebenseinheiten" zu verstehen, d.h. „nachzuerleben und denkend zu erfassen" (Dilthey V, 340). Solche Lebenseinheiten beschreibt er zunächst als Einzelpersonen und als deren Ausdrucksbewegungen, Worte und Handlungen (vgl. Dilthey V, 340). Diese Individuen werden von Dilthey jedoch nicht als isolierte, atomisierte Subjekte verstanden, sondern sie werden, wie wir heute sagen würden, als sozialisatorisch vermittelte verstanden. Das heißt, dass sie in sozialen Einheiten wie Familien, Gruppen, Gesellschaften oder Kulturen stehen und durch diese in einer bestimmten historischen Situation auch geprägt werden. Entscheidend scheint mir nun folgende Einsicht Diltheys zu sein:

„Doch erschöpft kein Begriff den Gehalt dieser individuellen Einheiten, vielmehr kann die Mannigfaltigkeit des anschaulich in ihnen Gegebenen nur erlebt, verstanden und beschrieben werden. Und auch ihre Verwebung im geschichtlichen Verlaufe ist ein Singuläres und für das Denken unausschöpfbar" (Dilthey V, 341).

Dieser Gedankengang drückt das aus, was in der philosophischen Diskussion im Zeichen des Adornoschen Denkens gerne als Primat des Individuellen bezeichnet worden ist. Gemeint ist damit, dass das, was Individualität heißt, nicht aus allgemeinen Schemata ableitbar ist. Individualität ist in diesem Sinne kein Fall des Allgemeinen, sondern beinhaltet darüber hinaus etwas, was mit diesem gerade nicht identisch ist, also etwas Nichtidentisches. Begriffliches Denken, so Adornos Überlegung, müsse sich dessen gewiss sein, dass im Zudenkenden gleichsam ein Rest bleibe, der dem Begriffe nicht gleichzumachen sei, der über den Begriff hinausgehe. Die Differenz zwischen dem, was im Begriff aufgehe, und dem, was in ihm nicht aufgehe, gelte es gerade stark zu machen. In diesem Sinne ist es interessant, wenn Jean-François Lyotard gerade diese Position der Aufrechterhaltung der Differenzen besonders betont, die gerade nicht durch Einheitsdenken nivelliert werden dürften. In diesem Sinne sagt Lyotard: „Krieg dem Ganzen, zeugen wir für das Nicht-Darstellbare, aktivieren wir die Differenzen, retten wir die Ehre des Namens" (Lyotard 1987, 31). Das von Dilthey angeführte Zitat kann zunächst auch in diese Richtung ausgelegt werden, wenn gesagt wird, dass kein Begriff den Gehalt der individuellen Einheit erschöpfe. Begriffliches Denken ist also, folgen wir dem Diltheyschen Gedanken weiter, nur bedingt dazu in der Lage. Es ist ein notwendiges Element des Verstehensprozesses, aber noch kein hinreichendes. Die manifestierte Mannigfaltigkeit des Individuellen könne erlebt, (im nichtbegrifflichen Sinne) verstanden und beschrieben werden.

Die Unausschöpfbarkeit des Individuellen, von der Dilthey spricht, muss ziemlich stark akzentuiert werden. In anderen Zusammenhängen finden wir ja auch ein solches Insistieren eben darauf. Neben Adorno könnte man auch an Jean Paul Sartre denken, der vom Individuellen sagt, es sei komplexer als jegliche Formel. Gerade durch eine solche Sichtweise bewahrt und achtet man die Möglichkeiten des Subjektes, die immer auch Möglichkeiten des Andersseins sind. Individuelle Entwicklung bleibt als Möglichkeit dem einzelnen stets zugeschrieben, auch wenn – wie etwa im Falle schwerer psychischer Erkrankung und psychiatrischer Behandlung – Entwicklungsmöglichkeiten nicht mehr zu bestehen scheinen. In der pädagogischen Tradition ist ja eine solche kontrafaktische Zuschreibung von Entwicklungsmöglichkeit auch unter dem Begriff der „Bildsamkeit" benannt worden (vgl. Benner 1987). Deshalb ist auch auf dem Diltheyschen Diktum der Unausschöpfbarkeit des Individuellen prinzipiell zu beharren. Im Namen der Entwicklungsmöglichkeiten des Einzelnen ist schließlich – um ein literarisches Beispiel zu geben – auch Max Frischs Aussage „Du sollst Dir kein Bildnis von mir machen" zu verstehen, weil es eine Fest-Legung und eine Fest-Stellung bedeutet, wenn man sich ein Bild vom anderen macht. Dass wir uns trotzdem immer ein Bild vom anderen machen und möglicherweise auch gar nicht darum herum kommen, steht dabei auf einem anderen Blatt. Frisch verweist auf die zementierende und einengende, teilweise auch erstickende und würgende Funktion des Bildermachens. Sie legt das Subjekt auf den Status quo fest. Pädagogisch kreatives Handeln ist darauf angewiesen, auch und gerade kontrafaktisch dem Einzelnen Möglichkeiten des Andersseins systematisch zuzuschreiben. Die Fähigkeit, dies zu können, ist Teil der professionellen pädagogischen Kompetenz, die immer dringlicher wird, je mehr Strapazierungen psychische Ressourcen in hochkomplexen Gesellschaften ausgesetzt sind.

Eine Lebenseinheit kann nach Dilthey nur deshalb verstanden werden, weil sie ein gestalterischer und deshalb kreativer Ausdruck einer zugrunde liegenden psychischen Struktur darstellt. Der Hinweis darauf, dass doch oft im täglichen Leben gar keine Rede davon sein könne, dass die Art und Weise, wie ich lebe, ein kreativer Ausdruck meiner psychischen Struktur sein soll, ist als Gegenargument nicht haltbar. Eine solche Aussage würde nämlich gerade darauf verweisen, dass die kreativen Möglichkeiten gerade nicht realisiert worden sind bzw. nicht haben realisiert werden können. Die Aussage würde damit auf das ausstehende und deshalb noch zu realisierende Kreativitätsmoment verweisen. Dilthey hat dieses kreative Moment durch seine Kategorien der *Gestaltung* und des *Ausdrucks* (Manifestation) gefasst. Die verschiedenen Manifestationen sind Ausdruck der psychischen Struktur in ihrer Vermittlung mit gesellschaftlichen Gegebenheiten. Gerade insofern sind sie erschließbar.

Die Struktur des Seelenlebens ist das Theorem, von dessen Rekonstruktion ein modernes Verständnis Diltheys zentral abhängt. Die erste Bestimmung dieser psychischen Struktur ist, dass sie sowohl von ihrer Umgebung vermittelt und geprägt sei als auch auf diese vermittelnd und prägend einwirke. Diese sehr simple Einsicht der Wechselwirkung ist als grundlegendes Denkmodell bis in gegenwärtige kultur- und sozialisationstheoretische Diskussionen hinein aufweisbar. Der prominente Vertreter dieser Debatte Pierre Bourdieu formuliert diesen Sachverhalt unter dem Stichwort des *Habitus* so, dass es sich dabei um durch die kulturelle Umwelt strukturierte Strukturen handele, „die geeignet sind, als strukturierende Strukturen zu wirken" (Bourdieu 1979, 165). Ich will damit an dieser Stelle nicht behaupten, dass Diltheys und Bourdieus Auffassungen vom Strukturzusammenhang menschlicher Subjektivität identisch seien; das wäre sicherlich verfehlt. Andeuten wollte ich aber zumindest, dass es in dem Punkt der strukturtheoretischen Betrachtungsweise gewisse Gemeinsamkeiten gibt.

Kommen wir aber zum eigentlichen Anlass, uns mit Dilthey zu beschäftigen. Verstehen heißt nämlich bei ihm: Zusammenhänge herstellen. Das ist seit jeher der erste hermeneutische Grundsatz: Das Einzelne kann nur verstanden werden, indem ich es in eine Ganzheit einordne und diese Ganzheit selbst kann nur aus den Einzelteilen verstanden werden. Dieser traditionell so verstandene hermeneutische Zirkel, von dem Martin Heidegger gesagt hat, es komme nicht darauf an, wie man aus ihm herauskommen könne, sondern darauf, wie man sich in ihm bewege; dieser hermeneutische Zirkel ist auch für Dilthey grundlegend. Nur über einen so gearteten Prozess kann überhaupt Zusammenhang hergestellt werden. Ein solcher Prozess des Auslegens, der das Ziel hat, Zusammenhang herzustellen, ist prinzipiell nicht abgeschlossen, sondern ein ständiges Wechselverhältnis mit dem ständig wieder neu zu antizipierenden Ganzen.

Damit ist der systematische Ort erreicht, an dem der Sinnbegriff eingeführt werden kann. Die Kategorie des Zusammenhanges ist eine zentrale Kategorie des Lebens, wie Dilthey es nennt. Sinnkonstitution heißt: Zusammenhang herstellen. In diesem Sinne sagt Dilthey:

„Der Lebensverlauf besteht aus Teilen, besteht aus Erlebnissen, die in einem inneren Zusammenhang miteinander stehen. Jedes einzelne Erlebnis ist auf ein Selbst bezogen, dessen Teil es ist; es ist durch die Struktur mit anderen Teilen zu einem Zusammenhang verbunden. In allem Geistigen finden wir Zusammenhang: so ist Zusammenhang eine Kategorie, die aus dem Leben entspringt. Wir fassen Zusammenhang auf vermöge der Einheit des Bewußtseins" (Dilthey VII, 195).

Die Zusammenhangsbildung ist bei Dilthey also eine Leistung des Bewusstseins, das Beziehungen zwischen Teilen und einem Ganzen beständig herstellt und in neuen biographischen Situationen überprüft bzw. modifiziert. Diesen Prozess der permanenten Zusammenhangsbildung bezeichne ich, wie einleitend schon angedeutet, als *Biographisierung*. Leben als Strukturzusammenhang, wie Dilthey es formuliert, wird also mit Hilfe des hermeneutischen Topos des Ganzen und der Teile expliziert. Die Biographie ist somit ein vom Subjekt hervorgebrachtes Konstrukt, das als eine Einheit die Fülle von Erfahrungen und Ereignisse des gelebten Lebens zu einem Zusammenhang organisiert. Die Herstellung eines solchen Zusammenhanges der Erlebnisse und Erfahrungen erfolgt über Akte der Bedeutungszuschreibung. Bedeutung wird von der Gegenwart aus vergangenen Ereignissen verliehen. Die Erinnerungen, die jemand von seinem Leben noch aktualisieren kann, sind jene, die ihm bedeutungsvoll in einem Gesamtzusammenhang erscheinen, über die und durch die er sein Leben strukturiert. Dilthey beschreibt die Biographisierung über Bedeutungsherstellung wie folgt:

„Die Kategorie der Bedeutung bezeichnet das Verhältnis von Teilen des Lebens zu einem Ganzen, das im Wesen des Lebens begründet ist. Wir haben diesen Zusammenhang nur vermittels der Erinnerung, in welcher wir den vergangenen Lebenslauf überblicken können. Dabei macht sich dann die Bedeutung als Form der Auffassung des Lebens geltend. Wir erfassen die Bedeutung eines Momentes der Vergangenheit. Er ist bedeutsam, sofern in ihm eine Bindung für die Zukunft durch die Tat oder durch ein äußeres Ereignis sich vollzog. Oder insofern der Plan künftiger Lebensführung erfasst wurde. Oder er ist für das Gesamtleben bedeutsam, sofern das Eingreifen des Individuums in dieses sich vollzog, in welchem sein eigenes Wesen in die Gestaltung der Menschheit eingriff. In allen diesen und anderen Fällen hat der einzelne Moment Bedeutung durch seinen Zusammenhang mit dem Ganzen, durch die Beziehung von Vergangenheit und Zukunft, von Einzeldasein und Menschheit" (Dilthey VII, 233).

Werner Loch sieht das, was ich Biographisierung nenne, als anthropologischen *Zwang* an, „dem jeder bewusstseinsfähige Mensch unterworfen ist: sich des subjektiven Sinns seines Lebenslaufs immer wieder neu vergewissern zu müssen, weil Sinn durch das, was ihm im Verlauf seines Lebens begegnet, immer wieder neu in Frage gestellt wird" (Loch 1979, 141). Jedes gegenwärtige Erlebnis wird zu einem Bestandteil unserer Vergangenheit und wirkt zurück auf alle nachfolgenden Erlebnisse. Wenn aber ein Erlebnis (eine persönliche Erfahrung) stets auf den Strukturzusammenhang (auf die ganze Person) bezogen ist, dann ist die Mitteilung eines Erlebnisses bereits die Mitteilung über die dialektische Verbindung des Erlebnisses mit dem Strukturzusammenhang. Ein mitgeteiltes Erlebnis ist also ein mitgeteiltes verarbeitetes Erlebnis. Verarbeitung bedeutet dann, ein Erlebnis zu dem Strukturzusammenhang in Beziehung zu stellen, es zu relationieren, es also innerhalb einer Struktur einem bestimmten Ort zuzuweisen. Nur wo solche vom Menschen gestifteten Strukturzusammenhänge vorhanden sind, ist auch Entwicklung möglich (vgl. Dilthey V, 218). Darauf verweist auch Loch ausdrücklich und hebt dann den damit verbundenen konstruktiven Charakter des Subjektes deutlich hervor:

„Bildung ist im Zusammenhang dieses hermeneutischen Strukturalismus nicht anders denkbar denn als subjektive und intersubjektive Konstruktion von objektiven Zusammenhängen, als Schaffung von Gebilden, die im Verlauf des Lebens so lange Bestand haben, wie sie für eine zweckmäßige Lebensführung von Bedeutung sind" (Loch 1979, 128).

Zusammenfassend ist also zu sagen, dass der Begriff Biographisierung jene Form der bedeutungsordnenden, sinnherstellenden Leistung des Subjektes in der Besinnung auf das eigene gelebte Leben bezeichnet. Eine sinnstiftende Biographisierung gelingt nur dann, wenn es gelingt, in retrospektiver Einstellung Zusammenhänge herzustellen, die es erlauben, Ereignisse und Erlebnisse in sie einzuordnen und Beziehungen untereinander wie auch zur Gesamtheit herzustellen. Auf diese Weise arbeiten wir ständig daran, unser Leben konsistent zu machen, Linien in das „Material" unserer Vergangenheit zu legen, die ordnen und Zusammenhänge stiften. Linien trennen, heben hervor, konturieren, zeigen Richtungen an. Sie stellen Bezugs- und Orientierungsmarkierungen dar. Gelingt es nicht, Linien in unsere Biographie zu bringen, dann sagen wir auch umgangssprachlich: „Ich bekomme das alles nicht mehr zusammen". Wenn in dieser Weise das Linienlegen, die Zusammenhangsbildung misslingt, dann kann zu Recht von einer Krise, einer existentiellen Sinnkrise, gesprochen werden. Es ist auffallend, dass gerade bei Psychiatriepatienten zu beobachten ist, dass sie in der Regel keine Zusammenhänge mehr in ihre eigene Vergangenheit zu bringen vermögen (vgl. Marotzki 1991). Ihnen ist ihre Vergangenheit abhanden gekommen; sie verfügen noch über Fragmente, aber über keine zusammenhängende Geschichte mehr, die die ihres Lebens wäre. Kommt einem Menschen jedoch seine eigene Vergangenheit abhanden, dann kommt er sich selbst abhanden. Das ist die Logik der Sinnkrise: Ihre Symptomatik ist die permanent fehlschlagende Biographisierung.

Wenn mir in diesem Sinne meine Vergangenheit als der mich konstituierende Zusammenhang abhanden kommt, dann kommen mir zwei weitere, für menschliche Subjektivität zentrale Merkmale abhanden, nämlich: Erlebnisqualität und Zukunftsbezug. Die Erlebnisqualität wird deshalb tief beeinflusst und vermindert, weil ich mich im Erleben ständig als Einheit erfahre:

„Im Erleben bin ich mir selbst als Zusammenhang da. Jede veränderte Lage bringt eine neue Stellung des ganzen Lebens. Ebenso ist in jeder Lebensäußerung, die uns zum Verständnis kommt, immer das ganze Leben wirksam" (Dilthey VII, 160).

Der Zukunftsbezug kommt abhanden, weil ein Entwurf nur ein solcher sein kann, der aus meiner durch mich strukturierten Vergangenheit aus erfolgen kann. Damit soll nicht behauptet werden, dass er durch diese determiniert wäre, aber es soll wohl behauptet werden, dass er auch nicht ganz unabhängig von ihr ist. Orientierungspotentiale umfassen sowohl Vergangenheit als auch Zukunft. Solche biographischen Entwürfe tragen die Signatur des Individuellen und sind nicht verallgemeinerbar, genauso wie Sinnkonstitution prinzipiell eine individuelle ist. Individuelle biographische Verarbeitung ist in diesem Sinne individuelle Sinnarbeit:

„Jedes Leben hat einen eigenen Sinn. Er liegt in einem Bedeutungszusammenhang, in welchem jede erinnerbare Gegenwart einen Eigenwert besitzt, doch zugleich im Zusammenhang der Erinnerung eine Beziehung zu einem Sinn des Ganzen hat. Dieser Sinn des individuellen Daseins ist ganz singulär, dem Erkennen unauflösbar, und er repräsentiert doch in seiner Art, wie eine Monade von Leibnitz, das geschichtliche Universum" (Dilthey VII, 199).

An dieser Stelle sehe ich die engsten Bezüge zu dem Beitrag von Urte Finger-Trescher in diesem Band, denn auch für sie ist es entscheidend, in der Arbeit mit dem Klienten gleichsam an einem zusammenhängenden Sinngefüge zu arbeiten:

„Auf dieser Basis kann es gelingen, aus unzusammenhängenden Sinnfragmenten ein zusammenhängendes Sinngefüge zu schaffen und unverständlich erschienenen Erlebnis- und Reaktionsweisen Bedeutung zu verleihen, die gleichsam entgiftend wirkt" (Finger-Trescher, in diesem Band).

Für die moderne Biographieforschung handelt es sich jedenfalls bei Diltheys Konzeption des Lebenslaufs um einen zentralen traditionellen Theoriebestand, auf den sie zur weiteren Ausarbeitung ihres Paradigmas zurückgreifen kann. Während Dilthey eher literarische Autobiographien im Auge hatte, arbeitet die von mir herangezogene sozialwissenschaftlich inspirierte Biographieforschung mit selbst erhobenen Materialien. Diese werden in der Regel mittels narrativer Interviews (vgl. Schütze 1983) oder verwandter Formen offener Interviews erhoben. Trotzdem gilt auch für diese Art von Materialien prinzipiell, was Dilthey von der Selbstbiographie sagt, dass sie uns nämlich den direktesten und höchsten Ausdruck einer „Besinnung über das Leben" präsentieren. Biographieforschung und psycho-soziale Beratungsangebote haben das Studium menschlicher biographischer Entwürfe gemeinsam. Und die Grammatik dieser Entwürfe wird durch Sinnstrukturen gebildet.

3. Die Anerkennung des Fremden: Wilhelm von Humboldt

Kehren wir zu dem Ausgangsproblem zurück, das wir anhand der Schleiermacherschen Position erörtert haben: Der Maßstab für die Sondierung des Fremden ist das eigene Vertraute, aber nicht in der Schleiermacher vorgeworfenen Weise, dass das Fremde gleichsam nivelliert werde. Ein Theoretiker, der in gewisser Weise als Begründer des neuzeitlichen Bildungsbegriffs verstanden werden kann, nämlich Wilhelm von Humboldt, hat diesen Gedanken weiter radikalisiert.

Humboldt hat immer wieder betont, dass in der Sprache die irreduzible Verschiedenheit von Selbst- und Weltansichten zum Ausdruck kommt. Dabei geht es keineswegs nur um die Verschiedenheit der Nationalsprachen, sondern zunächst und zugleich auch um die Verschiedenheit individueller Sprechweisen.

„Eine Nation hat freilich im Ganzen dieselbe Sprache, allein schon nicht alle Einzelnen in ihr [...] ganz dieselbe, und geht man noch weiter in das Feinste über, so besitzt wirklich jeder Mensch seine eigene. [...] Alles Verstehen ist daher immer zugleich ein Nicht-Verstehen [...]" (Humboldt 1827-1829, 228).

Ich folge hier der Wende in der Humboldt-Rezeption, die, Hans-Christoph Koller (1999, 2003) folgend, seine sprachwissenschaftlichen Arbeiten ab 1820 stärker in der Vordergrund rückt. Humboldts Auffassung der Sprachen als je verschiedener Selbst- und Weltansichten führt aber nicht nur zur Anerkennung ihrer prinzipiellen Gleichrangigkeit, sondern auch zur Einsicht in die unüberwindlichen Differenzen zwischen den Sprachen. Dies zeigt sich vor allem in den Überlegungen zum Übersetzen. In der Einleitung zu seiner Agamemnon-Übertragung hält Humboldt fest, dass „kein Wort einer Sprache vollkommen einem in einer andren Sprache gleich" sei (Humboldt 1816, 137) und fährt fort: Das Wort

„muss nothwendig Verschiedenheiten darbieten, und wenn man die besten, sorgfältigsten, treuesten Übersetzungen genau vergleicht, so erstaunt man, welche Verschiedenheit da ist, wo man bloss Gleichheit und Einerleiheit zu erhalten suchte. Man kann sogar behaupten, dass eine Übersetzung umso abweichender wird, je mühsamer sie nach Treue strebt. Denn sie sucht alsdann auch feine Eigenthümlichkeiten nachzuahmen, vermeidet das bloss Allgemeine, und kann doch immer nur jeder Eigenthümlichkeit eine verschiedne gegenüberstellen" (Humboldt 1816, 138).

Gerade weil die Worte nicht nur Zeichen für etwas sind, sondern auch untereinander in komplexen Beziehungen stehen, ist keine Sprache einer anderen völlig kommensurabel. Stets bleibt eine unüberwindliche Kluft, die sie voneinander trennt. Die Verschiedenheit der Sprachen betrifft für Humboldt ja nicht nur die nationalen, sondern auch die regionalen, sozialen und sogar individuellen Unterschiede: in gewisser Weise spricht für ihn „wirklich jeder Mensch seine eigene" Sprache (Humboldt 1827-1829, 228). In diesem Sinn ist jedes Sprechen, das ja immer auf Erwiderung zielt, zumindest der Möglichkeit nach das Erlernen einer fremden Sprache, d.h. mit einer Metapher Humboldts: das Sich-hinein-Spinnen in eine fremde Selbst- und Weltansicht (vgl. Humboldt 1827-1829, 224).

In Humboldts Perspektive zeigt sich, dass die Grenzen der Aneignung klar thematisiert werden und Bildung letztlich darin besteht, nicht kommensurable Selbst- und Weltanschauungen anderer anzuerkennen und damit auch grundsätzlich anzuerkennen, dass sie nicht restlos anzueignen und zu integrieren sind.

4. Schlussbemerkung

Das Fremde ist also, so zeigen die kurzen Skizzen von Schleiermacher, Dilthey und Humboldt, in die Interaktionsstruktur gleichsam eingeschrieben. Wie sollen wir damit umgehen? Einerseits könnte man sagen, dass es darauf ankomme, das Fremde als solches zu akzeptieren. Aber verzichtet man dann darauf, es zu verstehen? Kann ich mit etwas, das ich nicht verstehe, in einen Dialog treten? Die radikale Position, die die bedingungslose Akzeptanz des Fremden fordert, steht also in der Gefahr der Dialogunfähigkeit und damit des Verstummens. Wenn andererseits aber der Anspruch erhoben wird, das Fremde restlos in das Vertraute zu überführen, kann ich dann das Fremde akzeptieren? Das ist die grundlegende Paradoxie allen professionellen Handelns, das auf der Basis von Verstehen beruht. Wie wir aus der Erörterung der Grundstruktur professionellen Handelns wissen, gibt es hier keinen Ausweg. Es kommt nicht darauf an, um Heideggers Aussage über den hermeneutischen Zirkel leicht abzuwandeln, wie man aus dieser paradoxalen Grundstruktur herauskommt, sondern wie man sich in ihr bewegt. Die Spannung zu kennen, sie auszuhalten und sie auszubalancieren, ist gerade das Professionelle in der Interaktion mit dem anderen.

Und noch etwas: Wenn für menschliche Erfahrung charakteristisch ist, dass Zusammenhangsbildung „funktioniert", sollen wir davon ausgehen, dass es jederzeit möglich ist? Ist eine misslungene Zusammenhangs- und damit Sinnbildung ein defizienter Modus des Seins? Das damit verbundene Leiden ist von nicht wenigen Klassikern als mit der menschlichen Existenz eng verbunden gesehen worden. Gadamer verweist auf Aischylos, der die Formel „durch Leiden lernen" für die innere Geschichtlichkeit der Erfahrung aufgestellt hat. Gadamer legt diese Formel existentiell aus, insofern sich der Mensch im Leiden seiner Endlichkeit bewusst werde. Und für Hegel ist in der „Phänomenologie des Geistes" der Weg des Bewusstseins ein Weg der Verzweiflung. Hegel hat immer wieder betont, dass das Leben in der Moderne ein Leben ist, das sich darauf einzurichten hat, mit einem „zerrissenen Bewußtsein" zu leben. So lautet ein Aphorismus aus seinem Wastebook (1803-1806): „Ein geflickter Strumpf [ist] besser als ein zerrissener; nicht so das Selbstbewußtsein." (Hegel Wastebook, 558) Sicherlich ist dieses nicht so zu verstehen, dass das Subjekt gleichsam die Zerrissenheit seines Bewusstseins affirmativ zum Dauerzustand erheben und sich mit ihm arrangieren und sich in ihm spiegeln soll. Vielmehr ist es so zu verstehen, dass mit der beginnenden Moderne die Bedingungen für die Entwicklung von Subjektivität schwieriger geworden sind; die Anforderungen und Strapazierungen haben sich gesteigert. Auch psycho-soziale Beratung und Therapie leisten einen professionellen Beitrag zur biographischen Arbeit, deren Kernstruktur durch die Kategorie des Sinnes gebildet wird, der auf verschiedenen Ebenen im Interaktionsprozess zwischen dem Klienten und dem Berater herausgearbeitet wird. Die Arbeit von Urte Finger-Trescher in diesem Band zeigt das in hervorragender Weise.

Literatur

Benner, D. (1987): Allgemeine Pädagogik. Eine systematisch-problemgeschichtliche Einführung in die Grundstruktur pädagogischen Denkens und Handelns. Weinheim/München

Blankertz, H. (1982): Die Geschichte der Pädagogik. Wetzlar

Bollnow, O.F. (1983): Anthropologische Pädagogik. 3. Aufl. Bern

Bourdieu, P. (1979): Entwurf einer Theorie der Praxis. Frankfurt a.M.

Dilthey, W. (V): Die geistige Welt. Einleitung in die Philosophie des Lebens. Erste Hälfte: Abhandlungen zur Grundlegung der Geisteswissenschaften. In: Gesammelte Schriften, Band V. 7. unveränd. Aufl. Göttingen/Stuttgart, 1982

Dilthey, W. (VII): Der Aufbau der geschichtlichen Welt in den Geisteswissenschaften. In: Gesammelte Schriften, Band VII. 5. Aufl. Stuttgart/Göttingen, 1968

Flick, U.; Kardorff, E. v.; Steinke, I. (Hrsg.) (2003): Qualitative Forschung. Ein Handbuch. 2. Auflage. Reinbek bei Hamburg

Gadamer, H.-G. (1975): Wahrheit und Methode. Grundzüge einer philosophischen Hermeneutik. 4. Aufl. Tübingen

Hegel, G.W.F. (PhdG): Phänomenologie des Geistes. 6. Aufl. Hamburg, 1952

Hegel, G.W.F. (Wastebook): Aphorismen aus Hegels Wastebook (1803-1806). In: Theorie Werkausgabe, Band 2. Frankfurt a.M., 1970, 540-567

Humboldt, W. v. (1816): Einleitung zum „Agamemnon" (Auszug). In: Werke in fünf Bänden, Bd. 5. Hrsg. v. A. Flitner und K. Giel. Stuttgart, 1981, 137-145

Humboldt, W. v. (1827-1829): Über die Verschiedenheiten des menschlichen Sprachbaus. In: Werke in fünf Bänden, Bd. 3. Hrsg. v. A. Flitner und K. Giel. 3. Aufl. Stuttgart, 1980, 144-367

Koller, H.-Ch. (1999): Bildung und Widerstreit. Zur Struktur biographischer Bildungsprozesse in der (Post-)Moderne. München

Koller, H.-Ch. (2003): „Alles Verstehen ist daher immer zugleich ein Nicht-Verstehen". Wilhelm Humboldts Beitrag zur Hermeneutik und seine Bedeutung für eine Theorie interkultureller Bildung. In: Zeitschrift für Erziehungswissenschaft 4, 515-531

Kraul, M.; Marotzki, W. (Hrsg.) (2002): Biographische Arbeit. Perspektiven erziehungswissenschaftlicher Biographieforschung. Opladen

Krüger, H.-H.; Marotzki, W. (Hrsg.) (1999): Handbuch Erziehungswissenschaftliche Biographieforschung. Opladen

Lehmann, A. (1983): Erzählstruktur und Lebenslauf. Autobiographische Untersuchungen. Frankfurt a. M./New York

Loch, W. (1979): Lebenslauf und Erziehung. Essen

Lyotard, J.-F. (1987): Postmoderne für Kinder. Briefe aus den Jahren 1982-1985. Wien

Marotzki, W. (1991): Sinnkrise und biographische Entwicklung. In: Garz, D.; Kraimer, K. (Hrsg.): Qualitativ-empirische Sozialforschung. Konzepte, Methoden, Analysen. Opladen, 409-440

Müller, S.; Otto, H.-U. (Hrsg.) (1984): Verstehen oder Kolonialisieren? Bielefeld

Rodi, F. (1983): Zum gegenwärtigen Stand der Dilthey-Forschung. In: Dilthey-Jahrbuch 1, 260-267

Schleiermacher, F.D.E. (1838): Hermeneutik und Kritik. Hrsg. v. M. Frank. Frankfurt a.M., 1977

Schütze, F. (1983): Biographieforschung und narratives Interview. In: Neue Praxis 3, 283-293

Frühförderung und Psychoanalytische Pädagogik

Affektive und kognitive Spiegelungs- und Strukturbildungsprozesse: Wie ein umfassend behindertes Mädchen vor einem Spiegel ein „äußeres" und „inneres" Bild von sich selbst zusammensetzt

Doris Maass

1. Einblicke in familiale und kindliche Entwicklungsprozesse

Ich möchte im Folgenden die Fort-Entwicklung eines mit einer Zerebralparese früh geborenen Mädchens beschreiben. Meine Verstehensbewegungen und meine heilpädagogischen Handlungsweisen innerhalb der psychoanalytisch-pädagogischen Frühförderbeziehung sollen nachvollziehbar werden.

Die Lesbarkeit von Gefühlszuständen in einem Gesicht, hier des mütterlichen affektiven Spiegelns hin zu ihrem Kind und die Rückspiegelung und Antwort der Frühförderin, gewinnt ganz am Anfang und noch in der Kennenlernzeit gemeinsame Bedeutung.

Ich bin davon überzeugt, dass Nora, so nenne ich das Mädchen, von ihren Eltern und ihrer Großelternfamilie gut getragen ist, sonst hätte sie sich nicht auch selbst in ihre Familie integrieren können. Meine früh einsetzende Beratung der jungen Familie mit dem Schwerpunkt der vorsichtigen Entwicklungsbeobachtung und Frühförderung von Nora hat nach meiner Einschätzung dazu beitragen können, dass Noras Entwicklung realistisch gesehen und erlebt werden konnte und positive Zukunftsentwürfe möglich geworden sind. Dies konnte auch geschehen, weil Affektspiegelungen der Mutter hin zu ihrem behinderten Mädchen durch mich mitreguliert und mitmoduliert worden sind (vgl. Dornes 2000, 193).

Ohne die Reflexion meiner Gegenübertragungsgefühle hätte ich die feinen Signale dieses Mutter-Kind-Paares, mit dem besonderen Entwicklungsthema ihres Mädchens, nicht fassen können.

Winnicott (l985, l29) fragt sich, was das Kind erblickt, wenn es der Mutter ins Gesicht schaut. Er antwortet: „Es sieht sich selbst, weil die Art, wie seine Mutter es anblickt, auch davon abhängt, was sie selbst erblickt." Er erweitert seine Frage, die mich als Frühförderin in eine besondere Beziehungs- und Erlebensdimension einführt, wenn ich z.B. mit Nora und ihrer Familie arbeite: Was erblickt ein Kind im Antlitz einer Mutter, die ihre eigene Stimmung oder – noch schlimmer – die Starrheit ihrer eigenen Abwehr widerspiegelt?

Bezogen auf mein „Spiegelthema" kann ich als Pädagogin nicht nur einen neutralen „professionellen" Spiegel vorhalten – den diagnostischen Blick –, ich weiß auch, dass ich etwas bewirke, wenn ich mit all meinen aktuellen Reaktionen und Emotionen „in den Blick genommen werde".

2. Frühberatung und Frühförderung als Beziehungsgestaltung

2.1 Nora und ihre Familie

Seit Mai 1998 besuche ich Familie K. zu Hause, um im vertrauten häuslichen Milieu einmal wöchentlich die Entwicklung ihrer Tochter Nora (geboren im Dezember 1997) zu begleiten und durch angemessene Spielangebote ihre Persönlichkeit zu entdecken und gezielt weiterzubringen. Die Bedingungen und Chancen der Entwicklung und Entfaltung dieses Mädchens erlebe ich besonders deutlich in der gemeinsamen Spielgestaltung mit Frau K., die hoch motiviert ihre Tochter in jeder Phase ihrer Entwicklung aufmerksam begleitet und ihre Neugierde vielfältig weckt, sich jedoch am Anfang unserer gemeinsamen Beziehung nicht gestattet, Gefühle zu zeigen, das heißt, in meiner Gegenwart ihrer Tochter gegenüber besonders einfühlsam zu sein. Elternberatung ist eingebettet in mein kindbezogenes heilpädagogisches Förderangebot.

Frau K. macht mit Nora dreimal täglich Krankengymnastik auf neurophysiologischer Grundlage nach Prof. Vojta, die Noras motorische Entwicklung weiterentwickeln helfen soll.

Nora wurde in der 33. Schwangerschaftswoche zu früh geboren und ist drei Monate intensivmedizinisch betreut worden. Die medizinische Diagnose über den Zustand ihres Kindes hat die Familie sehr erschreckt und irritiert, ja fassungslos werden lassen. Normalerweise sind Eltern im Umgang mit ihrem ersten Kind sowieso unsicher. Sie schlüpfen in eine neue Rolle, sind zu dritt. Die Mitteilung, dass ihr Kind nicht nur mit einer zerebralen Bewegungsstörung, sondern mit einer umfassenden, also auch geistigen Behinderung wird leben müssen, hat auch Familie K. zutiefst verstört. Der Blick auf die Realität hat all ihre Zukunftspläne durchkreuzt, die sich so gerne an Idealvorstellungen ihrer selbst und ihres Säuglings ranken.

Nora soll gefördert werden. Die jungen Eltern haben sich inzwischen durch medizinische Artikel gut informiert. Sie scheinen entidealisiert. Welche Pläne sollen sie machen? Besser, sie stellen sich auf das Schlimmste ein! Im Erstgespräch wird von ihnen für das Thema „Hirnschaden" und „geistige Behinderung" viel Raum eingefordert.

So, und aus meinem Blickwinkel betrachtet, haben sie etwas von ihrer unschuldigen Unbefangenheit, von ihrer Spontaneität und Intuition ihrem Säugling gegenüber verloren.

Was sieht ein Säugling mit einer diagnostizierten Behinderung im Gesicht seiner Eltern? Welche (unbewussten) Mitteilungen werden in dem Spiegel ihres Gesichts von ihm eventuell mit Bedeutung gefüllt werden, wenn Sorge, Traurigkeit, Hoffnung, Enttäuschung, Erwartung, Zuversicht sich nicht die Waage halten können? Diese Fragen sind auch von mir zu beantworten. Was erlebt Nora mit mir? Sie ist, seit ich sie kenne, besonders „ansteckend", sie lädt mich ein, sich mit ihr zu befassen, sie anzuschauen, mit ihr zu reden. Sie lässt mich nicht aus den Augen.

2.2 Spiegelungen – Beziehungen

Daniel Stern gebraucht in seinem „Tagebuch eines Babys" (Stern 1991) sehr oft poetische, sinnlich symbolische Bilder, wenn er den Gefühlen des Babys Joey nachspürt. Ich habe mich getraut, gleichsam mit Noras Augen und ihrer Wahrnehmung in das Gesicht von Frau K. zu schauen, und gebe meiner Phantasie und Vorstellung Ausdruck, wenn ich meinen spontanen Eindruck schildere, den ihr Antlitz auf mich macht. Ich blicke sie an und sage ihr ungefähr das:

Da sehe ich zwei wache schwarze Augen, die hin- und herkugeln, die verschwinden und wieder auftauchen, wenn sie blinzeln.

Da ist ein Gesichtspunkt – die Nase –, die unverrückbar mitten im Gesicht zu etwas Verlässlichem für ihr Kind wird.

Ich sehe den beweglichen Mund, der breit, groß und spitz, klein und rund und sich dauernd verändernd, Neuigkeiten an Nora übermittelt, die von Nora verarbeitet werden müssen.

Die Nase, als Gesichtspunkt und verlässlicher Ausgangspunkt?

Frau K. muss lachen!

Und wie sie lacht, es klingt in unseren Ohren. Töne und ihre Stimme als Musikinstrument?

Dann hätten wir noch die dunklen Haare, die das Oval ihres Gesichts umrahmen. Ihr Gesicht als Spielplatz? Ihre Haare als bewegliche und kontrastreiche Umrandung?

Ihre Ohren sind da, um hinzuhören. Und können als Henkel benutzt werden, damit sich Noras Augen daran festhalten können.

Frau K. lacht. So hat sie das noch gar nicht gesehen.

Frau K.: „Aber Nora greift noch nicht!"

Ich: „Sie kann noch gar nicht greifen. Sie hat sich doch erst selbst zu entdecken. Wir werden sehen!"

Etwas später schauen wir auf Nora:

Wir stehen beide an ihrem Bett, die eine rechts, die andere links von ihr. Nora liegt auf dem Rücken und schaut in das Gesicht ihrer Mutter. Sie fängt an zu zappeln, lächelt sie an. Dann schaut sie zu meiner Seite und gleich wieder zurück zu ihrer Mutter, die ungefähr folgendes sagt: „Hallo, du bist heute aber gut drauf, freust dich wohl, dass dir die Sonne so warm ins Gesicht schaut?", die beiden liebäugeln miteinander.

Nora wendet sich mir zu. Ich sage etwa das: „Und jetzt siehst du ein anderes Gesicht, nicht die Mama, hallo, und wie du lachen kannst!"

Nora dreht ihren Kopf wieder zu ihrer Mama, versucht ihren Augen zu trauen, und dann wieder zu mir, und wieder wendet sie sich ihrer Mama zu.

Sie spielt das Guck-guck-da-Spiel von sich aus und quietscht vor Vergnügen.

Es sind eben die Spiel-Augen gewesen, die zugeschaut und gespiegelt haben. Es waren zuversichtliche Gespräche. Mit:

- Augenspielen

- Mundgekasper

- und dem Hin und Her der Bewegungen eines Kopfes

- mit dem Frage- und Antwort-Geben

- mit der Verlässlichkeit der Nase

kann gemeinsames Spielen beginnen.

   Mein spontaner Einfall in dieser Situation mit Nora im Mittelpunkt unserer Anschauung, den Blickpunkt auf Gesichtsfelder zu lenken, ist in der vorher geschilderten Szene für uns beide, für Noras Mutter und mich, sehr hilfreich. Wir Frauen schauen uns beide an, machen gegenseitig Gesichts-Faxen und können herzhaft lachen! Das will nicht heißen, dass Nora jetzt nur ein lachendes Muttergesicht angeboten bekommt! Mein Vorschlag könnte auch missverstanden werden, wenn ihre Mutter „innerlich" traurig und voll Sorge ist und sie ein „falsches" Spiel mit ihrer Tochter beginnt. Wir haben darüber gesprochen, dass ja Nora Kontakt- und Spielangebote macht und dass wir darauf unbefangen antworten können. Mein Beispiel ist meiner Meinung nach ein treffender Beweis. Nora hat das Guck-Guck-Spiel schließlich begonnen.

2.3 Wie sehe und erlebe ich Nora mit fast zwei Jahren?

Nora ist weiterhin ein ganz besonders diaglogbegabtes kleines Mädchen. Sie ist hellwach und lebhaft und fordert mich energisch zum gemeinsamen Spiel auf. Wenn sie Wiederholung möchte, drückt sie ihren Oberkörper vor und begleitet ihre Körpergeste mit einem lautlichen „eh".

Ich kann ihre Signale gut lesen und einordnen, wenn sie durch ihr mimisches, präverbales Ausdrucksverhalten ihre Wünsche und ihre Befindlichkeiten kundtut.

Nora verwendet seit drei Monaten angemessen Wörter wie: „DA", wenn sie nach ihrer Mutter deutet oder nach Gegenständen zeigt, die sie mit der linken Hand weg und in den Raum schleudert. Sie verfolgt und sucht dabei die Gegenstände mit den Augen, was auf eine beginnende Auseinandersetzung mit Dingen hinweisen kann. Dafür spricht auch, dass sie, wenn ich von ihrem Papa spreche, „MALTE" heraushören kann. Sie verknüpft das Wort (Symbol) „Papa", also den nicht sichtbaren Vater mit dem vorgestellten, in ihrem inneren auftauchenden Papa im gemeinsamen Gespräch und erinnert sich (beginnende Objektrepräsentanz). Übrigens sagt sie deutlich: „TEDDY".

Auf der Handlungsebene agiert sie sensomotorisch explorativ. Durch die eingeschränkte Bewegungsfähigkeit ihrer Arme und Hände, besonders die rechte Seite ist betroffen, kommt sie jetzt erst aus einem reflexhaften Loslassen von Gegenständen heraus. Sie greift heute wesentlich zielbestimmter nach großen und kleinen Dingen, untersucht sie nach ihren charakteristischen Merkmalen und lässt schon bewusster los. Wenn ich sie auffordere, mir den Ball, den sie in ihrer Hand festhält, zu geben, dann lässt sie ihn in meine ausgestreckte Hand auch los – oder sie macht ein Spiel daraus, schüttelt schelmisch den Kopf, um den Gegenstand dann doch noch loszulassen.

Nora kann sich noch nicht robbend oder krabbelnd fortbewegen. Sie spielt jedoch mit ihrem ganzen Körper, wenn ich z.B. hinter ihr kniend sie vor dem Spiegel in ihrem Zimmer zum Guck-Guck-Spiel animiere. Sie wirft dann, sich aufrichtend, den Kopf nach links und nach rechts, um nach mir zu suchen. Bewegt dazu ihren Rumpf und manchmal alterniert sie mit den Beinen. Dieses Spiel macht uns viel Spaß.

Es ist erstaunlich, dass Nora nicht müde wird, immer wieder nach Dingen zu langen, auch wenn ihr die Spastik dazwischenkommt. Nora „vergisst" ihre rechte

Körperseite, wenn ich sie im Spiel nicht auch verbal dazu herauslocken kann, sie zu benutzen. Auch dabei wirkt sie nicht entmotiviert, was auf ihre hohe psycho-emotionale Beziehungsbereitschaft und intrinsische Motivation im gemeinsamen „Spielen" hinweisen kann.

Nora wird von ihren Eltern und einer großen Familie drumherum gut emotional gehalten, und es wird ihr angemessen etwas zugemutet, ohne sie ständig unter Leistungsdruck zu setzen. Das würde sie langfristig demotivieren.

Um Noras Persönlichkeit, ihre sensomotorische Entwicklung und Leistungsbereitschaft und ihre Beziehungsfreude weiterhin zu stabilisieren, biete ich ausreichend Gelegenheit, durch Spielangebote ganz unterschiedliche Materialerfahrungen zu provozieren. Sie soll dabei gezielt propriozeptive Eindrücke sammeln und auch mit ihrem Körper, ihrem Muskeltonus, erinnern.

Nora liebt den Umgang mit rhythmischem Material, wie Handtrommeln unterschiedlichster Art, Triangel, Klangstäben, die sie (mit meiner Unterstützung) in beiden Händen hält, wobei ich gut ihre Impulse aus der rechten Hand herausspüre und mit ihr auf der Trommel beantworte. Sie mag es laut, freut sich am heftigen Einschlagen auf die Membran und verlangt nach mehr Krach. So stellt sie spielerisch Beziehung zwischen zwei Gegenständen her: Trommel und Klangstab, Triangel und Klangstab. Wenn ich das kleine Becken auspacke, schaut sie schon in Richtung des Klangstabes und fordert mich mit den Augen auf, ihr das Handwerkszeug dazu zu reichen. Immerhin können wir hier den Beginn von Handlungsketten beobachten, auch dann, wenn Nora in beide Hände klatscht, wenn sie das passende Lied hört: Backe, backe Kuchen ... Sie hebt beide Arme hoch, wenn man sie fragt, wie groß sie ist. Auch lautiert sie dabei, und es hört sich an wie: So (so groß bin ich). Neuerdings schaut sich Nora Bilderbücher an und blättert eher mit der linken Hand um. Es wird eine Herausforderung sein, gemeinsam mit ihr zu entdecken, dass alle Dinge einen Namen haben. Sie ist auf dem Weg dahin. Nora speichelt momentan sehr oft. Es kann sein, dass sie weitere Zähnchen bekommt.

3. Heilpädagogische Entwicklungseinschätzung Noras

Familie K. hat mich gebeten, eine heilpädagogische Einschätzung von Noras aktueller Entwicklung zu verfassen. Das Thema „Geistige Behinderung" sollte im Mittelpunkt stehen. Zu diesem Zeitpunkt ist Nora 3 Jahre alt. Ich soll also besonders die mentale Entwicklung von Nora herausheben. Dazu habe ich mich ganz bewusst an die Festlegung darüber, was geistige Behinderung sein kann, an die Ausführungen des Deutschen Bildungsrates gehalten. Meine Phantasie und Kreativität in einem noch offenen Entwicklungs- und Erfahrensraum mit Nora sollten weiterhin fließen können.

Im Rahmen von mobiler heilpädagogisch-psychoanalytischer Frühförderung und Beratung kenne ich Nora und ihre Familie, seit Nora vier Monate alt ist. Noras umfassende Behinderung ist eine Folge schädigender früher Ereignisse. Die pathologischen Vorgänge im Organismus haben Spuren hinterlassen: Das Mädchen ist mit schwerster Asphyxie, mit Atem- und Kreislaufinsuffizienz in der 33. Schwangerschaftswoche durch Kaiserschnitt auf die Welt geholt worden. Die Auswirkungen und Veränderungen auf unterschiedliche Funktionen, z.b. die Motorik, sind medizinisch diagnostiziert. Das Zusammenwirken ineinander greifender, auch die Persönlichkeit prägender Strukturen wird von mir heilpädagogisch und entwicklungspsychologisch eingeordnet und beschrieben.

Die schwerste Asphyxie ist in der Regel Ursache von motorischen, kognitiven und psychoemotionalen Beeinträchtigungen, die im Laufe der Entwicklung bemerkbar werden und unter dem Begriff „geistige Behinderung" subsumiert werden können.

„Als geistig behindert gilt, wer infolge einer genetisch-organischen oder anderweitigen Schädigung in seiner psychischen Gesamtentwicklung und seiner Lernfähigkeit so sehr beeinträchtigt ist, dass er voraussichtlich lebenslanger sozialer und pädagogischer Hilfen bedarf. Mit den kognitiven Beeinträchtigungen gehen solche der sprachlichen, sozialen, emotionalen und motorischen Entwicklung einher" (Deutscher Bildungsrat 1973).

Noras Entwicklung werde ich nicht an prinzipiellen Defekten festmachen. Das dreijährige Mädchen hat ein besonderes individuelles Entwicklungstempo mit einer sehr spezifischen Lernmotivation, die ihre gesamte Lebensgeschichte prozesshaft mitbeeinflussen wird. Aus den Beobachtungen ihres Verhaltens und ihres Lebens- und Entwicklungsthemas in der Familie und meinem wachsenden Verständnis ihres So-Seins, kann ich heilpädagogische und psychologische Strategien ableiten, und Förderung und Beratung kann im umfassenden und lebenspraktischen Sinn erlebbar und (heilpädagogisch) planbarer werden.

Gemessen an der strukturalistischen kognitiven Entwicklungstheorie Piagets und entwicklungspsychologischen Parametern, die mehr die Persönlichkeit und Ich-Entwicklung eines Kindes in den Blick nehmen, kann Noras Gesamtentwicklung heute von mir, vorsichtig eingeschätzt, zwischen acht und zwanzig Monaten angesiedelt werden. Es sind Stufen sensomotorischer Intelligenz, das theoretische Konzept der Objektpermanenz, Raumerfassung, Mittel-Zweck-Beziehung, Kausalität, Imitation, die ich bei meiner Einschätzung von Noras Gesamtentwicklung herangezogen habe.

Durch liebevolle und einfühlsame sowie struktur- und haltgebende Unterstützung ihrer Eltern ist Nora in ihrer gesamten Erlebensfähigkeit hellwach, motiviert und herausgefordert. Sie wird fähig, sich ihre Umwelt durch aktives Handeln bewusster anzueignen und differenzierter zu erfassen und macht die Erfahrung, dass sie uns beeinflussen kann. Nora benutzt Gesten und Einwortsätze – gelegentlich auch schon Zweiwortbekundungen –, um sich uns verständlich zu machen, und zeigt uns damit, dass sie Handlungsabläufe „verinnerlicht" hat. Die aktiven, tätigen Auseinandersetzungen mit uns und ihrer Umwelt sind Nora durch ihr eingeschränktes Bewegungsrepertoire weitgehend noch verschlossen. Für jedes Kind ist Wachstum und persönliche Reife ein enormer Anpassungsprozeß – für Nora ist es eine Anpassung unter besonders schwerwiegenden subjektiven und objektiven Bedingungen.

4. Heilpädagogisches Spielen mit Nora

4.1 Episoden

Nora ist jetzt 3,3 Jahre alt. Ihre kognitiven, kreativen und motorischen Möglichkeiten und Fähigkeiten werden dann sinnvoll herausgefordert, wenn Nora ihre Umwelt aktiv explorieren kann. Das geschieht besonders im und durch heilpädagogisches Spielen – wir spielen in Baulage – mit gut vorbereitetem Spielzeug im dialogischen Kontext mit einer von mir vorgeschlagenen Spielidee. In diesem Rahmen spürt Nora, dass sie spontan sein kann und dass es Spaß macht, „etwas miteinander zu tun und zu erleben". Sie selbst initiiert und ist sehr aktiv: Sie sammelt und ordnet Wissen. Sie speichert Geschichten. Sie erinnert Wörter und Sätze. Mein entwicklungspsychologisches Handwerks- und Beobachtungsinstrumentarium erlaubt mir, im gemeinsamen Spielen auch Rückschlüsse auf die Funktionsweisen ihres kindlichen Erlebens, Denkens und Fühlens zu ziehen. Wir sind in Beziehung. Nora hat die Fähigkeit erworben, über Ereignisse und Objekte nachzudenken, die in ihrer unmittelbaren Umgebung nicht vorhanden sind. Sie geht über das Hier und Jetzt hinaus. Objekte existieren auch dann, wenn sie sie nicht sieht.

Wie Nora dazu fähig ist, soll folgende Szene demonstrieren. Auf meine Frage, wo der Papa ist, zeigt sie mir durch Wort und Gebärde: Papa ist mit dem Auto weggefahren. Sie sagt: „Papa – Auto – weg", und macht die Gebärde dazu. Und die Mama? „Mama – da". Sie zeigt zur Tür. Sie identifiziert Stimmen, wenn z.B. ihre Großmutter an der Haustüre klingelt und sie hereingebeten wird. Im ersten Stock mit mir spielend, filtert sie heraus und wendet sich an mich: „Maass, Oma-Margit" (Frau Maass, Oma Margit ist da).

4.2 Rollenspiele

Meine Biegepüppchen haben besondere Namen von mir bekommen: Willi, Lilli, Lieselotte, Otto, Papa, Peter usw., und manchen habe ich, wie z.B. dem Opa, eine besondere Rolle gegeben. Opa geht immer mit dem Löwen spazieren. Der Löwe ist an der Leine, und Opa hält immer die Leine (Wollfaden zum Aufwickeln) in der Hand. Nora holt sich ganz gezielt diese Puppe aus dem Sammelsurium meines „Szenenbeutels", ruft fragend: „Löwe"? Sucht auch den Löwen und die Leine und stellt beide nebeneinander, nicht ohne dem Opa die Leine in die Arme zu legen. Diese diffizilen Handlungen werden von mir unterstützt. Das Aussuchen an sich ist schon eine enorme Leistung, weil sie unter einer Menge anderer Objekte auswählen muss. Sie gestaltet auch szenisch, wenn sie ein Püppchen aufs „Klo", einen Holzklotz mit Loch, setzt, „A-A" sagt, es danach vors „Waschbecken", ein rotes Klötzchen mit Loch, stellt und so tut, als wasche sie sich die Hände. Nora reibt beide Hände aneinander. Sie hat die gemeinsame Spielszene gespeichert und imitiert sie eine Woche oder Wochen später. Ihre Handlungsplanung orientiert sich an der Vorstellung, der Szene und an den dafür bestimmten Spielobjekten. Es sind Spielepisoden im Beziehungsspiel, die sie erinnert, und so kann sie an ein gemeinsames Spielerleben Wochen später wieder anknüpfen.

Nora begreift, dass ein geistiges Bild oder ein Gedanke ein Symbol für ein Objekt oder eine Erfahrung sein kann. Z.B. die beiden Klötzchen können Klo und Waschbecken sein, wie ich in der Spielszene vorher beschrieben habe. Spielzeuge können Personen symbolisieren und können Rollen übernehmen (Opa, Löwe, Leine) Objekte werden verwandelt, bekommen imaginäre Rollen und Identitäten.

Noch bleibt Nora an der von mir vorgeschlagenen Inszenierung, sie wiederholt. Aber dennoch hat jede Interaktion mit dem Material und im Spiel mit mir eine neue Färbung. Ich halte es auch für wichtig, dass Nora darüber entscheidet, wie lange wir den „Szenenbeutel" in der Frühförderstunde benutzen. Manchmal ist sie dreißig Minuten dabei. Sie sagt von sich aus: „Aufräumen" und legt jedes Ding zurück in den Beutel, wir beschließen gemeinsam mit dem Zuziehen des Beutels unser Rollenspiel.

Beim gemeinsamen Spielen gebraucht Nora ihren Körper, ihren Verstand, ihr Vorstellungsvermögen, sie schlüpft in eine Rolle und benutzt Sprache. Wörter mit Bedeutung untermalt sie mit Mimik und Gesten. Sie greift und „be-greift", geht realistisch mit Dingen um (ein Ball ist ein Ball) und benutzt Symbole, wenn ein Ding für ein anderes steht. (Ein Holzklotz mit Löchern ist ein Küchenherd.)

Sie kann ihr vorhandenes Können und Wissen zeigen und leistet sehr viel, wenn ich z.B. beobachte, wie sie immer wieder aufs Neue und unverzagt das Lego-Püppchen zum Stehen bringen will. Sie schafft es. Nach meiner Erfahrung ist das gemeinsame Spielen in einem heilpädagogisch gestalteten und überschaubaren Rahmen ein ganz besonderer Platz – ein intermediärer Raum (Winnicott) –, um bedeutsame und sinnvolle Erfahrungen zu sammeln und kognitiv und emotional zu wachsen.

4.3 Sprachspiele

Noras Sprachverständnis ist groß. Ihre verbale Sprachproduktion ist durch die Zerebralparese eingeschränkt. Im szenischen Spiel sind ihre Wortprodukte, die ich gut verstehen kann, weil ich Nora lange kenne, sinnvoll und sie werden zu „Geschichten", auf die wir uns gemeinsam beziehen können. Es entsteht ein szenisches und episodisches Wort- und Sprachgedächtnis. Über das eigentliche Spielen hinaus betrachtet Nora mit mir mit großem Interesse und Vergnügen Bilderbücher. Auch bei den Bildbetrachtungen versuche ich szenische Verknüpfungen herzustellen und Geschichten zu erfinden, um auch so herauszufinden, ob sich Nora später daran erinnern wird.

4.4 Bewegungsspiele, Handlungsplanungen

Nora bewegt sich gerne. Sie kann sehr schnell kriechen und robben, wenn sie bestimmte Dinge erreichen will. Sie hat eine ausgesprochen differenzierte Handmotorik und Handlungsplanung, besonders linksseitig. Nora versucht eigenhändig zu essen und zu trinken. Sie ist ein selbstbewusstes, wissbegieriges und fröhliches kleines Mädchen. Es ist ein besonderes Vergnügen und eine große heilpädagogische Verantwortung, mit Nora zu spielen und zu lernen.

5. Spiegelungsprozesse

5.1 Nora entdeckt ihren Körper

Nora ist jetzt fünf Jahre alt geworden. Sie hat im letzten Jahr insgesamt große Entwicklungsfortschritte gemacht. Es ist eine Freude, mit ihr zu spielen und zu arbeiten. Fein- und grobmotorische Angebote hat Nora gut für sich nutzen können. Ihr Lerneifer bei z.B. Abstraktions- und Kategorisierungsaufgaben, Reihenbildung, Mengeninvarianz und ihre Lösungsstrategien zeigen mir, wie sie weiterhin gut zu motivieren ist und lernt. Nora kennt und benennt die Grundfarben und kann eine Vielzahl von geometrischen Figuren richtig auf einer Vorlage zuordnen und auflegen. Am deutlichsten sind Noras kommunikative Fähigkeiten gewachsen. In dieser Phase ihrer Selbst- und Ichentwicklung nehmen Spiegelepisoden eine bedeutungsvolle Stelle ein. Ich kann miterleben, wie ein in ihrem Zimmer aufgehängter großer Spiegel, der immer auch zum Guck-guck-da-Spiel eingeladen hat und schließlich seinen Reiz ganz verloren hatte, ein herausragendes Medium werden konnte. Der Spiegel hat Nora mit einem wirklichen Bild von sich selbst bekannt gemacht. Sie überträgt mir, als Beobachterin, eine wichtige Rolle: ich werde zu ihrem „emotional- affektiven" Spiegel.

Bei Lichtenberg (1991, 106) finde ich eine Beschreibung, die meinem Empfinden und Erlebnis mit Nora und der theoretischen Reflexion dieser Spiegelprozesse sehr nahe kommt: Er schreibt:

„Wenn das ganzheitliche Selbst als Merkmal auftaucht, kommt zu diesen Abbildungen [dem wahrgenommenen Bild im Spiegel] das erlebende, geistige Selbst hinzu, das eine neuerliche Erweiterung des wahrnehmenden ‚Ichs' (‚I') ist."

5.2 Die Bedeutung des Spiegels für Noras Selbstentwicklung

Ich sitze mit Nora in ihrem Kinderzimmer. Das Zimmer ist klar und übersichtlich vom Grundriss her gegliedert, so dass Nora viel Bewegungsfreiheit haben kann. Es ist heute sonnenhell und zwischen zwei Fenstertüren hängt der 1,20 m mal 0,80 m große Spiegel. Wir spielen in der Regel auf dem Fußboden und hatten immer Gelegenheit gehabt, den Spiegel einzubeziehen. Es gibt gemeinsame Guck-guck-da-Spiele vor dem Spiegel. Aber das ist lange her. Nora hat den Spiegel für sich entdeckt, als ihre kleine Schwester ungefähr vier Monate alt war. Eine für mich beeindruckende Spiegelepisode, die ich beobachten konnte, war in Gegenwart ihrer Mutter, als Nora ihre Puppe, es ist ihr Übergangsobjekt (Winnicott), vor sich auf den Boden wirft und sich, wie ich beobachten kann, im Spiegel verdoppelt. Sie beobachtet ihre Handlung und sieht – für mich offensichtlich – zu, was sie dabei erlebt und wie sie sich dabei fühlt. Sie ist sehr wütend. Sie wiederholt mehrmals heftig den „Schwesternmord" unter Missbilligung ihrer Mutter. Die beiden haben Kontakt „im Spiegel". Es ist ein Augengefecht. Mir fällt das erste Mal, in meiner Gegenwart, das „Affektspiegeln" dieser beiden im Spiegel

186

auf. Ich bin hier auch Zeugin von Kampf, von durchschlagender Wut und Ambivalenz zwischen dieser Mutter und diesem Kind geworden. Der Spiegel hat mir die Wahrheit enthüllt.

Seit dieser Szene ist das Thema Spiegel in der Familie hoch ambivalent besetzt. Frau K. plant, den Spiegel aus dem Zimmer zu entfernen. Nora beteilige sich schon gar nicht mehr an gemeinsamen Spielen mit Gastkindern, sie ziehe sich selbstverloren vor den Spiegel zurück. Jetzt mache sie auch Grimassen. Sie berühre den Spiegel fast mit dem Gesicht, als krieche sie in ihn hinein.

Ich schlage Frau K. ein Gespräch vor – ohne Nora –, um mit ihr Vermutungen anzustellen über die Bedeutung, die der Spiegel und das Widergespiegelte für Noras Selbstentwicklung haben könnte. Sie konnte verstehen, weswegen der Spiegel gerade zum jetzigen Zeitpunkt so eine wichtige Bedeutung bekommen hat. Nora hat eine Schwester bekommen, sie ist nicht mehr im Mittelpunkt und separiert sich. Vor dem Spiegel ist sie nicht alleine, d.h. sie kann ihr Alleinsein aushalten und gewinnt eine besondere Ich-Bezogenheit: Sie macht eine spannende Entdeckung. Sie schiebt sich selbst in den Mittelpunkt. Es ist so, als würde sie sich kennen lernen. Weg vom Spiegel(n) der Mutter in einen Prozess der Selbstbespiegelung zu mehr eigenem Entwicklungsspielraum. Sie kann Allein-Sein ausprobieren. Wie ambivalent dieser Selbstfindungsprozess von Nora erlebt wird und wie sensibel Frau K. auf unser gemeinsames Gespräch und mit Verständnis auf Nora reagiert, zeigt Folgendes: Ich erfahre, dass es neuerdings heftige Anklammerungsszenen zwischen Nora und ihrer Mutter gibt. Besonders, wenn sie aufwacht, möchte sie ihre Mutter ganz für sich haben. Andererseits spielt der Papa eine zunehmend wichtige Rolle.

Wir haben herausgefunden, dass Nora sich neu entdeckt. Ein Mädchen in ihrem Alter steht womöglich vor dem Spiegel, bewundert sich in seinem neuen Kleidchen und dreht sich und möchte so groß und so bewundernswert sein wie die Mama. Und möchte auch dem Papa gefallen.

Welche Chancen der „Selbstbewertung" hat denn Nora? Sie kann sich im Fersensitz aufrichten, sie ist relativ beweglich und doch raumgebunden. Sie bewältigt die Treppe nur mit Unterstützung der Erwachsenen. Wenn sie wütend auf ihre Mutter ist, verlässt eher die Mutter den Kampfplatz. Kinder in ihrem Alter scheuen sich nicht vor verbalen Attacken bei Auseinandersetzungen gegen ihre Eltern. Nora stehen diese „Waffen" nicht zur Verfügung. Im Spiegel kann sie auch ihre unterschiedlichen Affekte ausleben und ausprobieren: Wie sehe ich aus, wenn ich wütend bin? Sie braucht keine Angst zu haben, wütend zu sein, es geht nichts kaputt.

Der Spiegel darf hängen bleiben. Ich darf weiterhin in den Frühförderstunden vor dem Spiegel mit Nora gemeinsame Erfahrungen machen. Und Frau K. hat die Erlaubnis, ihr Mädchen vor dem Spiegel zu entfernen, wenn sie es nicht mehr aushalten kann, wenn Nora, nach ihrem Empfinden, übertreibt. Und Nora entdeckt nicht nur ihren Gesichtsausdruck und ihre Befindlichkeit, wenn sie lacht oder wenn sie sich konzentriert, sondern sie fühlt und erlebt sich als kleine Mama, wenn sie z.b. ihre Puppe an ihre Brust drückt, wie ihre Mama es mit ihrer Schwester macht.

Ich gebe manchen Szenen Bedeutung, indem ich ihr sage, schau, so macht es auch die Mama mit deiner kleinen Schwester, und so hat es die Mama auch mit dir gemacht. Sie ahmt die Mama nach. Körperlich und empathisch. Sie ist ein Mädchen, so sieht sie im Spiegel aus. Wenn sie immer wieder von meinem Schoß rutschen und mit ihrem Popo auf den harten Boden aufplumpsen möchte, kichert sie vor Vergnügen. Sie fühlt, sie ist ein Mädchen. Wir betrachten uns gelegentlich gemeinsam vor dem Spiegel und machen Grimassen.

Neuerdings öffne ich auch meinen „Szenebeutel" vor dem Spiegel und es entstehen kleine Spielszenen im Spiegel mit dem ihr vertrauten Spielzeug. Ich habe die interessante Erfahrung gemacht, dass Nora eine neue Variante von Rollenübernahme entdeckt hat. Wenn ich z.B. die Opapuppe mit tiefer Stimme sprechen lasse, schaut sie mich voller Aufregung und mit Interesse im Spiegel an. Als hätte ich vorher noch nie die Stimme im Spiel gewechselt. Sie ist einmal so erschrocken, dass ich ihr beim Weiterspielen gesagt habe: Jetzt tut die Frau Maass so, als ob sie der Opa wäre. Nora übernimmt neuerdings stimmlich-affektiv bestimmte Rollen. Und sie geht dabei wieder aufs Ganze. Sie nimmt die Mädchenpuppe und schreit ganz laut und deutlich zu verstehen. „Papa, Papa – wo bist du"?

5.3 Körperspiele – Nora entwirft sich selbst

Wie sieht sie sich selbst, wie erlebt und fühlt sie ihren Körper, der ihr nicht immer gehorcht, und wie verarbeitet sie diese Erlebnisse? Es sind Erprobungen zur Selbstbewusstheit und zur Selbst-Werdung und Ich-Entwicklung unter extrem schwierigen Bedingungen. Sie lernt ja auch durch dieses wachsende Selbst- und Körperbild, sich mit ihrer Schwester oder anderen Kindern zu vergleichen.

Ich möchte zu diesen Fragen zwei typische Szene beschreiben und herausarbeiten, welche Bedeutung dem heilpädagogischen Spielen zukommt. Auf der Grundlage dieser emotional-affektiven Symbolbildungsfähigkeit und kognitiven Strukturbildungsprozesse entsteht ein individuelles Erinnerungs- und Gedächtnisvermögen, was wiederum dafür verantwortlich ist, dass Nora ein kohärentes Selbstbild und ein konsistentes Identitätsgefühl aufbauen kann.

Ich erlebe und beobachte mit Spannung folgende Szene:

Nora versucht sich so vor den Spiegel zu legen, dass sie sich möglichst vollständig zu Gesicht bekommt. Es sieht so aus, als mache sie es sich mit sich selbst bequem. Sie holt sich dazu ein kleines Kissen oder eine Unterlage, um ihr Gesicht richtig vor dem Spiegel auszuleuchten. Sie will dabei auch von mir „gesehen" werden – sie lacht mich ganz entspannt an und gelegentlich nimmt sie ihren Daumen und betrachtet sich völlig entspannt beim Nuckeln. Ich störe dieses Spiel vor meinen Augen nicht, weil ich glaube, dass sie mir damit etwas Wichtiges zeigt, besonders, wenn sie dabei ihre Beine anwinkelt und ihren Po hochzieht, sich wieder ausstreckt, und ihre „Übungen" immer wieder von neuem beginnt. Sie sagt: „Nora Po hoch".

Nora scheint nach meinen Überlegungen zu dieser Szene mit ihrem Körper zu denken, im Sinne von vorgestelltem Handeln. Sie überprüft ihre Grob- und Feinbewegungen vor dem Spiegel. Sie „spielt" mit ihrem Körper und lässt sich immer neue Bewegungen einfallen, wenn sie z.B. ein Bein so ausstreckt – und dabei beobachtet sie sowohl ihren Körper als auch ihr zufriedenes Gesicht –, als wäre sie eine kleine Tänzerin.

Hier kann ich in statu nascendi die Entwicklung der Wechselseitigkeit zwischen Emotionalität und Motorik beobachten: Nora fühlt und probiert selbst aus, was sie mit ihrem Körper alles machen kann. Und was sie bewirkt, wenn sie sich selber zuschaut und dabei von mir gesehen wird. Natürlich fällt ihr kleiner Körper manchmal in sich zusammen, wenn ihr die Kraft fehlt zum „gezielten" Ausprobieren ihrer Bewegungsvorstellung. Sie lässt sich aber nicht verdrießen und baut ein „Bild" von sich im Spiegel immer wieder neu auf.

Manchmal hält Nora in Zwischenfers-Stellung vor dem Spiegel ihre Puppe so im Arm, wie es ihre Mutter tut (Noras Schwester Erna ist ein Jahr alt geworden). Sie schaut dabei ihr Spiegelbild an und sich auch in die Augen. Sie überprüft nach meinem Empfinden auch ihre „Stimmung", die dabei entsteht, d.h. sie gibt ihrem affektivem Erleben einen Sinn.

So betrachtet, verstanden und von mir interpretiert, bekommt diese reale „Spielinteraktion" , die zugleich auch nicht real ist, ernst und zugleich nicht ernst, eine große Bedeutung und hat deshalb Auswirkungen auf meine Handlungsentwürfe in der heilpädagogischen Förderung:

Nora kann spontan und aktiv sein, kann ihr momentanes Entwicklungsthema mit Freude und Phantasie inszenieren, d.h. ihre aktuellen Bedürfnisse probeweise ausleben und befriedigen und ihre Probleme meistern. Sie darf sich selbst im Spiegel kontrollieren. Gewöhnlich macht sie die Erfahrung, von uns kontrolliert zu werden.

Es darf sich insgesamt, nämlich körperlich, psychisch und kognitiv Neues und Kreatives darstellen und entwickeln. Sie kann sich selbst nicht nur im realen Spiegel, sondern auch in meinen Augen wahrnehmen.

Dieses „Spiegelspiel" hat Als-ob-Charakter und wirft nicht nur ein Licht auf die psycho-emotionale Nora im Spiegel vor mir, sondern gibt mir Hinweise auch auf ihre kognitive Leistungsfähigkeit: Wenn sich Nora selbst immer besser erkennen lernt, kann sie Symbole auch viel differenzierter verwenden.

So bin ich nicht überrascht, dass Nora viel differenzierter Sprache benutzen kann. Noch mit viereinhalb Jahren hat sie eher Wort-Bedeutungs-Assoziationsketten zum Ausdruck gebracht, und wir haben verstanden, dass sie sich bemüht, ins Gespräch zu kommen und zu bleiben. Diese sprachliche Kettenbildung – es waren aneinander gereihte Einfälle und Gedanken –, hat gut korreliert mit meinen Angeboten und ihrer Fähigkeit, auf der motorischen Ebene (Handlungsebene) Reihen zu bilden, Größen und Farben zu sortieren und die Beziehungen der Gegenstände untereinander zu erkennen. Nora spricht, bedingt durch ihre Zerebralparese, zwar undeutlich, aber sie benutzt aktiv und eigenständig Sprache mithilfe ihrer gut ausgeprägten Vorstellungskraft und, von der grammatikalischen Struktur her, ihrem Entwicklungsniveau angemessen.

Wenn wir gemeinsam vor dem Spiegel sitzen und ein Bilderbuch anschauen und besprechen, kann es geschehen, dass Nora dann, wenn sie eine neue Seite umblättert, ihre „Hand"lung im Spiegel betrachtet und nachvollzieht. Sie „kontrolliert" sich selbst und kommentiert diesen Handlungsvollzug. Sie sagt: „Nora Seite um!" Sie schaut auch dabei in mein Gesicht, sucht meine Augen und liest selbstverständlich und hört: Nora, das machst du richtig gut, wie du die Seite umdrehst.

Ich wollte besonders deutlich machen, wie wichtig das heilpädagogische Spielen für Nora geworden ist. Es kann Raum entstehen für Phantasien und Als-ob-Handlungen, die Abgrenzungen zwischen innerer und äußerer Realität erlaubten, zwischen Vorstellung und Tätigkeit, Wort und Ding.

Als psychoanalytische Pädagogin bin ich davon überzeugt, dass Lernen zuinnerst mit Selbstbildern und emotionalen Prozessen verknüpft ist.

5.4 Ein Übergangsobjekt

Einmal drückt Nora ihre Puppe sehr innig an ihre Brust und beobachtet dabei ihre Gestalt – sich mit Puppe – und ihren Gesichtsausdruck im Spiegel. Ein andermal schleudert sie die Puppe mit unverstellter Kraft und mit einem Ausdruck von Genugtuung im Gesicht auf den Boden, dass es nur so kracht. Auch dabei beobachtet sie sich im Spiegel. Und sie beobachtet mich im Spiegel und meine Reaktion auf ihre Aggression. Werde ich das Gute und das Schlechte, dass sie mir anbietet, annehmen? Darf sie gut und böse sein?

Für Winnicott ist das Übergangsobjekt auch vor dem Hintergrund der kindlichen Ambivalenz gegenüber dem Liebesobjekt bedeutsam. Der gute Teil des Liebesobjektes kann zu einem Teil des Selbst gemacht werden: in der projektiven

Identifikation augenscheinlich in der Szene der „Bemutterung vor dem Spiegel". Das Schlechte – oder die böse Mutter – wird auf das Übergangsobjekt projiziert und, wie ich in der vorigen Szene beobachtet habe, „verworfen".

6. Nora im Kindergarten – Wer kontrolliert wen oder was?

In die begleitende Entwicklungsbeobachtung und Beratung sind die Erzieherinnen und Erzieher einer integrativen Kindertagesstätte einbezogen, die Nora besucht, seit sie vier Jahre alt ist. „Spiegel" haben auch hier phasenweise eine wichtige Rolle gespielt. Ich möchte eine Spiegelszene beschreiben, die ich in ihrer Kindergruppe beobachtet habe.

Zwölf Kinder sitzen mit ihren Erzieherinnen an drei runden Tischen und teilen sich das Mittagessen aus. Es gibt zuerst Suppe. Ich bin an diesem Tag zum Mittagessen eingeladen, sitze neben Nora und frage sie, ob ich ihr die Hand beim Auftun aus der großen Suppenschüssel stützen soll. Sie möchte, dass ich ihr helfe, und beobachtet genau in einem vor sich aufgestellten „Rasierspiegel" ihre Handbewegungen im Spiegel. Die Erzieherinnen wissen von den Spiegelphänomenen und den Spielen, die zu Hause und in den Frühförderstunden aktuelle Wichtigkeit für Noras Entwicklung gewonnen haben. Sie schaut also im Spiegel auf meine Hand und unsere beiden um die Schöpfkelle gelegten Hände und verfolgt den Weg der Suppenkelle in ihren Teller. Immer wieder schaut sie sich selbst auch ins Gesicht und rückversichert sich, ob auch ich sie anschaue. Danach besteht sie darauf, alleine ihre Suppe auszulöffeln, und wieder beobachtet sie den langen Weg ihrer Bewegungen bis hin zum Mund. Sie ist sehr konzentriert und ich bemerke keine Enttäuschung, wenn Suppe danebentropft. Auch in dieser Szene schließt sie mich in ihren Augenspiegel ein. Sie scheint mich zu prüfen. Was befürchtet sie? Hat sie meine aufgeregte Spannung bemerkt, die Suppe könnte zu oft danebenlaufen? Kann ich ihre Autonomiewünsche in ihren Augen mit meinen prüfenden Augen tolerieren?

Dieses aktuelle gemeinsame Erlebnis mit der kontrollierenden und auch angespannten Stimmung hinterlässt in meiner Gegenübertragung das schale Gefühl: Ich werde von ihr mit meinen Affekten kontrolliert. Ich kann die Spannung aushalten und mische mich nur ein, wenn sie mich dazu auffordert. Was für ein Mädchen! Anders als in der eher lustvoll sich spiegelnden Tänzerin im Frühförderungssetting und meiner begleitenden bewundernden Zuversicht erlebe ich die Essenssituation als ein gemeinsames Wagnis.

7. Affektspiegelung, Selbsterfahrung und Selbstbewusstsein

7.1 Das innere Bild entsteht aus dem inneren Erlebnis: Ich werde gesehen

Nora hat mir folgendes vermittelt: Ich sehe mich im Spiegel und ich erlebe, wie ich fühle und mich fühle, wenn ich mich bewege. Mein Körper gehorcht mir. Ich kann sehen, wie es ist, eine Mama zu sein, wenn ich meine Puppe an meine Brust halte. Ich sehe mir dabei in die Augen und überprüfe, was „Ich" dabei fühle. Ich kann die Puppe auf den Boden schmeißen und Frau Maass genau beobachten. Ich schaue ihr durch den Spiegel in die Augen und weiß, dass sie weiß, dass ich nicht nur die Puppe auf den Boden schmeiße. Ich darf meine Geschichte erzählen und mich selbst entwickeln.

Das bin ich mit meinem Körper. Mein Körper ist ein Instrument, mit dem ich viel ausprobieren kann. Ich kann mein rechtes Bein ausstrecken und kann im Spiegel sehen und erleben, wie ich mich fühle und wie sich mein Körper mit mir fühlt. Ich kann mich selbst kontrollieren, wie ich die Beine vor dem Spiegel sortiere. Ich sehe mir beim Erleben ins Gesicht. Mein Gesicht und mein Körper gehören zusammen. Ich fühle, was ich sehe, und sehe, was ich fühle. Ich beobachte und höre zu, dass auch Frau Maass sich freut, wenn ich mich freue. Ich freue mich, dass sich Frau Maass mit mir freut. Wir können auch ein gemeinsames Wagnis bestehen. Wenn mein Körper zusammenfällt und ich mich erst wieder zusammensetzen muss, dann sagt mir Frau Maass, dass mein Körper zusammengefallen ist und dass ich mich wieder selbst aufrichten kann. Mein eigenes triumphierendes Gefühl wird mir von Frau Maass widergespiegelt. Ich kann meinem eigenen Körper und meinem Gefühl trauen.

Es kann mit Zuversicht „Spannung" ausgehalten werden. So kann beim Kind ein kohärentes Bild von sich und seinem eigenen Körper entstehen. Nora hat sich selbst entdeckt.

7.2 Was sieht Nora im Gesicht ihrer Frühförderin?

Was erlebt Nora, wenn sie Mühe hat, ihre affektiven und mentalen Erfahrungen zu einem zusammenhängenden Gespür und zu einer Selbst-Gewissheit zu integrieren? Diese Frage habe ich mir immer wieder gestellt. Ich konnte beobachten, dass sie genau wie reif geborene Säuglinge auch, aber eben verlangsamt wahrnimmt: Nora hat viel länger gebraucht, sich auch atmosphärisch zu orientieren.

Das Vorstellungsbild, das auch ich von Nora z.b. schon als Baby habe, prägt maßgeblich auch meinen intuitiven Umgang mit ihr. Weicht das Bild von „normalen" Entwürfen ab, kann es auch bei mir zu Irritationen in der Frühförderin-Kind-Interaktion und -Kommunikation kommen.

In der Frühfördersituation geht es darum, Nora sorgfältig zu beobachten und Nora in mir auszufühlen. Durch Erspüren ihrer affektiv-emotionalen Zustände kann es mir womöglich gelingen, ein genaues Bild ihrer Befindlichkeit und Entwicklung zu entwerfen, damit ich Angebote vorschlagen kann, die ihren Besonderheiten entsprechen. Durch Anregungen, die „gut genug" (Winnicott) sind, kann sich nicht nur das Kind, sondern auch die Frühförderin-Kind-Beziehung oder Kind-Frühförderin-Beziehung bestenfalls „selbst" entwickeln.

Wenn sich Nora im Spiegel mit ihrem Gesicht und ihrem eigenen Körper befasst, sich erlebt und gleichzeitig von mir „gespiegelt" werden will: was sieht sie? Sie sieht sich selbst.

8. Theoretischer Rahmen

Winnicott beschreibt eine Patientin, die sehr stark mit dem Problem der Selbstwerdung beschäftigt war und im Laufe der Therapiestunde einen Einfall zu „Spieglein, Spieglein an der Wand ..." brachte. Sie sagte „Es wäre doch furchtbar, wenn das Kind in den Spiegel schaut und nichts sieht!" Ihr fallen noch Einzelheiten aus einem Buch von Francis Bacon ein, der sagt, „dass er seine Bilder gern unter Glas hat, denn wenn die Leute ein Bild betrachten, ist es dann nie ganz das Bild, das sie sehen; sie sehen sich auch immer ein bisschen selbst" (Winnicott 1985, 134).

Psychotherapie hat, so meint er, „im weitesten Sinne die Funktion des Gesichts, das widerspiegelt, was sichtbar ist", und wenn diese Arbeit gelingt, kann der Patient „sein eigenes Selbst finden, leben und sich als real erleben […]. Sich real zu fühlen, bedeutet mehr als zu leben; es bedeutet, einen Weg zu finden, sein Selbst zu leben, zu Objekten in Beziehung zu treten und sich auf ein Selbst zurückziehen zu können" (ebd., 134f.).

Ich habe dieses Entwicklungsmodell auch der heilpädagogischen Arbeit und den Gesprächen mit den Eltern und ihren schwer beeinträchtigten Säuglingen und Kindern zugrunde gelegt.

Das innere Bild des eigenen Körpers sieht Winnicott eng verknüpft mit dem „potential space", einem auf körperlicher Erfahrung aufbauender Ich-Bereich. Dieser schöpferische Raum, in dem vom Kind subjektive Objekte (Übergangsobjekte) gefunden werden, kann dann entstehen, wenn das Kind in seinem natürlichen

Omnipotenz-Erleben nicht eingeengt wird. „Diese Prozesse stehen am Anfang der Entwicklung; aus ihnen ergeben sich die äußerst komplexen Vorgänge, die die emotionale und psychische Reifung des Kindes ausmachen" (Winnicott 1985, 129). Winnicott geht nicht besonders auf die kognitiven Reifungsvorgänge ein; wenn ich sein Werk richtig verstanden habe, denkt er sie immer auch mit.

Das eigene Körpererleben in der Beziehung mit anderen und das daraus entstehende Körperbild spielt bei der Entwicklung der eigenen Subjekthaftigkeit eine entscheidende Rolle und kann von Anfang an als Geschichte von Objektbeziehungen verstanden werden.

Winnicott bezieht sich noch auf die Haltung der Familie und der einzelnen Mitglieder dem Kind gegenüber, die, wenn die Familie intakt ist und funktioniert, dem Kind bestenfalls das zurückgeben, was es selbst einzubringen in der Lage ist. Er geht auf die Folgen ein, wenn ein Kind nicht richtig und mit Aufmerksamkeit gesehen wird, das heißt, wenn auf sein Entwicklungsniveau nicht adäquat eingegangen wird: Er meint, dass erstens die Kreativität verkümmere und es versuche, auf andere Weise Antwort zu bekommen. Und dass zweitens sich beim Kind eine bestimmte Vorstellung davon bildet,

„was es im Gesicht der Mutter erblickt, wenn es sie anschaut. Dann ist das mütterliche Gesicht jedoch kein Spiegel mehr. So tritt Wahrnehmung (Perzeption) an die Stelle von Aufmerksamkeit (Apperzeption) und ersetzt, was den Anfang für einen bedeutsamen Austausch mit der Welt bilden könnte: den zweigleisigen Prozess, in dem innere Bereicherung und die Entdeckung des Ausdrucksgehaltes des Sichtbaren sich ergänzen" (ebd., 129).

Das spielerische, offene, das sich in Entwicklung befindliche potentielle Sein geht verloren, wenn der affektive Spiegel etwas zurückwirft, das als Abwehr bezeichnet werden kann.

Winnicott geht auf die tatsächlich im Haus vorhandenen Spiegel ein,

„in denen das Kind beobachten kann, wie die Eltern oder andere sich selbst betrachten. Dabei hat der wirkliche Spiegel selbstverständlich vor allem im übertragenen Sinne Bedeutung" (ebd., 135). „Ein Mädchen, dass sein Gesicht im Spiegel betrachtet, will sicher sein, dass das Mutterbild da ist, dass die Mutter es sehen kann und mit ihm in Beziehung steht" (ebd., 130).

Auch Dornes (2000, 188) schreibt, dass die Erfahrung, im Gesicht eines anderen gespiegelt zu werden, anscheinend dazu beiträgt, sich im Spiegel „mit Freude" zu erkennen.

Dornes stellt einen Zusammenhang zwischen der kognitiven Fähigkeit des Kindes, sich im Spiegel zu erkennen, und der affektiven Fähigkeit zur Empathie her. Selbsterkennen im Spiegel kann mit zunehmender Erfahrung von Getrenntheit von der Mutter einhergehen (Dornes 2000, 187).

9. Trennungs- und Individuationsprozesse

In der Zeit der gemeinsamen Spiegelepisoden fällt Frau K. auf, dass sich Nora wieder vermehrt an sie wendet, sie klammert. Sie kann ausgesprochen unzufrieden sein, wenn sich ihre Mutter ihren Wünschen verweigert!

Ich bin davon überzeugt, dass sich Noras Wahrnehmung, ihr Körperbild und Identitätserleben vor und mit dem Spiegel weiterentwickelt hat.

Sie ist sich vertraut geworden. Sie hat Selbstbewusstsein erprobt. Sie ist: die Nora im Spiegel, die sich aus einer Außenperspektive wahrnimmt und sich selbst dabei spürt und erlebt.

Noras Erproben von Ganzheitserleben fällt in eine Phase, in der Frau K. die Vojta-Therapie lockert. Ich habe mich gefragt, ob mit der Freigabe ihres zum Objekt gewordenen Therapiekörpers diese Selbst-Entwicklungsprozesse erst in Gang kommen konnten. Denn Nora betrachtet und kontrolliert am Anfang genau ihren Bewegungsapparat. Dieser Teil ihres Selbst hat in der Spiegelbetrachtung nach meinem Empfinden den Status eines „Objekts" gewonnen, während der andere Teil des Selbst den Status des „Handelnden" übernommen hat. Die beiden Aspekte des Selbst können von ihr vor dem Spiegel zu einer Einheit integriert werden und als ganzheitliches gefühltes körperliches Selbst erlebt werden. Nora macht sich ganz. Sie eignet sich ihren Körper selbst an.

Sensibilisiert durch gemeinsame Gespräche über das Entwicklungsthema ihrer Tochter, macht mich Frau K. auf ein Einschlafritual aufmerksam, auch um sich bei mir zu vergewissern, ob sie sich weiterhin so verhalten soll. Nora hält abends auf eine ganz bestimmte Weise ihre Mutter gefangen. Frau K. liegt einerseits aufmerksam neben Nora, andererseits hat sie genug von ihr und möchte endlich den Abend selbst gestalten.

Nora möchte, dass ihre Mutter neben ihr liegt, wenn sie sich ausgiebig zu streicheln beginnt. Sie befasst sich abwechselnd mit ihren Armen, streicht oder streichelt ihre Haut, beobachtet und fühlt ihrer Streichelhand nach. Ihre Mutter muss ihr dabei zuschauen, sie darf sie in dieser Situation nicht berühren. Sie muss nur da sein.

Auch hier schafft Nora die Synthese zwischen dem sichtbaren und tastbaren Objekt, das wir „Körper" nennen und dem leiblichen Spüren. Ihre Mutter muss ihr

ihr Selbstgefühl, dass ihr offensichtlich Vergnügen bereitet, nur noch durch ihre Anwesenheit bestätigen. Sie erfüllt ihr diesen Wunsch.

In dieser Zeit setzt sich Frau K. wieder neu mit der Körperbehinderung ihres Mädchens auseinander. Für Nora ist eine Rollstuhlversorgung geplant. Hat Frau K. die Vorstellung aufgegeben, dass Nora einmal wird laufen können? Oder schaut und fühlt Frau K. in besonders klarer und auch empathischer Weise auf ihr Kind und seine Entwicklung?

Herr K. hat in meiner Arbeit keinen ihm gebührenden Platz bekommen. Er besetzt jedoch eine wichtige Rolle in seiner Familie. Er trianguliert und hält auf bescheidene und unaufdringliche, aber dennoch präsente Weise die kleine Familie. Er war immer ein empathischer Gesprächspartner.

Literatur

Bittner, G.; Thalhammer, M. (Hrsg.) (1989): „Das Ich ist vor allem ein körperliches ...": Zum Selbstwerden des körperbehinderten Kindes. Würzburg

Brisch, K.-H. (1999): Bindungsstörungen. Stuttgart

Dornes, M. (1993): Der kompetente Säugling. Die präverbale Entwicklung des Menschen. Frankfurt a.M.

Dornes, M. (1997): Die frühe Kindheit. Entwicklungspsychologie der ersten Lebensjahre. Frankfurt a.M.

Dornes, M. (1999): Spiegelung – Identität – Anerkennung: Überlegungen zu kommunikativen und strukturbildenden Prozessen der frühkindlichen Entwicklung. In: Jahrbuch für Psychoanalytische Pädagogik 10. Gießen

Dornes, M. (2000): Die emotionale Welt des Kindes. Frankfurt a.M.

Hackenberg, W. (1992): Abwehr und Bewältigung in der Auseinandersetzung mit Behinderung. In: Frühförderung interdisziplinär 11, 97-107

Hackenberg, W. (2003): Beziehungen in der Frühförderung – Konsequenzen für die Ausbildung. In: Frühförderung interdisziplinär 22, 3-11

Koch-Kneidl, L.; Wiesse, J. (Hrsg.) (2000): Frühkindliche Interaktion und Psychoanalyse. Göttingen

Lemche, E. (1993): Das Körperbild in der psychoanalytischen Entwicklungspsychologie. Eschborn

Lichtenberg, J.D. (1983): Psychoanalyse und Säuglingsforschung. Berlin/ Heidelberg, 1991

Papoušek, M. (1994): Vom ersten Schrei zum ersten Wort. Bern

Piaget, J. (1975): Nachahmung, Spiel und Traum. In: Gesammelte Werke, Bd. 5. Stuttgart

Schäfer, G. (1986): Spiel, Spielraum und Verständigung. Weinheim/München

Schäfer, G. (1999): Bildung beginnt mit der Geburt. In: Jahrbuch für Psychoanalytische Pädagogik 10. Gießen

Sinason, V. (2000): Geistige Behinderung und die Grundlagen menschlichen Seins. Neuwied

Stern, D.N. (1990): Tagebuch eines Babys. Stuttgart, 1991

Stern, D.N. (1992): Die Lebenserfahrungen des Säuglings. Stuttgart

Stern, D.N. (1998): Die Mutterschaftskonstellation. Stuttgart

Suess, G.; Pfeifer, W.-K. (Hrsg.) (1999): Frühe Hilfen. Die Anwendung von Bindungs- und Kleinkindforschung in Erziehung, Beratung, Therapie und Vorbeugung. Gießen

Winnicott, D.W. (1941): Die Beobachtung von Säuglingen in einer vorgegebenen Situation. In: Winnicott, D.W.: Von der Kinderheilkunde zur Psychoanalyse. München, 1975, 31-56

Winnicott, D.W. (1958): Die Fähigkeit zum Alleinsein. In: Winnicott, D.W.: Reifungsprozesse und fördernde Umwelt. München, 1974, 36-46

Winnicott, D.W. (1960): Die Theorie von der Beziehung zwischen Mutter und Kind. In: Winnicott, D.W.: Reifungsprozesse und fördernde Umwelt. München, 1974, 47-71

Winnicott, D.W. (1963): Die Entwicklung der Fähigkeit zur Besorgnis. In: Winnicott, D.W.: Reifungsprozesse und fördernde Umwelt. München, 1974, 93-105

Winnicott, D.W. (1971): Die Spiegelfunktion von Mutter und Familie in der kindlichen Entwicklung. In: Winnicott, D.W.: Vom Spiel zur Kreativität. 3. Aufl. Stuttgart, 1985, 128-135

Winnicott, D.W. (1971): Übergangsobjekte und Übergangsphänomene. In: Winnicott, D.W.: Vom Spiel zur Kreativität. 3. Aufl. Stuttgart, 1985, 10-37

„Stoffe, in denen das Ich sich selbst wiederfindet…"[1]

Ein psychoanalytisch-pädagogischer Beitrag zur Frage der Unterrichtsgestaltung

Heiner Hirblinger

> *„Der Traum der Bildung, Freiheit vom Diktat der Mittel, der sturen und kargen Nützlichkeit, wird verfälscht zur Apologie der Welt, die nach jenem Diktat eingerichtet ist."*
> Th. W. Adorno

> *„Bildung also als Motor für wirtschaftliche Prosperität, als Lebenselixier für die Demokratie und als Allroundprophylaktikum gegen die Risiken und Unbillen des Lebens in der modernen Industriegesellschaft?"*
> R. Göppel

1. Vorbemerkungen

Wie Adoleszente lernen, ist nicht immer ganz einfach nachzuvollziehen. Oft zeigt sich im Alltag die Struktur solcher „Unterrichtung" jedoch wesentlich klarer als in der Schule.

Von einer solchen Szene berichtete mir vor kurzem die Mutter einer Schülerin.

Laura ist 14 Jahre alt und hat seit ein paar Wochen einen Freund. Sie hat ihn in ihrer „Clique" kennen gelernt. Als sie ihrer Mutter erstmals von dem Freund erzählt

---

[1] Vgl. Bittner 1977, 8

und nebenher erwähnt, dass dieser „Anarchist" sei, reagiert die Mutter etwas zurückhaltend. Durch das Schweigen der Mutter offensichtlich etwas verunsichert, erklärt Laura nun provozierend: „Ich bin selbst seit zwei Jahren Anarchistin. Du hast es nur noch nicht bemerkt." – Dann, nach einer Pause des Nachdenkens, erkundigt sich Laura, was denn das sei – „Anarchismus". Die Mutter erklärt ihr nun: „Das ist ein gesetzloser Zustand. Da kann jeder jeden ermorden". – Laura ist irritiert und meint nach einiger Bedenkzeit: „Dann ist Anarchismus ja etwas Schlechtes ..."

Vergleicht man den Ablauf in der eben geschilderten Szene mit Lernprozessen im Unterricht, so ergeben sich zunächst recht offenkundige Unterschiede. Zwar begegnen Schüler auch in der Schule „fremden Tatsachen"; doch das Lernen in der Situation „Unterricht" hat zunächst wenig zu tun mit jenem Dialog, den Laura mit ihrer Mutter führt, um etwas, was sie innerlich beschäftigt, zu klären:

— Der Begriff „Anarchismus" interessiert Laura, *weil sie einen Freund hat*, der von sich behauptet, er sei „Anarchist".

— Im Kontext dieser Freundschaft wird „Anarchismus" nun allerdings zu einer *befremdenden Tatsache*, weil Laura diesen Aspekt in der Begegnung mit ihrem Freund offenbar nicht versteht; sie hat den „Anarchismus" ihres Freundes offenbar noch nicht ganz „verdaut".

— Um zu klären, was sie irritiert, sucht Laura nun allerdings das Gespräch mit ihrer Mutter. In einem relativ *angstfreien Raum* kann das Irritierende zur Sprache kommen.

— Laura überspielt zunächst ihre Irritation durch eine grandiose Phantasie: Sie behauptet, sie sei selbst „Anarchistin".

— Jetzt erst, nachdem dies ausgesprochen ist, kann sich die Verwirrung etwas klären: Laura beginnt nun *in Worte* zu fassen, was sie emotional schon länger beschäftigt: Was ist das eigentlich: „Anarchismus"?

— In Identifikation mit dem Urteil der Mutter beginnt Laura dann ihre *Vorstellung* von Anarchismus und ihr *moralisches Urteil* zu korrigieren.

Lernen im Unterricht geht hingegen davon aus, dass der fremde Stoff als vorgegebenes *Wissen* von den Schülern angeeignet werden kann. Lernen im Unterricht erfolgt als „Instruktion". Geht es um *emotionale Erfahrungen*, so entstehen im Unterricht meist verwirrende und eher konfuse Dialoge. Es fehlt dann in der Regel der vertrauensvolle „Raum", in dem sich diese Irritationen klären ließen.

Deutschstunde in einer 9. Klasse. Das Gedicht von Brecht „Erinnerung an Marie B." wird besprochen. Die Schüler sollen ein Protokoll darüber verfassen. Es geht um die Vorbereitung zur ersten Schulaufgabe.

„...
Und fragst du mich, was mit der Liebe sei?
So sag ich dir: Ich kann mich nicht erinnern
Und doch, gewiss, ich weiß schon, was du meinst.
Doch ihr Gesicht, das weiß ich wirklich nimmer
Ich weiß nur mehr, ich küsste es dereinst.
... ."

Alle Schülerinnen und Schüler bekommen recht schnell heraus, dass es sich um ein Liebesgedicht handelt und dass der Sprecher, das lyrische Ich, vermutlich ein „älterer Mann" ist, der sich an eine „frühere Liebe" erinnert.

Doch nun meldet sich eine Schülerin, die bisher durch eine erkennbar überwache, sehr weit entwickelte Einfühlung aufgefallen ist. In etwas vorwurfsvollem und kritischen Ton charakterisiert sie das „lyrische Ich" in diesem Gedicht als eine „narzisstische Persönlichkeit": „Diesem Sprecher sind doch jetzt die *eigenen Gefühle wichtiger* als die *reale Beziehung zu der Frau*, die er früher geliebt hat ...“

Irritation breitet sich aus im Klassenraum. Die Mitschüler verstehen nicht, wovon hier die Rede ist. – Ich greife deshalb den Deutungshinweis auf und fordere die übrigen Schüler auf, die Deutung ihrer Mitschülerin am Text noch einmal nachzuvollziehen.

Die Korrektur der Protokolle zu dieser Stunde bringt dann allerdings ans Licht, dass trotz dieses Klärungsversuches nur sehr wenige Schüler die Deutung ihrer Mitschülerin tatsächlich verstanden haben: „Wenn ein Mensch sich so verhält und so spricht, sagt man, *er habe ein lyrisches Ich.*" – „Das lyrische Ich wirkt sehr egoistisch, da es nur an seine Gefühle, nicht an die *Gefühle von anderen* denkt.“

Die Fünfzehnjährigen erkennen zwar die *Selbstbezogenheit* des lyrischen Ich in Brechts Gedicht, es gelingt ihnen jedoch noch nicht den Unterschied zwischen Selbstbezogenheit und *Objektliebe* im Unterrichtsgespräch nachzuvollziehen. Die Situation in der Klasse erlaubt vorerst einen solchen differenzierten Nachvollzug emotionaler Erfahrung nicht. Auch der Lehrer war vermutlich von der Deutung der Schülerin zu sehr beeindruckt und hat durch seine Begeisterung für die „gute Leistung" das Verständnis der anderen Schüler und Schülerinnen eher blockiert.

2. Konzepte zur emotionalen Erfahrungsbildung im Unterricht

In der Literatur zur psychoanalytischen Pädagogik des Lernens stehen immer noch die „Lernstörungen" und „Lernhemmungen" im Vordergrund. Ansätze zu einer psychoanalytischen *Didaktik* sind bisher eher selten (Neidhardt 1977; Trescher 1985b; Hirblinger 1991, 1999, 2001). Die psychoanalytische Pädagogik der *Schule* kann auf keine Tradition zurückblicken; bestenfalls „Ansätze" existieren, die uns heute das Gefühl geben, nicht ganz am Anfang zu stehen.

Ein wichtiger Versuch in diesem Sinne war jedoch die „Burlingham-Rosenfeld-Schule in Wien (1927-1932), deren „Entstehungsgeschichte", „Unterrichtsprinzip" und „Geist" Rolf Göppel (2002) rekonstruiert hat. Es war eine Schule für die Kinder des psychoanalytischen Clans.

Trotz des offensichtlichen Fehlens eines ausgearbeiteten psychoanalytisch-pädagogischen Konzeptes zum schulischen Unterricht war die Vorgehensweise der Lehrer an der Burlingham-Rosenfeld-Schule doch so durchdacht, dass sie auch heute noch Anregungen bietet:

— Die Initiatoren und die Schüler der Burlingham-Rosenfeld-Schule waren offenbar auf der Suche nach einem Unterrichtskonzept, das die *„strahlende Intelligenz eines gesunden Kindes"* (Freud 1927, zit. nach Göppel 2002, 45) in die Erwachsenenwelt hinüber retten sollte. Die Deformation des Lernens, wie sie im Unterricht der Regelschule spürbar war, sollte zumindest minimiert werden.

— Die geeignete Methode schien dabei die *„Projektmethode"* zu sein. Die Lehrgegenstände sollten in Beziehung zueinander stehen; Lernen sollte sich zur Lebenswelt der Kinder hin öffnen. – In einer später veröffentlichten Skizze erinnert sich Erikson (1980, zit. Göppel 2002, 46): „Wir unterrichteten also nach der Projekt-Methode. Die ganze Schule verwandelte sich zum Beispiel für eine bestimmte Zeit in die Welt der Eskimos. Alle Unterrichtsgegenstände hatten dann eine Beziehung zum Leben der Eskimos – Erdkunde, Geschichte, Naturwissenschaften, Mathematik und natürlich Lesen und Schreiben. Dies führte zu einer raffinierten Kombination von spielerischer neuer Erfahrung, sorgfältigem Experiment und freier Diskussion, während es gleichzeitig all die gelernten Details in einen sinnvollen Zusammenhang brachte."

— In der Analyse und Rekonstruktion eines solchen Unterrichtsprojektes kann Göppel (2002, 48) nun jedoch zeigen, dass die *Projektmethode Deweys* in den „Händen der psychoanalytisch orientierten Pädagogen" eine bedeutsame „Veränderung des ursprünglichen Projektgedankens" erfahren hat: „Nicht mehr die Bearbeitung äußerer, gesellschaftlicher Realität wäre dann das Ziel eines Projekts, sondern die Bearbeitung innerer, psychischer Realität."

— Gelernt werden sollten Stoffe, in denen das „Ich sich selbst wieder findet, die ihm ein Stück seines eigenen Wesens widerspiegeln, in die einzudringen für das Ich bedeutet, zu sich selbst ‚nach Hause' zu kommen" (Bittner 1977, 8).

— Es handelte sich also um eine Didaktik, die mit den Grundannahmen der Psychoanalyse – Triebtheorie, Rolle der Affekte, Dynamik des Unbewussten – Ernst machte: Erziehung und Unterrichtung sind immer auch Bündnispartner eines Ich, das sich seinen Platz im „Kampf um Triebbeherrschung erst erwerben muss" (Freud, A. 1984, zit. nach Göppel 2002, 48).

Die in der „Burlingham-Rosenfeld-Schule" in Wien praktizierte Auffassung von Unterricht verortet sich somit zwar in der *Idee der Bildung*. – Bildung ist im Sinne dieser psychoanalytisch-pädagogischen Didaktik jedoch immer auch *psychische Strukturbildung*, also nie bloße Qualifizierung oder zweckrationaler Kompetenzerwerb.

Der Unterricht soll an die *Entwicklungsbedürfnisse* der Schüler anknüpfen und diese im Sinne der psychischen Strukturbildungsprozesse fördern. – Es geht um eine Neuauflage des klassischen Bildungskonzeptes, verschärft und gestärkt durch die Erkenntnis dynamisch unbewusster Prozesse.

Der Beitrag einer psychoanalytischen Pädagogik der *Schule* zur Aufklärung szenischen Erlebens und symbolischer Weltaneignung im Unterricht lässt sich von hier aus in drei Stufen der Konzeptualisierung entfalten:

1. zunächst als das Konzept der Blockierung durch Übertragung im Sinne des frühen Beitrags von Kurt Singer (1973);

2. dann als das Konzept der G-Haltung auf der Grundlage von Bions Theorie der „emotionalen Erfahrungsbildung" (1990);

3. schließlich als das Konzept des „potenziellen Raumes" (Winnicott 1951), der durch Analyse der Gegenübertragungsreaktion im didaktischen Feld seine Wirkung entfalten kann.

2.1 Übertragung und Blockierung

„Übertragung" bedeutet zunächst nur Wiederholung einer früheren Objektbeziehung, die durch einen Stellvertreter im Hier und Jetzt aktualisiert wird (vgl. Singer 1973; Trescher 1985a, 1993; Hirblinger 1990, 1999, 2001). Auch im Unterricht führt die Übertragung seitens der Lehrer und der Schüler zur Verzerrung von Wahrnehmung und zu einer unangemessenen Einstellung dem jeweils anderen gegenüber. Die Wiederbelebung der frühen Erfahrungsklischees verhindert dann Entwicklung und blockiert neue Erfahrungen.

In seinem Buch *Verhindert die Schule das Lernen* (1973), das aus Aufsätzen zum Thema „Schulunterricht und Psychoanalyse" hervorgegangen ist, unternimmt Kurt Singer den Versuch, „Lernblockierungen" im schulischen Unterricht auf der Basis eines – allerdings klinisch verengten – Übertragungsbegriffes zu analysieren.

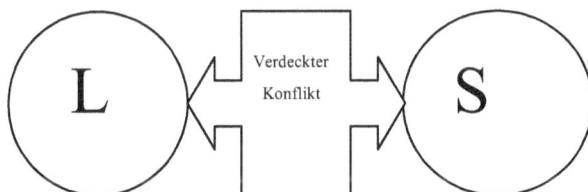

Das Konzept 1: Blockierung durch Übertragung

Wie Freud (1932, 578) in seinem bekannten Diktum in der *Neuen Folge der Vorlesungen* zur Anwendung der Psychoanalyse auf die Pädagogik, stellt Singer (1973, 9) die Persönlichkeit des Lehrers dabei ins Zentrum seiner Überlegungen:

> „Psychoanalyse – als Lehre vom Unbewussten und von der Entwicklung des Menschen – versucht seelische Vorgänge zu erfassen und zu erklären. Somit kann sie auch für das Lernen in der Schule Einsichten bereitstellen. Aber diese Einsichten sind oft kränkend; sie machen es dem Lehrer unmöglich, die Schuld für Schulkonflikte ausschließlich beim Schüler zu suchen. Psychoanalytische Überle-

gungen führen immer zu einer unbequemen kritischen Auseinandersetzung mit sich selbst. Sich selbst in Frage zu stellen, sollte zwar eine vorherrschende Eigenschaft des Erziehers sein; wir wissen, dass sie es oft nicht ist."

Singers Interpretation von Lernhindernissen in der Schule folgt dann einem einfachen Schema. Er konstruiert auf der Basis entwicklungspsychologischer Annahmen der Psychoanalyse einen idealen Lernhabitus der *Schüler* und konfrontiert diesen mit den bekannten strukturellen Mängeln der *Schule*.
In stark vereinfachten Linien:

1. Das Bedürfnis der Schüler, Stoffe angemessen zu „verdauen", kann sich in einer durch Wissen „überfütternden" Mutter-Schule nicht entwickeln.

2. Die spontanen Äußerungsbedürfnisse des Kindes werden durch den Unterwerfungsvertrag, der allem schulischen Unterricht zugrunde liegt, zerstört.

3. Der – aus der Sicht Singers – überwiegend sexuell motivierten Fragelust der Pubertierenden werden Lehrer mit gänzlich anders gelagerten Interessen an der Stoffvermittlung einfach nicht gerecht.

Singer zum Thema „Unter-Ordnung":

„Der Hang zur Ordnung äußert sich auch in dem Wunsch nach Unter-Ordnung: ‚Disziplin' ist ein Schlüsselwort in der Schule. Unter diesem Gesichtspunkt wird oft ein normales kindliches Verhalten als ungehörig bezeichnet. Lehrer fragen gar nicht mehr danach, welchen Sinn bestimmte Ordnungsmaßnahmen eigentlich haben: Warum sollen sich zum Beispiel Schüler ‚paarweise aufstellen'? Gibt es einen anderen Grund dafür als den, dass man das ‚Aufstellen in Zweierreihen' schon seit hundert Jahren so macht? – Warum sollen die Schüler immer auf dem gleichen Platz sitzen und nicht ihren Platz wechseln dürfen? Warum sollen Schüler, die nebeneinander sitzen, nicht miteinander sprechen? Warum sollen sie fragen, wenn sie aufs Klo gehen müssen? Warum sollen Schüler nicht miteinander arbeiten dürfen? – Es gehört wohl zu den krankhaftesten Erscheinungen unserer Schulen, dass Partner- und Gruppenarbeit so wenig verbreitet sind – sicher hauptsächlich wegen der gefährdeten Disziplin" (Singer 1973, 37).

Singer zum Thema „Zwangscharakter der Schule":

„Krankmachend wirkt die Schule jedenfalls dann, wenn sie selbst krankhafte Züge aufweist. Die vorausgegangenen Überlegungen zeigen, dass die Schule als Einrichtung zwangsneurotische Merkmale trägt. Menschen mit einer zwanghaften

Persönlichkeitsstruktur sind durch ‚eine Atmosphäre von Beherrschung, Einengung, Verhaltenheit, Kontrolle und Gesetz' gekennzeichnet. ‚Selten sind sie elastisch-spontan, ihre Vitalität kommt wie durch Düsen gepresst, mehrfach kontrolliert und reflektiert. Sie handeln prinzipiell und starr oder wirken zögernd-abwartend, sind zurücknehmend und -haltend. Die überwertige Verantwortungsschwere, die über ihnen liegt, lässt sie eher ernst, oft humorlos und allzu rational wirken. Alles Neue, Lebendige und Ungewohnte wird skeptisch vermieden. Das zwanghafte Kausalbedürfnis fördert Haltungen von Pedanterie, Rechthaberei, Spitzfindigkeit und Haarspalterei ...' (Elhardt 1971, 116)" (Singer 1973, 47f.).

Singer zum Thema „eingeschränkter Bewegungsdrang":

„Die Psychoanalyse lerngehemmter Schüler zeigt nämlich, dass die Lernleistung vermindert werden kann, wenn wir den Bewegungsdrang des Kindes einschränken. Wir müssen daher annehmen, dass sich die Bewegungsfeindlichkeit der Schule hemmend auf das Lernen auswirkt" (Singer 1973, 52).

Dass orale Konflikte einen Schlüssel zum Verständnis von Lernen und Lernblockierungen bieten, steht außer Zweifel. Die Annahme jedoch, dass Lehrer, die zu viel reden, eine neurotische Lernhemmung bei Schülern bewirken, ist sicher etwas zu einfach.

Auch Singers pädagogische Phantasien zum Thema spontaner Bewegungsdrang wirken merkwürdig vereinfachend: Dass Zappeln, Lutschen, Boxen, freier Toilettengang die Qualität von Unterricht bereits erhöhen könnte, ist angesichts der heutigen Entwicklungen kaum noch ernsthaft zu vertreten.

Sicher ist gegen „Psychohygiene" des Lehrers nichts einzuwenden. Zu klären wäre allerdings, wie durch psychoanalytisch begründete „Hygienemaßnahmen", die den „Ordnungszwang" der Schule ja doch lindern sollten, dann wirklich ein schülergemäßerer, kreativerer, von emotionalen Erfahrungen geleiteter Unterricht entstehen könnte. – Psychohygiene nach einem neurotischen Defektmodell wäre möglicherweise wiederum nur eine Art „Drainage" und eben nicht „Containing" und „Integration" von emotionalen Erfahrungen.

2.2 Die N- und die G-Haltung im Unterricht

Dass „verdeckte Konflikte" den Unterricht bis zur Burnout-Problematik der Lehrer belasten können, ist nicht zu bezweifeln. Der professionelle Umgang mit „verdeckten Konflikten" oder – wie Oevermann (1996, 110) sagt – mit den „diffusen Aspekten" der Lehrerrolle würde jedoch eine neue Stufe der Professionalisierung von Lehrern voraussetzen.

Lehrer müssten methodisch angeleitet werden, in einer asymmetrischen Rollenbeziehung zum Schüler und durch empathische Teilhabe die „verdeckten Konfliktszenen" zumindest soweit zu verstehen, dass durch innere Rollenumkehr die Blockierung bearbeitet werden könnte.

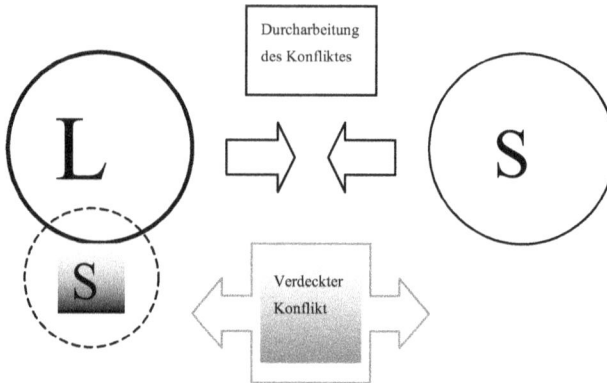

Das Konzept 2: Die G-Haltung und die Öffnung des Unterrichts

Indem Lehrer versuchen, die subjektiven Situationsdefinition von Schülern konkordant nachzuvollziehen und dabei mit ihrer rollenbezogenen Gegenübertragung arbeiten, öffnen sie den Unterricht auch zu emotionalen Erfahrungen, die bisher keinen Zugang zum Lernprozess hatten. Der „pädagogische Takt" so fordert Herbart (1802, 126) schon, soll zum „Regent der Praxis" werden.

Durch moralisch-praktische Diskurse im Unterricht können dann zum geeigneten Zeitpunkt und in einem besonderen Rahmen auch im Unterricht (unbewusste) Handlungs- oder auch Symptomdialoge verstanden und bearbeitet werden.

Man könnte in dieser Hinsicht zwischen einer N- und einer G-Haltung unterscheiden (Hirblinger 2001), die jeweils Folgen auf das gesamte professionelle Wahrnehmungs-Erlebens-Handlungs-Gesamt des Lehrers haben. Unterschiedliche habituelle Einstellungen erzeugen sowohl in der N- wie in der G-Haltung des Lehrers bestimmte typische pädagogische Modellvorstellungen und subjektive Theorien, die sich im Sinn des Konzepts der „emotionalen Erfahrungsbildung" nach Bion (1990) wie folgt charakterisieren lassen:

1. Die *N-Haltung* steht für die strikt normativen, rollenbezogenen Wahrnehmungseinstellung, die mit den kultivierbaren Vorstellungsinhalten der Schüler („Alpha-Elemente") im Unterricht arbeitet. Alle anderen Äußerungen und insbesondere alle Erscheinungsformen des noch dranghaften emotionalen Erlebens („Beta-Elemente") werden als „Störfaktoren" bekämpft oder unter Kontrolle gehalten. – Die N-Haltung arbeitet also sozusagen selektiv im Bereich sublimativer Potenziale. – Sie instrumentalisiert diese allerdings weitgehend für den im Lehrplan verordneten *zweckrationalen* Kompetenzerwerb. – Die Verhärtungen der „Kontaktschranke" (Bion 1990, 104) oder die Ausbildung eines „Betaschirmes" (Bion 1990, 71) im Rahmen der N-Haltung zeigen sich im Unterricht dann z.B. in emotionaler Verarmung und im Verlust der emotionalen Resonanzfähigkeit; im Dominieren von Phantasien, die den Schülern und Lehrern ausschließlich zur psychischen Abwehr dienen; in einer zwanghaften Tendenz zur Ritualisierung; im Misslingen metasprachlicher Kommunikation bei „Störungen" im Unterricht; in einer erkennbaren Rigidisierung und Verflachung der emotionalen und semiotischen Dimension aller Sprechakte; in der Unfähigkeit zum Spielen und Experimentieren.

2. Die *G-Haltung* steht hingegen für eine Wahrnehmungseinstellung, die sich zum Erleben des Schülers hin öffnet und der *gesamten Szene situationsangemessen, gleichschwebend und empathisch Beachtung schenkt* – also auch Randphänomenen, irritierenden Gefühlsäußerungen und insbesondere Zuständen emotionaler Verstrickung. In einer „binokularen Sichtweise" (Bion 1990, 104) kann der Lehrer dann im „haltenden Rahmen" auch Beta-Elemente möglicherweise verwandeln oder Fixierung im Bereich projektiver Einstellungen korrigieren.

2.3 Gegenübertragungsanalyse und potentieller Raum im didaktischen Dreieck

In einem Abschnitt über die „Modellierung von Lernerfahrungen" unter dem Aspekt der Identitätsbildung benennt H. Rumpf (1976) drei Grundprobleme, die berücksichtigt werden müssen, soll Unterricht Identität ermöglichen.

1. *Verarbeitung der Subjektdifferenz*
Ob und wie *lebensgeschichtliche Erfahrungshintergründe* und die mit ihnen verbundenen Erfahrungshorizonte in didaktisch strukturierte Situationen Eingang finden können, ist zunächst schwer zu klären. Es liegt jedoch auf der Hand, dass in *offenen* didaktischen Curricula die individuellen Bedeutungszuweisungen eine

größere Rolle spielen, als in geschlossenen, deduktiv-strukturierten. Die Subjekt-differenz kann dann entweder durch die *Verdrängungsleistung der didaktischen Struktur*, also etwa durch das zu straffe, zielorientierte, zweckrationale Lernar-rangement, völlig neutralisiert werden; sie kann aber auch durch das übertriebene Ins-Spiel-Bringen subjektiver Konnotationen und durch die Inflation privater Deutungsschemata den strukturierten Unterrichtsprozess lähmen oder sogar sprengen.

2. *Verarbeitung des Macht- und Informationsgefälles*

Dass Unterricht generell auf pädagogische Einfälle und strukturierende Entschei-dungen angewiesen ist, führt noch nicht zwangsläufig zur alles beherrschenden Dominanz des Lehrers im Unterricht. Die Frage ist hier wiederum, ob und wie durch das didaktische Arrangement die *Subjektivität des Lehrers* in das pädago-gisch-didaktische Beziehungsfeld eingebracht werden kann.

In technisch organisierten Lehr-/Lernprozessen kann man sich vorstellen, dass die Überlegenheits-/Unterlegenheitsrelation affektiv weitgehend „entlastet" ist – „entlastet" allerdings in dem Sinne, dass die Routine durch emotionale Erfahrungen nicht gestört wird. Der Lehrer handelt „kompetent", bleibt an transparenten, kon-sensuell abgesicherten Zielen orientiert und kann sein personales Dasein und seine Subjekthaftigkeit dabei weitgehend verleugnen. – Im anderen Fall setzt ein Unter-richt, der nicht nur auf „programmierte Einfälle" (Rumpf 1976, 75) abgestellt ist, die Fähigkeit des Lehrers voraus, „*Sinn zu generieren und Situationen zu deuten*". Eine „elegante technologische Neutralisierung des Gefälles" (ebd., 76) ist dann nicht mehr möglich.

3. *Spielräume für Definitionsdivergenzen*

Während die *geschlossenen* Curricula die didaktischen Anregungen so präparie-ren, dass komplexe Lebenssituationen in isolierbare Teilbereiche zerfallen, halten die *offenen* Curricula Inhalte und komplexe Problemsituationen „in der Schwebe des gespielten Ernstes" (Rumpf 1976, 79).

Insgesamt lassen sich dann aus der Sicht Rumpfs *zwei* idealtypische „Lernsitua-tionen" unterscheiden, die einen sehr verschieden wirkenden „Vermittlungsrah-men" für Lehr-/Lernprozesse bilden:

— „Das *herkömmliche Schulwesen* setzt verschiedene Mittel ein, um dem unterschiedlichen bzw. gegensätzlichen Definitionspotenzial seine Sprengkraft zu nehmen: rigide Rollenvorschriften für Schüler und Lehrer, konformitätsorientierte Schulnormen, Zwangshomogenisie-rungen durch das räumliche und soziale Arrangement wie durch formalisierte Maßstäbe der Beurteilung, hierarchisches Autoritätsgefüge innerhalb der Lern- und Verwaltungsorganisation" (ebd., 80).

— Ganz anders gestaltet sich der Vermittlungsrahmen für *offene, entdeckungsorientierte Verfahren*: „Wenn die Inhalte in Lernsituationen scharf gegen andere (zuvor, danach, daneben zu lernende) Inhalte und gegen Unbekanntes, Problematisches abgegrenzt sind, wenn also [...] der Vermittlungsrahmen der Lerninhalte durch eine *hohe Grenzstärke* zu charakterisieren ist, dann sind weder autoritäre Lehrerverhaltensweisen noch ins Auge fallende Disziplinierungstechniken erforderlich, um eine *zielorientierte Homogenisierung* der ins Spiel des Unterrichts kommenden Deutungsschemata und Definitionstendenzen zu bewerkstelligen. Schülerentdeckungen und Lehrergebaren sind durch die *definite Inhaltlichkeit der Situation* festgelegt; sie können infolgedessen keine dem gradlinigen Lernfortschritt gefährlichen Definitionskonflikte provozieren" (ebd., 80f.).

Insgesamt ergibt sich so für Rumpf:

„Unterricht als *technisch-zweckrationales* Arrangement innerhalb festliegender Demarkationslinien des Inhalts wie des Verhaltens bezahlt den Gewinn an *scheinbar repressionsfreier Homogenisierung* der Beteiligten mit der *Liquidation* oder doch jedenfalls der Stilllegung lebensgeschichtlich und situativ bedingter Sinnsysteme und Definitionsmuster. *Unterricht wird zur monologisch-instrumentalen Handlung der Konstrukteure und Exekutoren des Curriculums.* – Curricula, deren Unterrichtsinhalte hingegen *lebensgeschichtlich bedingte* Definitionsdivergenzen begünstigen, sind dadurch vom Kollaps bedroht. Die diskrepanten Situationsdefinitionen kommunikativ zu bearbeiten, dürfte nur gelingen, wenn die Aktivitäten der Beteiligten nicht blanko auf das Konto einer unanalysierten Spontaneität und Selbsttätigkeit verbucht werden. Hier müssen zur Entwicklung, zur Realisierung, zur Evaluation des Unterrichts relevante Theorien herangezogen werden, mit deren Hilfe zielbedeutsame Aktions- und Interaktionsfiguren von anderen unterschieden werden können" (ebd., 80f.).

Ich möchte die Überlegungen Rumpfs aus der Sicht einer psychoanalytischen Pädagogik neu interpretieren:

1. *„Unterrichtswirklichkeit"* im Sinne Rumpfs ist eine relationale Größe. Sie ist abhängig von den „Rahmenbedingungen" des schulischen Lernens und

vom „Setting", das „offene" oder „geschlossene Bedingungen" für emotionale Erfahrungsbildung bereithält.

2. Die „Subjektdifferenz" (oder die differenten Bedeutungszuweisungen) im Lehr-/Lernprozess ergibt sich aus der Sicht der psychoanalytischen Pädagogik überwiegend durch Assoziation mit früheren Objekterfahrungen. Schüler und Lehrer modulieren Unterrichtsgegenstände im System ihrer mit der Übertragung assoziierten Konnotationen. – Dass Übertragungsprozesse dann durch emotionale Spaltung, rigide Abwehr und Reaktionsbildungen, wie Singer gezeigt hat, das Lernen blockieren oder sogar den Unterricht sprengen können, ist bekannt. – Die *Herausbildung* eines *Übertragungskommunikats* und des darin deutlich werdenden Beziehungsthemas aber ist dann zugleich jener Augenblick im Unterrichtsprozess, in dem sich für den Lehrer die Chance bietet, *mit* der Übertragung *zu arbeiten.*

3. Die Handhabung des „Machtgefälles" setzt dabei voraus, dass die Analyse der *Gegenübertragung seitens des Lehrers* auch im Unterricht möglich ist. Gegenübertragung ist bedingt durch verschiedene Identifikationssysteme: Zum einen entsteht sie aus der *Lehrerrolle,* zum anderen als „Antwort" auf die Übertragung der Adoleszenten.

4. Das psychoanalytische Modell der „Rollenumkehr" durch empathische Anteilnahme an pädagogischen und didaktischen Aspekten des Unterrichtsgeschehens ist dann im Sinne des *didaktischen Dreiecks* zu erweitern. Rollenumkehr ist nur möglich im Bereich von Übertragung und Gegenübertragung. Erst wenn es gelingt die Subjektdifferenz *zuzulassen* und zugleich *mit* dem Übertragungskommunikat didaktisch zu arbeiten und dieses in den wesentlichen Aspekten zu verstehen, kann *Machtausübung* des Lehrers durch Empathie und empathische Erkenntnis Entwicklung fördernd wirken. – Die Modulation des „Stoffes" erfolgt im Unterricht dabei stets von zwei Seiten her: Durch Aktualisierung eines didaktischen Sinnes im Horizont der Gegenübertragung des Lehrers und durch Artikulation des Übertragungskommunikats im vorgängigen Lernprozess seitens der Schüler.

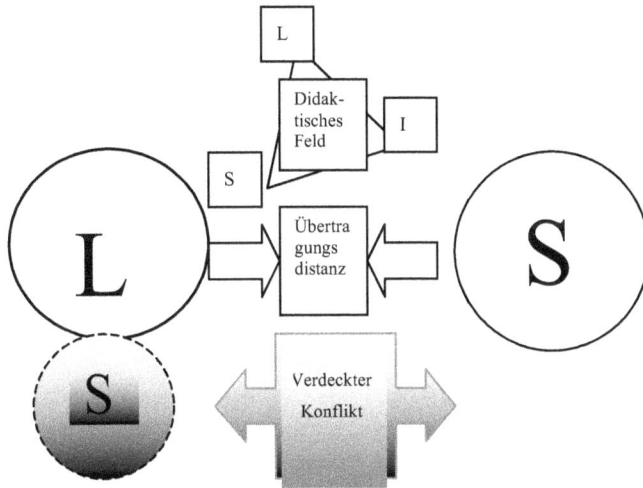

Das Konzept 3: Gegenübertragung und potentieller Raum

Erst wenn Lehrer in der Lage sind, sich aus blockierenden Identifikationen mit ihrer Rolle zu lösen, um so blockierende Übertragungen der Schüler zu verstehen, sollte man von „Gegenübertragungsanalyse" sprechen. Von dieser Beziehungs-dynamik, die sich als Übertragungs-/Gegenübertragungsbeziehung konzeptuali-sieren lässt und in der sich „Beziehungsregulierung" ereignet, muss dann die „didaktische Mikrowelt" des Unterrichts unterschieden werden, die sich als „po-tenzieller Raum" im Sinne Winnicotts (1951) bilden kann.

U. Moser (2001) hat in einer solchen Perspektive auf diese Parallelität von „di-rekter Beziehung" und „Übergangsraum" im Bereich der Therapie hingewiesen. Diese Parallelisierung gilt auch für das Setting Unterricht in etwas anderer Akzentu-ierung. „Die Beziehungsregulierung (mit affektiver Übertragung) ist nicht identisch mit Übertragung und Gegenübertragung im Arbeitsfeld der Mikrowelt" (Moser 2001, 101). – Es empfiehlt sich also auch im Unterricht zwischen den *affektiven Übertragungsprozessen* im Bereich der realen Beziehung und in einem Bereich, den Winnicott den *potenziellen Raum* genannt hat, zu unterscheiden.

Wenn ich Mosers Ausführungen in die Terminologie einer psychoanalytischen Pädagogik des Unterrichts übersetze, ergibt sich dann Folgendes:

— Auch im Unterricht bildet sich ein *„Relationskontext"* (Moser 2001, 102), d.h. ein wechselseitiges Spannungsfeld von Erwartungen zwischen dem Lehrer und seinen Schülern. Ziel des Unterrichts ist es dann aber nicht, die Aspekte dieser direkten Beziehung in das Arbeitsfeld der Mikrowelt zu überführen; vielmehr sind es nur ganz bestimmte affektive Prozesse im Raum der Übertragung, die für die „Lernbiographie" der Klasse oder für ihre Entwicklung als „Kulturgemeinschaft" bedeutsam werden.

— Der *Rahmen für Unterricht* fördert die Ausbildung von Einstellungen, die einen Übergangsraum ermöglichen, dabei nicht automatisch. Dieser Rahmen muss sich erst bilden können, damit Begegnungen im *„Symbolraum"* (Moser 2001, 104) gelingen können.

— Oft entwickelt sich das nötige Vertrauen zum Lehrer erst nach einer Krise. Dieses Vertrauen schafft dann jene Distanz, in welcher *Übertragungsphantasien*, die bisher nur der Beziehungsregulierung dienten, auch Bedeutung im Übergangsraum gewinnen können, d.h. die Übertragungsphantasien können nun als „Modulation" (Moser 2001, 102, spricht von „simulativen Veränderungen") in einer spielerischen Form bearbeitet werden. Das setzt zugleich eine gewandelte Einstellung des Lehrers zum Unterricht voraus. Eine neue Lehrerin, die nach unbewältigtem Trennungserleben von den Schülern als „Hexe" erlebt wird und durch diese Inszenierung seitens der Kinder tief betroffen reagiert, bringt eines Tages ein „Hexenbuch" mit und kann so den Konflikt lösen (vgl. Trescher 1985 b). Aus dem konkretistisch getönten Erleben der Beziehung zum Lehrer wird eine „modulierte Szene", die eine Bearbeitung auf der Ebene „verringerter Affektintensität" (Moser 2001, 103) ermöglicht.

— Der entscheidende Übergang im Erleben der Lerngruppe ist also der Übergang von der *Übertragung zur Übertragungsdistanz*, also von der *unfreiwilligen zur freiwilligen Inszenierung*. – Trifft der Gestaltungsimpuls des Lehrers – also sein Spielvorschlag – in konkordanter Identifizierung mit den Schülern diesen Phantasiekomplex im Erleben der Klasse, so entwickelt sich spontan ein „fruchtbarer Augenblick" (Copei 1930), d.h. das Erleben der Kinder beginnt sich zu integrieren, die Schüler wollen das Spiel nun von sich aus weiterspielen, und der Lehrer kann jetzt seine Herrschafts- und Kontrollposition verlassen und in diese Spielwelt selbst eintauchen.

Der „potenzielle Raum" im Unterricht ergibt sich dabei durch den gesamten Prozess der didaktischen Strukturierung von Unterricht. In den verschiedenen Bereichen des didaktischen Handelns eröffnen die jeweiligen *Aktionsformen* des Unterrichts (Vortrag, Impuls, Stillarbeit, Diskussion usw.) in einer Haltung konkordanter Identifizierung zum Schüler und durch reflektierte Handhabung der Gegenübertragung diesen Spielraum.

Methodisch und praktisch ergibt sich dabei eine unendliche Vielzahl an Vorgehensweisen, die nur noch als „Kunst des Unterrichts" konzipiert werden können.

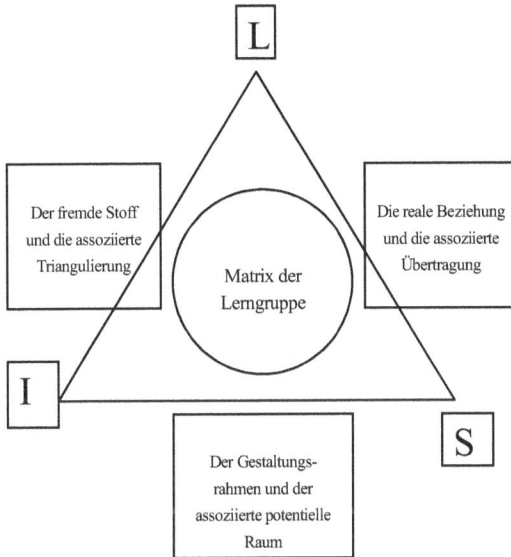

Es geht also im Unterricht sicher nicht um „Durchsetzung" einer bestimmten Aktionsform zum Zwecke des Lernens, sondern immer um ein Oszillieren zwischen dem aktiven und dem passiven Pol im Prozess des Unterrichtens. Die jeweils komplementäre Einstellung – also die Perspektiveübernahme und die konkordante Identifikation in der jeweiligen Aktionsform – eröffnen den Weg zur emotionalen Erfahrungsbildung.

– Das Hauptproblem aller Aktionsformen im Bereich *Lehrer-Schüler* (L-S) dürfte dabei die Ambivalenz und die Objektkonstanz im Bereich der Dyade sein.

— Das Hauptproblem aller Aktionen im Bereich *Lehrer-Inhalt* (L-I) ist vermutlich die Bereitschaft der Schüler, sich der Präsentation einer fremden und irritierenden Erfahrung zu stellen, sich also auf eine trianguläre Beziehung einzulassen.

— Das Hauptproblem im Bereich der *Schüler-Inhalts*-Relation ist ein von Angst, Aggression und Triebwünschen hinreichend freier „Mikrokosmos" im Unterricht.

3. Ein Fallbeispiel: „Parabeln der Hoffnung"

Die Entstehung der „Parabeln der Hoffnung" in einer 11. Klasse hat eine längere Vorgeschichte, die ich hier nur im letzten Abschnitt skizzieren möchte.

3.1 Die Vorgeschichte

04.12. – Die stark depressive Verstimmung der Klasse 11a im Unterricht bringt mich auf den Gedanken, die bisherigen Noten der Klasse im Notenbogen nachzusehen. Das Ergebnis ist – in der Tat – deprimierend: 80 % der Schüler sind zur Zeit „gefährdet" oder „sehr gefährdet".

Die wichtigsten Problemfächer waren Englisch, Latein und Mathematik. Die Mitarbeit und die Leistungsmotivation im Fach Deutsch, die ich bis zu diesem Zeitpunkt als eher „mäßig" bis „unterdurchschnittlich" erlebte, brach nun vorübergehend völlig zusammen. Es war seit einigen Stunden praktisch nicht mehr möglich, mit den Schülern ein sinnvolles, zusammenhängendes Unterrichtsgespräch zu führen. Die „depressive Reaktion" war nicht mehr zu übersehen.

05.12. – Aussprache mit der Klasse. – Ich spreche nun die Schüler konfrontativ auf die „schwierige Situation" im Deutschunterricht an. Als Erklärung benenne ich die derzeitige Notensituation, wie sie sich aufgrund meiner Recherchen vom Vortag darstellt. Die Mitteilung, dass drei Monate nach Schuljahresbeginn 80 % der Schüler in der Klasse „gefährdet" oder „sehr gefährdet" seien, macht die Schüler und Schülerinnen einerseits betroffen, bringt andererseits jedoch offensichtlich auch Erleichterung.

Das Gespräch über die Situation in der Klasse kommt rasch in Gang. Die Schüler geben folgende Erklärungen ab:

1. Die Anforderungen in allen Fächern seien in der 11. Klasse sehr stark angestiegen. Die Zeit am Nachmittag reiche nicht für Vorbereitungen aus.

2. Der Übergang von der 10. zur 11. Klasse war besonders schwierig. Die Schüler fühlten sich durch die Lehrer der 10. Klasse nicht angemessen auf die 11. Klasse vorbereitet.

3. Die Lehrer der 11. Klasse hatten zunächst oft das Niveau der Klasse überschätzt und waren dann von den tatsächlichen Leistungsergebnissen überrascht.

4. Im Unterricht stützten sich die Lehrer der Lernfächer zum größten Teil nur auf die „guten Schüler" und bekommen dadurch einen „strukturell falschen Eindruck".

5. Vor Prüfungen und Schulaufgaben fehle oft eine hinreichende „Übungsphase".

6. Wenn Lehrer die Klasse 11a mit anderen 11. Klassen vergleichen, sei deutlich, dass sie für *spezielle* Defizite und Desiderate keinerlei Verständnis aufbrächten.

Die Schüler diskutieren in dieser Aussprache über die Ursachen der Leistungsverweigerung und des Einbruchs im Lernklima überwiegend – so zumindest mein subjektiver Eindruck – in starker Identifizierung mit den Lehrern. Sie deuten ihre Situation zum Teil offensichtlich mit Formulierungen, die von Kernfachlehrern als Muster übernommen wurden, und bringen nur in zwei Punkten (5. und 6.) einen eigenen Ansatz zur Kritik vor. Auch hier beschränkt sich die kritische Perspektive auf Leistungsnachweise und auf Mängel im Bereich der optimalen Prüfungsvorbereitung.

09.12. – Klassenelternabend mit den Kernfachlehrern.
In dem routinemäßig abgehaltenen „Klassenelternabend" reagieren die Eltern zunächst schockiert und zeigen sich auch entrüstet über die 80 %. Auf Wunsch der Eltern soll dann über drei Themen gesprochen werden:

— Psychischer Druck in der Klasse

— Leistungssituation in diesem Schuljahr

— Defizite im Mathematikunterricht in der 9. Klasse.

Das Gespräch entwickelt sich insgesamt konstruktiv. Die Fachlehrerin in Mathematik weist auf zahlreiche Hilfestellungen überwiegend in Form von zusätzlichen Arbeitsblättern hin, die auf dem Pult ausgelegt werden. Diese Anregungen werden allerdings – aus ihrer Sicht – von den Schülern nicht genügend genutzt. Über Unterrichtsstil, Vermittlungsprobleme, Umgang mit den in früheren Klassen entstandenen Defiziten (9. Klasse) wird nicht gesprochen.

Auch die Eltern haben schließlich gegen die Forderung der Lehrer von „Standardleistungen ohne Abstriche" nichts einzuwenden.

10.12. – Ich beschließe nun, mit der Klasse in Form einer „Klassen-Lehrer-Abmachung" über

1. Arbeitsklima in der Klasse

2. Mitarbeit im Unterricht

3. Unterrichtsgestaltung

4. Leistungserhebungen

zu sprechen. Die Ausarbeitung eines solchen „Vertrages" soll der Klasse Orientierung und Halt geben.

Wiederum fällt auf, dass die Schüler in recht einseitiger Sichtweise eigentlich die Interessen der Lehrer vertreten. Ich versuche in einer Gegenargumentation verständlich zu machen, dass „ohne Umgang mit Gefühlsverstimmungen" und ohne „Eingehen auf Schwächen" eine echte Verbesserung des Klassenklimas schwer möglich sei.

Nach diesem Vertrag kommt es vorübergehend zu einer deutlichen Verbesserung des Arbeitsklimas zumindest im Fach Deutsch. Auch die anderen Hauptfachlehrer scheinen sich an die Klassen-Lehrer-Vereinbarung zu halten. Lediglich im Fach Mathematik bleiben Probleme und Spannungen noch einige Zeit bestehen.

15.02. – Im Zwischenzeugnis sind nach wie vor 60% der Schüler „gefährdet" oder „sehr gefährdet". – Die Gefährdungen im Fach Latein sind praktisch verschwunden, in Englisch haben sie sich um 40% reduziert, im Fach Mathematik bleibt die Gefährdungsrate konstant.

In der Woche nach dem Zwischenzeugnis bricht die Kommunikation im Deutschunterricht wieder völlig zusammen. Eine zweite „depressive Reaktion" macht einen sinnvollen Unterricht praktisch unmöglich.

20.02. – Ich benutze die Vorbereitung auf die dritte Schulaufgabe zu einer „Erörterung", um über das Thema „Angst" zu sprechen: *„Kann man unser Zeitalter ein Zeitalter der Angst nennen?"*

Das Problem der Definition des Begriffes „Angst" fasziniert alle. – Die Schüler bereiten sich ausgezeichnet vor und alle Aspekte einer Definition können in einem lebendigen, gemeinsamen Gespräch erschlossen werden: Realangst, Gewissensangst, Triebangst, Existenzangst, neurotische Angst …

13.03. – Diskussion in der Klasse zum Thema *„Verhindert die Schule das Lernen?"*

Nach einer intensiven Klärung und Definition des Begriffes „Lernen" stelle ich das Thema und gebe fünf Minuten Zeit, um eine Stellungnahme zu erarbeiten.

Die Diskussionsrunde im fish-bowl-Setting entwickelt wiederum eine eigentümliche Dynamik: Die Argumentation der Schüler bleibt durchweg überangepasst und zeigt zunächst nur *positive* Möglichkeiten des Lernens an der Schule. Von „Verhinderung" ist nicht die Rede …

Lediglich *ein* Schüler, der sich die positiven Argumente der Mitschüler zunächst geduldig anhörte, reagiert am Ende als Normenbrecher: „Also, wenn alle hier dafür sind, bin ich mal dagegen … ."

Langsam, sehr langsam scheint sich nun der Blick etwas zu öffnen und der Mut wächst, auch negative Aspekte des Unterrichts an der Schule zu thematisieren.

3.2 „Parabeln der Hoffnung"

31.03. – Alle Schulaufgaben sind geschrieben und der Unterricht kann sich zum „kreativen Schreiben" hin öffnen.

Ich versuche in einer Zwischenbilanz die Situation für mich zu klären.

1. Deutlich wird die – unbeabsichtigte – „Traumatisierung" durch die Leistungsforderungen der Fachlehrer, die von ihrer gemeinsamen Überforderung zunächst natürlich nichts wissen.

2. Die Ausarbeitung eines „Vertrages" zeigt hingegen, dass die Schüler mit entsprechender Hilfestellung durchaus in der Lage sind, ein sinnvolles Konzept zu einem Arbeitsbündnis zu formulieren. Nicht alle Lehrer übernehmen jedoch dieses Konzept.

3. In der Folgezeit gelingt es nun, durch Thematisierung die „Ängste" und andere „unbewusste Konfliktthemen" der Schüler zu entschärfen.

07.04. – Eigentlich sollten es nur „ganz normale Parabeln" werden, Geschichten also, in denen die Schüler – so die Vorgabe des Lehrers – von einem „Dialog in schwieriger Zeit" ausgehend, eine „Erzählung" erfinden, die allen dennoch die Perspektive der „Hoffnung" aufrechterhält.

Doch dann kam der Irakkrieg, und die psychische Wirklichkeit im Klassenzimmer begann sich zu verändern.

Den Anstoß zum Schreiben bot eine Erzählung von Antoine de Saint-Exupéry: Soldaten wollen wissen, was ein „Baum" ist. Abends in der Wüste am gemeinsamen Lagerfeuer erzählt ihnen ein Dichter hierzu eine Geschichte. Ein in einer verlassenen Ruine im Dunklen sich verwurzelnder Baum dehnt sich in der Finsternis so mächtig aus, dass er schließlich das verrottete Gemäuer sprengt und in den Himmel wachsen kann …

Ein merkwürdig einfaches und doch irgendwie archetypisches Gleichnis.

Während Herr S., ein Praktikant, den ich in der Klasse 11a für drei Wochen zu betreuen hatte, die Geschichte am 31.03. in seinem ersten Lehrversuch nach den Gesichtspunkten einer „inneren" und „äußeren Handlung" analysierte, waren wohl die Schüler vermutlich schon damit beschäftigt, den „Baum" oder dieses „wachsende Etwas" in sich zu suchen.

Wenige Tage nach Beginn des Irakkrieges schrieben die Schüler dann ihre „Parabeln der Hoffnung".

Die fiktive Situation in der Erzählung von Saint-Exupéry wurde von den realen Bildern des Krieges überlagert, ja regelrecht überflutet! – Das Schreiben von Parabeln wurde zum Medium der Selbstbehauptung.

Ich möchte drei dieser Erzählungen stellvertretend für alle hier zitieren:

Manuela F.: Mila

Es donnert und kracht, nach kürzester Zeit ist alles zerstört. Als sich der Nebel aus Staub und brennendem Qualm legt, sitzt Mila, ein kleines Mädchen im Alter von fünf Jahren, ängstlich in einer Ecke, die kleinen Hände hält sie fest gedrückt vor ihre Augen. Ihr dünnes rosa Kleidchen ist von oben bis unten verdreckt und am unteren Saum schon völlig zerrissen. Langsam öffnet Mila die Finger und lugt vorsichtig hindurch. Das Wohnzimmer ist übersät von Mauerstücken, und von dem großen schweren Esstisch, an dem sich Mila immer den Kopf gestoßen hatte, ist nichts mehr zu sehen. Das kleine Mädchen ruft nicht nach ihren Eltern, es weiß, dass sie nicht antworten. Ihr Bruder hatte neulich auch nicht auf ihr Schreien reagiert. Sie will aufstehen, aber es geht nicht, ihr Bein schmerzt viel zu sehr. Es tut genauso weh wie damals, als sie bei Oma von der Schaukel gefallen war. Nicht weit von ihr liegt die kleine Puppe, die sie zur Geburt von ihrem älte-

ren Bruder geschenkt bekommen hatte. Mila deutet mit ihrem kleinen Finger auf
die Puppe und versucht sie zu greifen, vor Schmerzen kullern ihr Tränen über die
verschmutzten Wangen. Es dauert lange, bis es ihr gelingt, die Puppe zu fassen,
und mit dem Zeigefinger pult sie in den Löchern, in denen einst die großen grü-
nen Augen gewesen waren. Ganz fest drückt sie die Puppe an sich und läuft davon. Vor dem geschlossenen Tabakgeschäft sitzt ein Soldat an die Wand gelehnt,
aus seiner Schusswunde am Bauch läuft das Blut auf den Gehweg. Neugierig
trippelt Mila über die Straße auf den Soldaten zu. Als sie vor ihm steht, greift der
Soldat fester an sein Maschinengewehr und hebt langsam den Kopf. Vor wenigen
Stunden hatte er mehrere Handgranaten in ein großes Wohnhaus geworfen und
wurde dann von einem feindlichen Soldaten verwundet. Das kleine Mädchen
setzt sich neben den Soldaten und streckt ihm die kleine Puppe entgegen.
Schmerzverzerrt greift der junge Mann nach der Puppe und lässt das Gewehr auf
den Boden sinken. Mila lacht und lässt den Kopf in den Schoß des Soldaten fallen.

Ellen S.: Wolken am Himmel
Er fuhr schon seit Stunden. So lange war es ihm gar nicht vorgekommen und es
war ihm auch egal. Hauptsache, er war weit weg. Weg von zu Hause, weg von
allen Menschen, die sich seine Freunde genannt hatten, weg von seiner Vergangenheit. Er hätte es sich ja gemütlich machen können, schließlich war er ganz
alleine in seinem Abteil, doch er saß ganz steif da. Nach all dem, was passiert
war, konnte er sich nicht einfach fallen lassen. Wie in Trance starrte er aus dem
Fenster in den prasselnden Regen und beobachtete die kleinen Wassertropfen, die
sich an der Scheibe festzuhalten schienen. So viel Zeit zum Nachdenken hatte er
schon lange nicht mehr gehabt, und auf einmal stiegen alle möglichen Gefühle in
ihm auf. Vorher war alles so schnell gegangen. Völlig unvorhersehbar hatte dieser eine Tag sein Leben verändert. Obwohl er genau wusste, dass nicht er für all
das verantwortlich war, fühlte er sich schuldig. Sie war sein Ein und Alles gewesen. Warum hatte er ihr nicht helfen können, als sie so hilflos in ihrem eigenen
Blut lag? Er wollte weinen, doch nicht einmal das konnte er. Vielmehr fragte er
sich, wie es wohl weitergehen würde. Er wusste es nicht, denn im Moment schien
es unvorstellbar, irgendwann in ein normales Leben zurückzufinden, geschweige
denn jemals wieder lachen zu können. Das Beste war wohl wirklich, völlig neu
anzufangen, doch auch das würde so schwer sein, jetzt, wo er allein war. Dort,
wo früher Vorstellungen und Pläne gewesen waren, stand jetzt ein großes Frage-
zeichen. Was die Zukunft bringen würde, konnte ihm niemand sagen. Erst jetzt
bemerkte er, dass er inzwischen Gesellschaft von einer alten Frau bekommen

hatte. Sie sah nett aus und blickte ihn durch ihre dicken Brillengläser freundlich an. Allerdings war er nicht sicher, ob sie ihm nun direkt in die Augen oder mehr durch ihn hindurch sah. Vielleicht war sie ja verwirrt. Im Gesicht hatte sie tiefe Falten um die Mundwinkel, die sie irgendwie traurig aussehen ließen, aber auch tausend winzige Lachfältchen rund um die Augen. Trotzdem dass sie von einem langen und wahrscheinlich oft beschwerlichen Leben gezeichnet war und wohl kaum noch auf eine aufregende Zukunft hoffen konnte, strahlte sie eine gewisse Zuversicht aus. Dann fing sie an zu erzählen. Scheinbar war es ihr völlig egal, ob er ihr zuhörte oder nicht, denn ohne auf eine Reaktion zu achten, redete sie einfach los. Erst hatte er ihr tatsächlich kaum Aufmerksamkeit geschenkt. Doch bald fand er, dass sie einen Zuhörer verdient hätte, und hoffte darauf, wenigstens einen Moment abgelenkt werden zu können. Erwartet hätte er eine Erzählung vom Krieg, von ihrer Kindheit oder eine andere Geschichte aus ihrer Vergangenheit, doch stattdessen sah sie verträumt aus dem Fenster und sprach von den Wolken am Himmel. Anscheinend bewunderte sie diese, denn in ihrem Blick lag etwas Ehrfürchtiges. Die Frau meinte, es scheine schon manchmal ungerecht, dass der liebe Gott manche von ihnen zu bauschigen Schönwetter- oder lustigen Schäfchenwolken machte und einige zu einer grauen Wolkendecke, die schlechte Laune verbreitet oder den Menschen und Tieren mit Donner, Blitz und Regen Angst bereitet. Sie lachte und bemerkte, dass, so wie es jetzt aussähe, sogar sie selbst fast schon trübsinnige Gedanken bekommen hätte. Doch sobald sich eine Regenwolke erst einmal auf das Land ergossen hatte, was dem einen vielleicht nicht gefallen hatte, für den anderen jedoch wichtig war, würde sie irgendwann wieder neu entstehen und dabei einen anderen Zustand annehmen, ohne dass sie wirklich etwas davon mitbekäme und ohne einen Einfluss darauf zu haben. Sie müsste sich wohl einfach treiben lassen. Nun schwieg die Frau wieder und bestaunte mit großen Augen das Wunderwerk, von dem sie nicht wusste, wer über es bestimmen konnte. Auf jeden Fall hatte dieser es wohl in diesem Augenblick gut mit den Wölkchen gemeint, denn sie formten sich zu kleinen Wattebäuschen, die nur noch ab und zu den Sonnenstrahlen den Weg zur Erde versperrten. Wohl würde es noch eine Zeit feucht sein und ab und zu dunkel und grau, doch bestimmt war auch das vergänglich. Die Frau lächelte ihn an und sah ihm dabei nun wirklich in die Augen, und er glaubte, sie habe ihm ein kleines bisschen geholfen. Endlich konnte er weinen.

*Peter G.: Für die einen nur Unkraut, für die anderen die
schönste Blume der Welt*

Als Peter an den zerbombten Häusern der Straße vorbeigeht, in der seine Familie
wohnte, und er geschickt den Tretminen ausweicht, die in der Wiese davor ver-
graben wurden, sieht er einen großen Schuttberg und klettert an ihm hoch. Er
kann sich noch gut daran erinnern, wie vor langer Zeit an der Stelle des Hügels
noch das Haus seines besten Freundes stand. Das ist schon sehr lange her.
Schließlich ist er schon seit zwei Jahren tot. Also fast die Hälfte des Krieges. Der
Berg ist im Laufe der Zeit immer höher und höher geworden, da sich immer mehr
Schutt und Erde auf ihm abgelagert haben.

Peter erreicht den Gipfel und im selben Moment fällt ihm auch das winzige
Gänseblümchen auf, das ganz alleine und klammheimlich gewachsen ist. Für Peter,
der seit langem keine echte Blume mehr sehen oder riechen konnte, ist dieser An-
blick so beeindruckend, dass er das wild gewachsene Unkraut wie gebannt betrachtet. Es interessiert ihn nicht, dass er eigentlich nur unnützes Unkraut vor sich hat.
Für ihn ist es die schönste Pflanze auf der ganzen Welt. Vor allem erinnert er sich
dadurch an seine Mutter, die Blumen doch so sehr liebte. Doch er pflückt die Blume nicht, sondern besucht sie jeden Tag.

Es ist natürlich im Rahmen dieses Aufsatzes nicht möglich, die Parabeln im Einzelnen zu interpretieren.

Dass die Schüler im Kontext ihrer subjektiven Assoziationen und Imaginatio-
nen die „emotionalen Erfahrungen" – den Ausbruch des Krieges im Irak – im
Schreiben zu verarbeiten suchen, zeigen die Texte jedoch sehr deutlich. Trotz des
Schreckens und trotz der offensichtlichen Ohnmacht war der Stoff nicht von der
Art, dass die Schüler ihr Ich ganz verloren hätten; die Schüler nutzten vielmehr die
Gelegenheit ihr subjektives Erleben in Worte und Bilder zu kleiden, in denen sie
sich selbst wiederfinden und der „Hoffnung" auch in der schwierigen Situation
noch Raum geben:

— Mehrere Parabeltexte spielten sehr bewusst mit der *Zeitstruktur* der
   Erinnerung. Es ging den Schülern also um emotionale Distanzierung
   und um symbolische Repräsentation.

— In fast allen Texten sind Motive der *Hoffnung* assoziiert mit den –
   vermutlich entwicklungstypischen – Bildern einer Begegnung zwischen männlichen und weiblichen Repräsentanten des Erlebens. Aus
   dieser Begegnung scheint die Kraft zur Überwindung des Schreckens
   und des Leidens zu kommen.

221

— In den Parabeln der Schülerinnen und Schüler werden ♂ und ♀ in der Sprache Bions (1990) „kommensal" dargestellt. Die Begegnung mit dem anderen Geschlecht hält jene Hoffung lebendig, die sich gegen den blockierenden Schock, den der Krieg ausgelöst hat, bewährt.

4. Keine Zukunft ohne *aufgeklärte* Illusion

Der Mensch lernt möglicherweise doch nur das, wozu er sich berufen fühlt. – Und er fühlt sich nur berufen, wenn er in seinem Tun emotionale Erfahrungen konstruktiv verarbeiten kann. Diese Wechselseitigkeit könnte unseren Blick für die Zusammenhänge von Bildung und Professionalisierung in der Schule schärfen.

Das Konzept „Bildung" entstand im 18. Jahrhundert im Zuge der Säkularisation. Bildung war das Produkt eines notwendig gewordenen Ausdifferenzierungsprozesses. Die zunehmende Komplexität der Gesellschaftsordnung, das Auseinandertreten von Staat und Kirche und nicht zuletzt die negativen Erfahrungen mit religiösen Fundamentalismen in Europa nach dem 30-jährigen Krieg fordern eine weltliche Organisation des ursprünglich ausschließlich von religiösen Institutionen übernommenen Aufgabenbereichs.

Noch S. Freud spricht in dem bekannten Aufsatz *Die Zukunft einer Illusion* (1927) seine Hoffnung aus, dass sich der gesellschaftliche Infantilismus – für den er stellvertretend die Religion einsetzt – durch das Realitätsprinzip ersetzen lasse. Unter dem Realitätsprinzip versteht er allerdings kein naturalistisches Weltverständnis oder irgendwelche Formen von naivem Realismus, sondern eine recht komplexe Welthaltung, die das Leiden und die Zerrissenheit der menschlichen Existenz nicht verleugnet, sondern den „Gott ‚Multatuli'" (übersetzt: „Ich habe viel getragen" oder „Vernunft und Not") (Freud 1927, 187) annehmen kann.

Diese säkularisierte religiöse Grundhaltung (das Leiden an der Welt auf sich zu nehmen!) verbindet Freud allerdings mit der von Aufklärung gestützten Hoffnung: „Das Interesse an Welt und Leben werden wir darum nicht verlieren, denn wir haben an einer Stelle einen sicheren Anhalt, der ihnen fehlt. Wir glauben daran, dass es der wissenschaftlichen Arbeit möglich ist, etwas über die Realität der Welt zu erfahren, wodurch wir unsere Macht steigern und wonach wir unser Leben einrichten können" (Freud 1927, 188).

Es sind also ganz ähnliche Denkfiguren am Beginn und am Ende der Epoche der Aufklärung, mit der das Konzept „Bildung" sich aus der Religion „emanzipiert", *ohne* deren Substanz, die Illusion der Hoffnung oder das Prinzip „Hoffnung" ganz preiszugeben.

Dass Lernen in der Schule mit Bildung zu tun haben soll, ist deshalb kein schönes Postulat für abgehobene Festtagsreden. Der Standard-Rahmen für Unterricht ist mitnichten legitimiert als einer für Konditionierungsprozesse im Bereich technischer, beliebig verwertbarer Fertigkeiten, sondern hat der Tatsache Rechnung zu tragen, dass die *„Würde" des Lernprozesses erhalten bleibt.* Dass die Autonomisierung der Bildungspraxis nur gelingen kann, wenn dem Prozess der Separierung eine komplementäre Tendenz zur Sinnorientierung entspricht, ist daher zu beachten.

„Stoffe, in denen das Ich sich selbst wiederfindet" (Bittner 1977, 8), können erst wirksam werden, wenn sich das Setting Unterricht zur eigenen Lebensgeschichte hin öffnet und dadurch die Hoffnung auf das gemeinsame bessere Leben aufrecht erhält.

Im Kontext der schulischen Lernprozesse stärkt dies immer die Position der Lebenswelt gegenüber den Imperativen des Systems. Nur in einem von Überwachung, Kontrolle und Selbstentfremdung relativ freien Milieu des Lernens gelingt es, solche „Stoffe" mit der eigenen Lebensgeschichte zu verknüpfen und die eigene Lernbiographie nachhaltig und zukunftsoffen zu gestalten.

Grudjons (1986, 26) hat bereits vor vielen Jahren auf den *subversiven* Charakter solcher Lernprozesse hingewiesen. Ganz im Sinne der Postulate der Aufklärung geht es auch in unserer Zeit nach wie vor um ein zeitgemäßes Verständnis von pädagogischer Praxis, das sich gegen die Tendenz zur Fremdbestimmung schützen muss.

„Stoffe, in denen das Ich sich selbst wiederfindet", fördern – indem sie die Subjektivität stärken – nur Erkenntnisprozesse, über die der Erkennende dann selbst verfügt und die auch nur in seiner Verantwortung produktiv werden. Zur positivistischen Rationalität und ihrer strikten Trennung von Subjektivität und Objektivität im Erkennen und Tun und zur sinnentleerten Instrumentalisierung von Wissen jenseits subjektiver Verantwortung der Betroffenen stehen solche Lernprozesse notwendig quer und bilden Enklaven des Widerstands.

Auf verschiedenen Ebenen der „Bewusstheit" und des „Erlebens" und einer methodisch kontrollierten Arbeit mit subjektivem Erleben und biographischem Material geht es auch im Unterricht immer nur um:

— Selbstaufklärung und Entfaltung der Selbstkompetenz der Schüler;

— Bearbeitung von Blockierungen und Erschließung von Erlebens- und Handlungsalternativen;

— nachhaltige Erschließung von Zukunftsperspektiven für die Gesellschaft aus einer Interessenlage der Wiedergutmachung und der Besorgnis.

Die *methodische* Arbeit mit „Stoffen, in denen das Ich sich selbst wiederfindet",
würde dabei allerdings die Handhabung des Settings Unterricht im Sinne einer
psychoanalytischen Pädagogik der Schule voraussetzen. In den Formen der inneren Realitätsprüfung darf die emotionale Erfahrungsbildung im Unterricht nicht
der schmerzhaften inneren Wirklichkeit ausweichen, sozusagen „auf die Flucht"
gehen oder das kreative Potenzial durch „Agieren" verspielen.

Erst die Öffnung zum Fremden, zum Irritierenden hin und die Integration der
schmerzhaften Aspekte der Realität, das Loslassenkönnen der Illusion in der aufge-
klärten Hoffnung eröffnet der Identitätsbildung in der Adoleszenz den „potenziellen
Raum". Der Rahmen für die Situation bestimmt dabei, wie groß die Spielräume für
biographische Reflexionsarbeit jeweils sind.

Auf der einen Seite steht also das den adoleszenten Prozess begleitende „Sich-
Zeigen-Wollen" der biographischen Erlebnisformen im Dienste des psychischen
Wachstums – auf der anderen Seite das „Setting, der Rahmen und der Prozess", die
das Schicksal dieses biographischen „Materials" im Unterrichtsdialog maßgeblich
determinieren und, so oder so, in geprägte Form verwandeln.

Literatur

Bion, W.R. (1990): Erfahrung durch Lernen. Frankfurt a.M.
Bittner, G. (1977): Vorwort zu „Kinder, Lehrer und Konflikte". In: Neidhardt, W.
    (1977): Kinder, Lehrer und Konflikte. Vom psychoanalytischen Verstehen
    zum pädagogischen Handeln. München, 7-10
Copei, F. (1930): Der fruchtbare Augenblick im Bildungsprozess. 7. Aufl. Hei-
    delberg, 1950
Elhardt, S. (1971): Tiefenpsychologie. Eine Einführung. Stuttgart
Freud, A. (1984): Das Ich und seine Abwehrmechanismen. Frankfurt a.M.
Freud, S. (1927): Die Zukunft einer Illusion. In: Studienausgabe, Bd. IX, 135-189
Freud, S. (1932): Neue Folge der Vorlesungen zur Einführung in die Psychoana-
    lyse. In: Studienausgabe, Bd. I, Frankfurt a.M., 447-608
Goeppel, R. (2002): Die Burlingham-Rosenfeld-Schule in Wien (1927-1932) –
    Schule und Unterricht für die Kinder des psychoanalytischen Clans. In: Göp-
    pel, R.: „Wenn ich hasse, habe ich keine Angst mehr …" – Psychoanalytische
    Beiträge zum Verständnis problematischer Entwicklungsverläufe und schwie-
    riger Erziehungssituationen. Donauwörth

Gudjons, H. u.a. (1986): Auf meinen Spuren. Das Entdecken der Lebensgeschichte. Hamburg

Herbart, F. (1802): Die erste Vorlesung über Pädagogik. In: Kleine Schriften. Hrsg.: W. Asmus. Stuttgart, 1982, 121-130

Hirblinger, H. (1990): Die Gegenübertragungsreaktion im Unterricht. In: Jahrbuch für Psychoanalytische Pädagogik 2, 7-26

Hirblinger, H. (1991): Über Symbolbildung in der Adoleszenz. In: Jahrbuch für Psychoanalytische Pädagogik 3, 90-117

Hirblinger, H. (1999): Erfahrungsbildung im Unterricht. Die Dynamik unbewusster Prozesse im unterrichtlichen Beziehungsfeld. München

Hirblinger, H. (2001): Einführung in die psychoanalytische Pädagogik der Schule. Würzburg

Moser, U. (2001): „What is a Bongaloo, Daddy?" – Übertragung, Gegenübertragung, therapeutische Situation. Allgemein und am Beispiel „früher Störung". In: Psyche 55, 97-136

Neidhardt, W. (1977): Kinder, Lehrer und Konflikte. Vom psychoanalytischen Verstehen zum pädagogischen Handeln. München

Oevermann, U. (1996): Theoretische Skizze einer revidierten Theorie professionalisierten Handelns. In: Combe, A.; Helsper, W. (Hrsg.): Pädagogische Professionalität. Untersuchungen zum Typus pädagogischen Handelns. Frankfurt a.M., 70-182

Rumpf, H. (1976): Unterricht und Identität. Perspektiven für ein humanes Lernen. 2. Aufl. München, 1986

Singer, K. (1973): Verhindert die Schule das Lernen? München

Trescher, H.-G. (1985a): Theorie und Praxis der Psychoanalytischen Pädagogik. Mainz

Trescher, H.-G. (1985b): Magie und Empathie. In: Büttner, C. (Hrsg.): Zauber, Magie und Rituale. Pädagogische Botschaften in Märchen und Mythen. München, 43-66.

Trescher, H.-G. (1993): Handlungstheoretische Aspekte der Psychoanalytischen Pädagogik. In: Muck, M.; Trescher, H.-G. (Hrsg.): Grundlagen der Psychoanalytischen Pädagogik. Mainz, 167-201

Winnicott, D.W. (1951): Übergangsobjekte und Übergangsphänomene. In: Winnicott, D.W.: Von der Kinderheilkunde zur Psychoanalyse. Frankfurt a.M., 1983, 300-319

Autorinnen, Autoren und Herausgeberinnen

Hartmut Amft, Prof. Dr. med., geb. 1948 in Goslar, Professor für Sozialmedizin an der Fachhochschule Darmstadt im Fachbereich Sozialpädagogik; Facharzt für Allgemeinmedizin, Psychotherapie, Sportmedizin; Dipl.-Motologe. Ausbildung in psychodynamischer, systemischer sowie Hypnotherapie; Lehrtherapeut für Autogenes Training und Hypnotherapie. Arbeitsschwerpunkte: Pathologie der Normalität, Soziopsychopathologie, Psychotherapie, Psychagogik, pädagogisch-therapeutische Interventionen, Arbeit im und mit dem Medium Bewegung, ADS.

Annelinde Eggert-Schmid Noerr, Dipl. päd., Dr. phil., Professorin für Sozialpädagogik an der Katholischen Fachhochschule Mainz, Psychotherapeutin und Gruppenanalytikerin, Vorsitzende des Frankfurter Arbeitskreises für Psychoanalytische Pädagogik. Arbeitsschwerpunkte: Kinder- und Jugendliche in besonderen Problemlagen, biographische Rekonstruktionen, Professionalisierung in der Sozialen Arbeit

Urte Finger-Trescher, Univ. Prof. Dr. phil. habil., Professorin für Bildungswissenschaft an der Universität Wien (Gastprofessur), Leiterin der Beratungsstelle für Eltern, Kinder und Jugendliche der Stadt Offenbach, Privatdozentin an der Universität Kassel, Lehrbeauftragte an der Humboldt-Universität zu Berlin, Gruppenanalytikerin, Kinder-und Jugendlichenpsychotherapeutin. Arbeitsschwerpunkte: Psychosoziale Beratung im institutionellen Kontext, Trauma und Traumaverarbeitung bei Kindern und Jugendlichen, Psychoanalytische Pädagogik

Joachim Heilmann, Jahrgang 1955, Dipl.-Päd., Kinder- und Jugendlichenpsychotherapeut, Psychoanalytischer Pädagoge. Mitglied des Frankfurter Arbeitskreises für Psychoanalytische Pädagogik. Von 1985 bis 2004 einzeltherapeutische Arbeit mit autistischen Kindern, Jugendlichen und Erwachsenen (Autismus-Therapieinstitut Langen); seit 2004 Mitarbeiter der „Heilpädagogischen Ambulanz" der Heilpädagogischen Initiativen e.V. in Groß-Umstadt.

Heiner Hirblinger, Dr. phil., geb. 1944, Promotion in Germanistik, Lehrer am Gymnasium, Seminarlehrer für Pädagogik, Ausbildung zum Leiter in analytischer Gruppendynamik, Mitglied der „Kommission für Psychoanalytische Pädagogik" in der DGfE, wissenschaftlicher Autor. Zahlreiche Veröffentlichungen zu

Grundfragen der psychoanalytischen Pädagogik der Schule, 1. Vorsitzender des Arbeitskreises für psychoanalytische Pädagogik der Schule e.V.

Michael Huber, Priv.Doz., Dr. med., Neurologe, Psychoanalytiker, Habilitation über zerebrovaskuläre Pathophysiologie. Nach langjähriger Tätigkeit in den universitären klinischen Neurowissenschaften Wechsel in die Psychosomatik, zuletzt Oberarzt an den Kölner Universitätskliniken. Interessenschwerpunkte: Alexithymie und Emotionsforschung, Traumafolgen aus neurobiologischer Perspektive, Imaging in der Psychosomatik

Dieter Katzenbach, Dr. phil., ist Sonderschullehrer und Dipl.-Päd. Nach der Promotion Tätigkeiten in Einrichtungen der Behindertenhilfe und der Schule für Praktisch Bildbare. Er hat heute eine Professur für Erziehungswissenschaft mit dem Schwerpunkt Geistigbehindertenpädagogik an der Universität Frankfurt inne. Forschungsschwerpunkte sind u.a. psychodynamische Aspekte der Genese von Lernstörungen, der Gemeinsame Unterricht behinderter und nichtbehinderter Kinder und Jugendlicher sowie der Einsatz der Neuen Medien in der sonderpädagogischen Förderung.

Hans von Lüpke, Dr. med., Kinderarzt und Psychotherapeut. Mitbegründer des „Gesundheitszentrums Frankfurt/M. Böttgerstraße", einer interdisziplinären Kooperationsform. Hier 12 Jahre als Kinderarzt tätig, seitdem niedergelassener Psychotherapeut. Lehraufträge an den Universitäten Frankfurt/M., Mainz, Erfurt und Innsbruck. Veröffentlichungen, Vorträge und Seminare zu den Themen Entwicklungs- und Therapiekonzepte mit besonderem Schwerpunkt bei den Wechselwirkungen zwischen organischen, psychischen und sozialen Faktoren in der lebenslangen Entwicklung.

Doris Maass, Dipl.-Päd., Mitglied im Frankfurter Arbeitskreis für Psychoanalytische Pädagogik, arbeitet seit l984 als Pädagogin in der mobilen Hausfrühförderung der Lebenshilfe Frankfurt. Arbeitsschwerpunkt ist die frühe Elternbegleitung und Frühförderung von Säuglingen und Kleinkindern mit Entwicklungsretardierungen. Fortbildungstätigkeit, Supervision, befristete Lehraufträge zum Thema: Frühförderung in der Sonderpädagogik.

Winfried Marotzki, Prof. Dr., Lehrstuhl Allgemeine Pädagogik an der Otto-von-Guericke-Universität Magdeburg. Arbeitsgebiete: Lern- und Bildungstheorie, insbesondere: Medienbildung; Anthropologie, Philosophy of Education; Qualitative Forschungsmethoden (Erziehungswissenschaftliche Biographieforschung)

Ursula Pforr, Dipl.-Päd., Schwerpunkt Heilpädagogik, Weiterbildung zur Psychoanalytischen Pädagogin. Arbeit im Bereich Menschen mit Behinderungen, seit 1989 Pädagogische Leitung des Vereins Betreutes Wohnen Darmstadt e.V.

Hilke Voß-Davies, Dipl.-Sozialarb., Psychoanalytische Pädagogin, arbeitet mit verhaltensauffälligen Kindern und deren Eltern in einer teilstationären Jugendhilfeeinrichtung, Tagesgruppe.

Michael Winkler, Univ. Prof. Dr. Dr. habil, geb. 1953 in Wien, Studium der Pädagogik, Germanistik, Geschichte und Philosophie an der Universität Erlangen. Tätigkeit an der Hochschule der Künste, Berlin, Universität Kiel und Graz, seit 1992 Lehrstuhl für Allgemeine Pädagogik und Theorie der Sozialpädagogik an der Friedrich-Schiller-Universität Jena. Mehrfach Gastprofessuren an der Universität Wien. Arbeits- und Forschungsschwerpunkte: Geschichte und Theorie der Pädagogik, pädagogische Schleiermacher-Forschung, geisteswissenschaftliche und kritische Pädagogik; Theorie der Sozialpädagogik, Jugendhilfe mit Schwerpunkt stationäre Hilfen, Übergang von Schule in berufliche Bildung, Schulbegleitung

Otto Dobslaff
Mutismus in der Schule
Erscheinung und Therapie

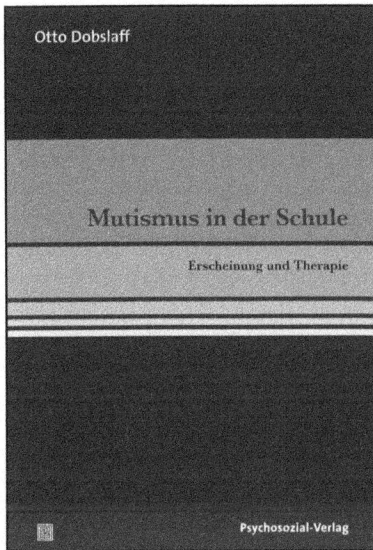

Ein strukturiertes Konzept für die förderpädagogische Intervention!

Wenn Schülerinnen und Schüler plötzlich nicht mehr uneingeschränkt lautsprachlich kommunizieren können, obwohl sie durchaus über die erforderliche Kompetenz verfügen, führt dies bei Lehrenden und Klassengemeinschaft oft zu Unverständnis und Hilflosigkeit. Diese Unsicherheiten im Umgang mit den Betroffenen gilt es zu überwinden.

Auf der Basis umfangreicher empirischer Befunde und unter Berücksichtigung der vielfältigen schulischen Kommunikationsanforderungen arbeitet der Autor die Kennzeichen von Schulmutismus heraus. Die Analyse verdeutlicht, dass sich mutistisches Verhalten in der Schule nicht allein auf das aktuelle Sprechunvermögen beschränken lässt, sondern ein vielschichtiges Phänomen ist, das in der Tendenz Auswirkungen auf die gesamte Persönlichkeit hat.

2013 · 252 Seiten · Broschur
ISBN 978-3-8379-2292-9

Walltorstr. 10 · 35390 Gießen · Tel. 0641-969978-18 · Fax 0641-969978-19
bestellung@psychosozial-verlag.de · www.psychosozial-verlag.de

Psychosozial-Verlag

Bernd Ahrbeck, Margret Dörr, Rolf Göppel, Johannes Gstach (Hg.)

Strukturwandel der Seele

Modernisierungsprozesse und pädagogische Antworten
Jahrbuch für Psychoanalytische Pädagogik 21

Bernd Ahrbeck, Margret Dörr,
Rolf Göppel, Johannes Gstach (Hg.)

**Strukturwandel
der Seele**
Modernisierungsprozesse
und pädagogische Antworten

Jahrbuch für
Psychoanalytische Pädagogik 21

Psychosozial-Verlag

2013 · 237 Seiten · Broschur
ISBN 978-3-8379-2262-2

Tradition vs. Reform – eine Streitschrift zu aktuellen Erziehungsfragen.

Die Geschichte des Menschen und seiner sozialen Lebensformen unterliegt einem anhaltenden Prozess der Veränderung. Doch wie tief greift der gesellschaftliche Wandel in die Psyche des Menschen ein? Ist die psychische Grundstruktur zeitlos oder wandelt sie sich unter dem Einfluss veränderter sozialer Verhältnisse?

Für pädagogische Zielsetzungen und die Gestaltung des Erziehungsprozesses sind diese Fragen von hoher Bedeutung. Welche Auffassung wird den psychischen und sozialen Entwicklungsbedürfnissen von Kindern am besten gerecht, welche droht, ihrer Entwicklung zu schaden? Die Autorinnen und Autoren untersuchen diesen Themenkomplex vor dem Hintergrund psychoanalytisch-pädagogischer Sichtweisen.

Mit Beiträgen von Bernd Ahrbeck, Josef-Christian Aigner, Günther Bittner, Rolf Göppel, Hannes Kastner, Peter Kastner, Christian Niemeyer, Cornelia Obereder, Karl-Josef Pazzini und Thomas Ziehe

Walltorstr. 10 · 35390 Gießen · Tel. 0641-969978-18 · Fax 0641-969978-19
bestellung@psychosozial-verlag.de · www.psychosozial-verlag.de